知我澧州丛书（十三）
澧县文史资料（22）

纪念抗日战争胜利70周年

澧州六百年大事补遗

澧县抗日實录

澧　县　档　案　局
澧县湖湘文化交流协会　编
澧县政协文教卫体学习文史委员会

方志出版社
Publishing House of Local Records

图书在版编目（CIP）数据

澧县抗日实录 / 龚道育，黄生年编. — 北京：方志出版社，2015.7
ISBN 978-7-5144-1669-5

Ⅰ.①澧… Ⅱ.①龚…②黄… Ⅲ.①抗日战争史—澧县Ⅳ.①K265

中国版本图书馆 CIP 数据核字（2015）第 182948 号

澧县抗日实录

编　　者：龚道育　黄生年
责任编辑：黄　彦

出 版 人：冀祥德
出 版 者：方 志 出 版 社
地址　北京市朝阳区潘家园东里9号（国家方志馆4层）
邮编　100021
网址　http://www.fzph.org
发　　行：方志出版社发行中心
电话（010）67110500
经　　销：各地新华书店
印　　刷：湖南雅嘉彩色印刷有限公司

开　　本：710×1000　1/16
印　　张：19.5
字　　数：267千
版　　次：2015年7月第1版　2015年7月第1次印刷
印　　数：001～1000册

ISBN 978-7-5144-1669-5　　定价：98.00元

纪念抗日战争胜利七十周年

《澧县抗日实录》编委会

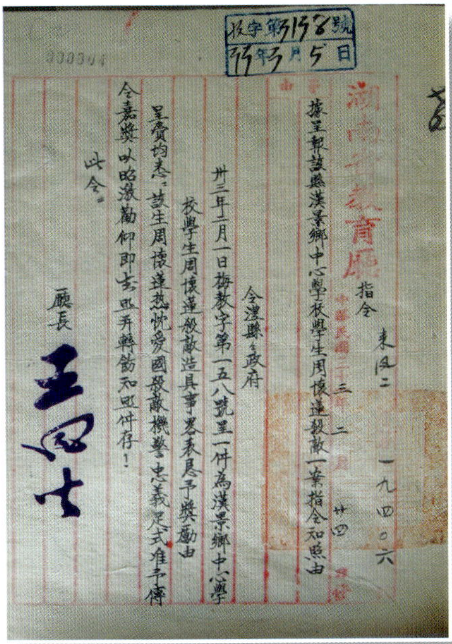

1944 年 2 月 24 日，湖南省教育厅厅长王国士指令嘉奖澧县学生周怀莲抗日杀敌的忠义行为。

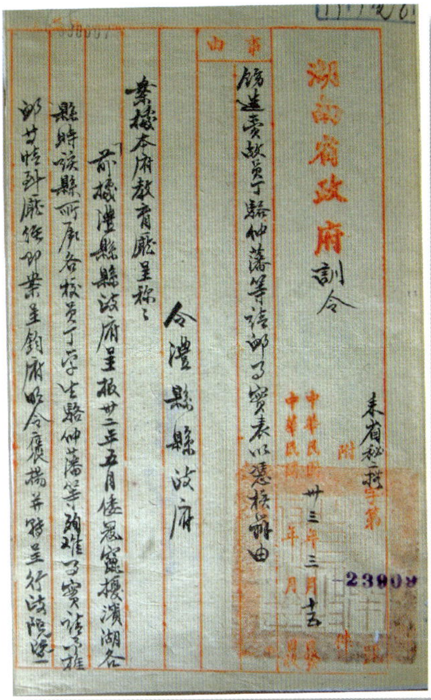

1944 年 3 月 15 日，湖南省政府训令，褒扬抗日殉难的澧县学生骆仲藩。

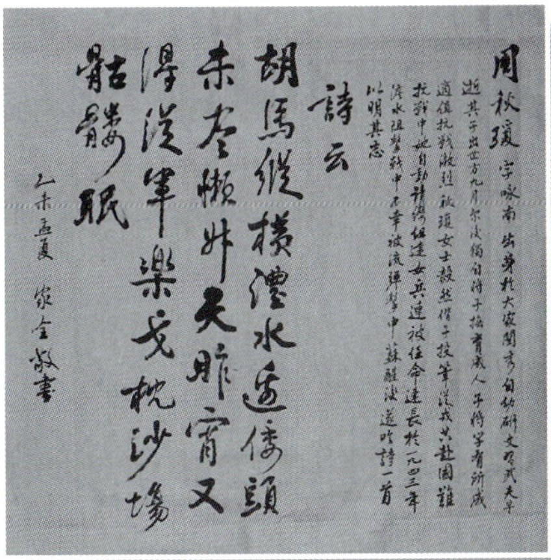

1943 年 11 月 15 日，第 44 军女兵连连长周秋琼在澹水中渡口阻击战中负伤，被抢救苏醒后赋诗。

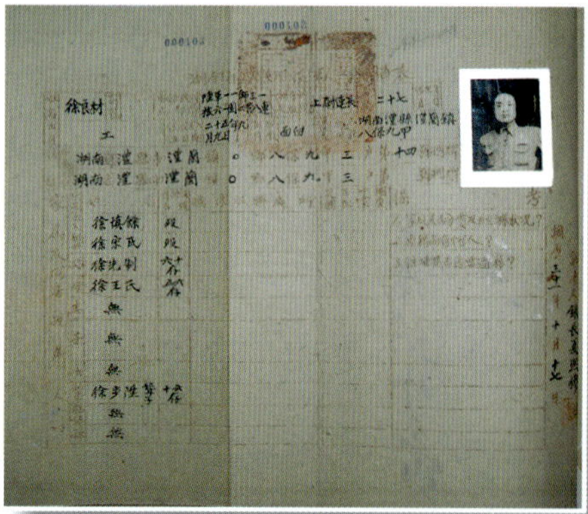

抗日战争中，徐良材、鲁异三均为阵亡军官，其家在澧县澧兰镇的遗属受到政府抚恤。

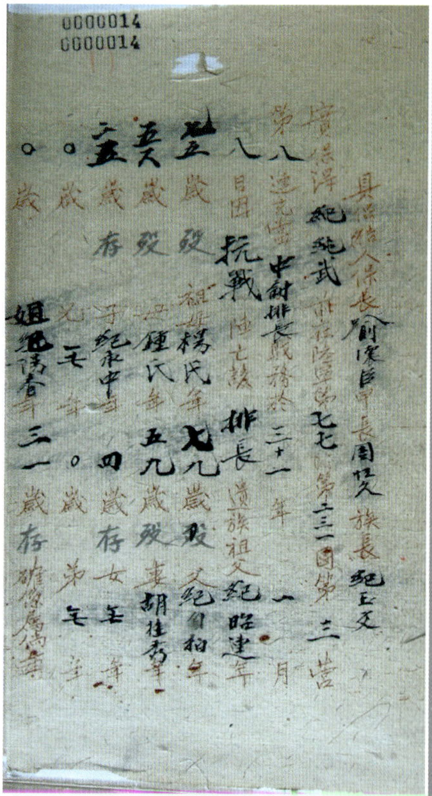

1942年1月8日，出生于澧县萤台乡的纪纯武在抗战中阵亡，其遗属受到政府抚恤。

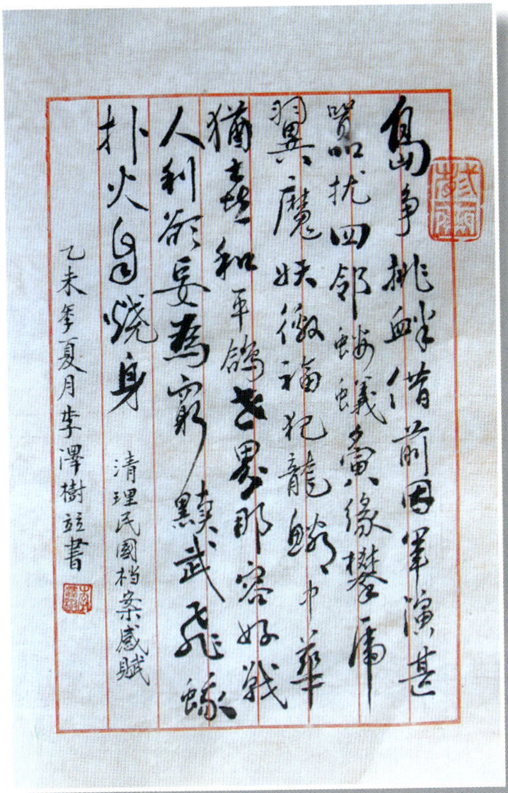

退休干部李泽树先生，清理民国期间历史档案有感。

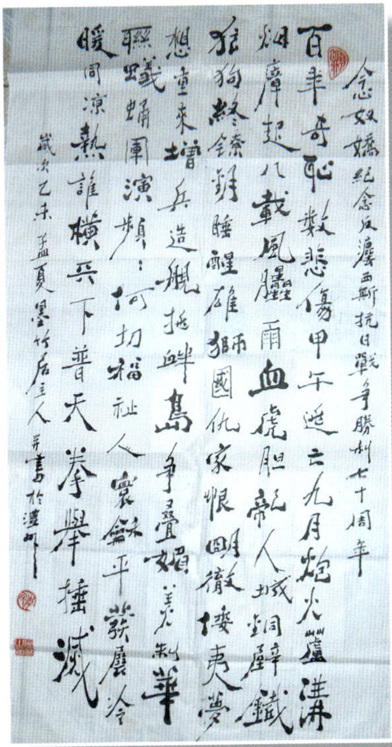

退休干部李德若先生纪念抗日胜利 70 周年诗作。

退休干部李德若先生在清理民国期间历史档案

石家全先生在编写历史档案索引

李泽树先生在清理历史档案

澧县档案馆纪念抗日战争胜利70周年展览

《澧县抗日实录》编委会部分成员合影（从左至右：前排李德若、黄生年、马德轩、龚道育、李泽树、刘大发。后排：罗莉、孙际泉、谭海燕、苏传凤、任毓雅）

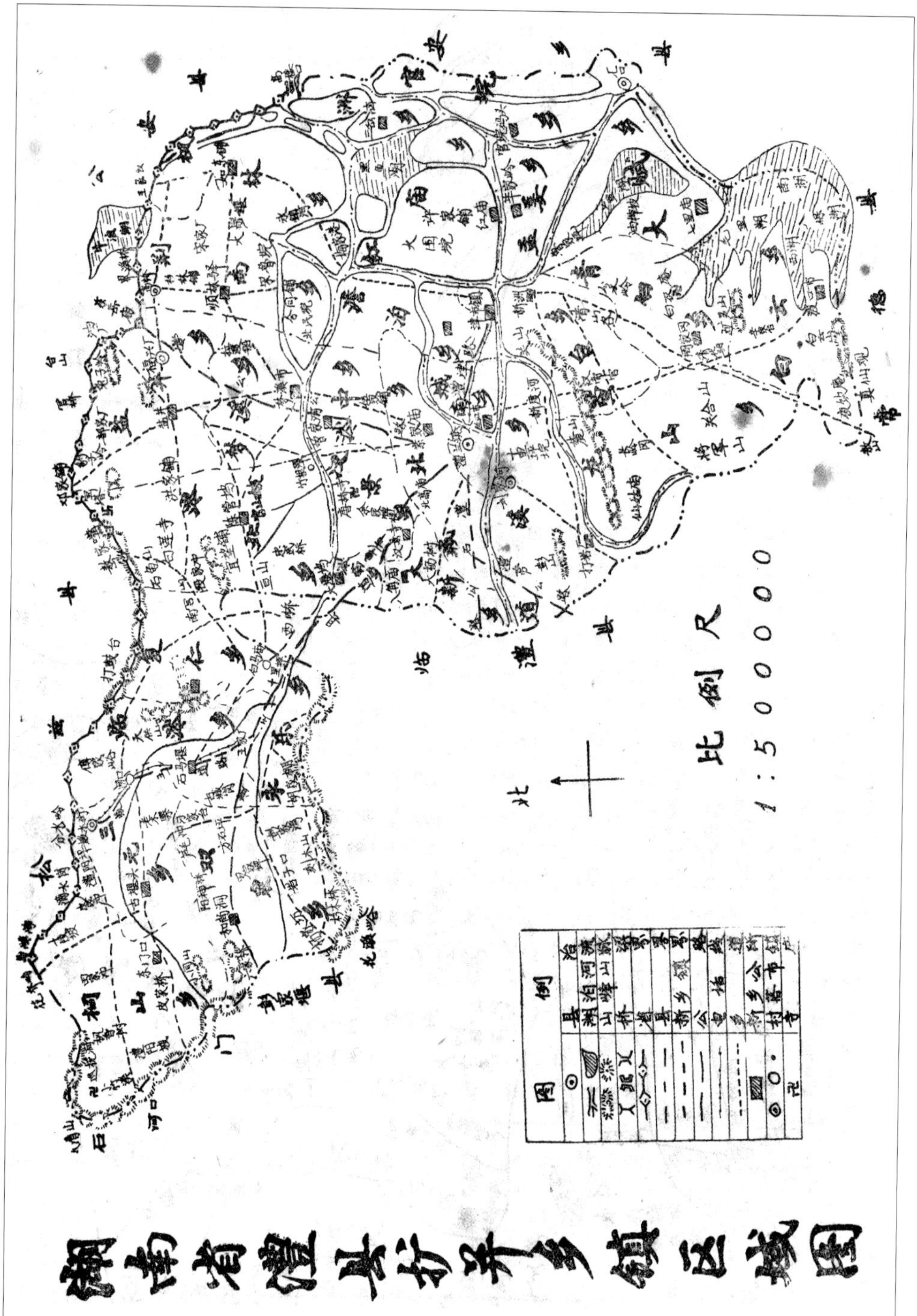
湖南省澧县行政乡镇区域图
比例尺
1:500000
北

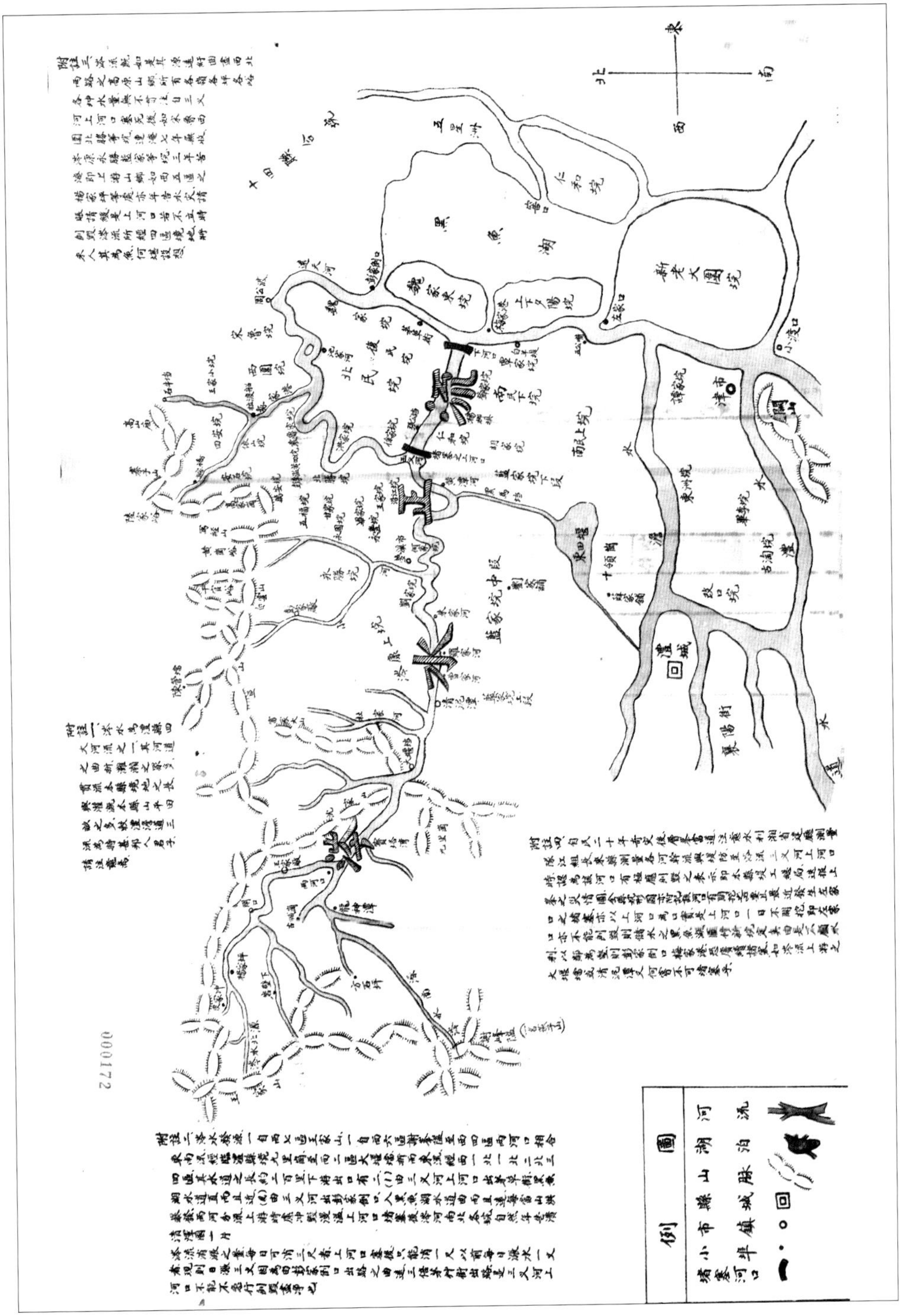
图例

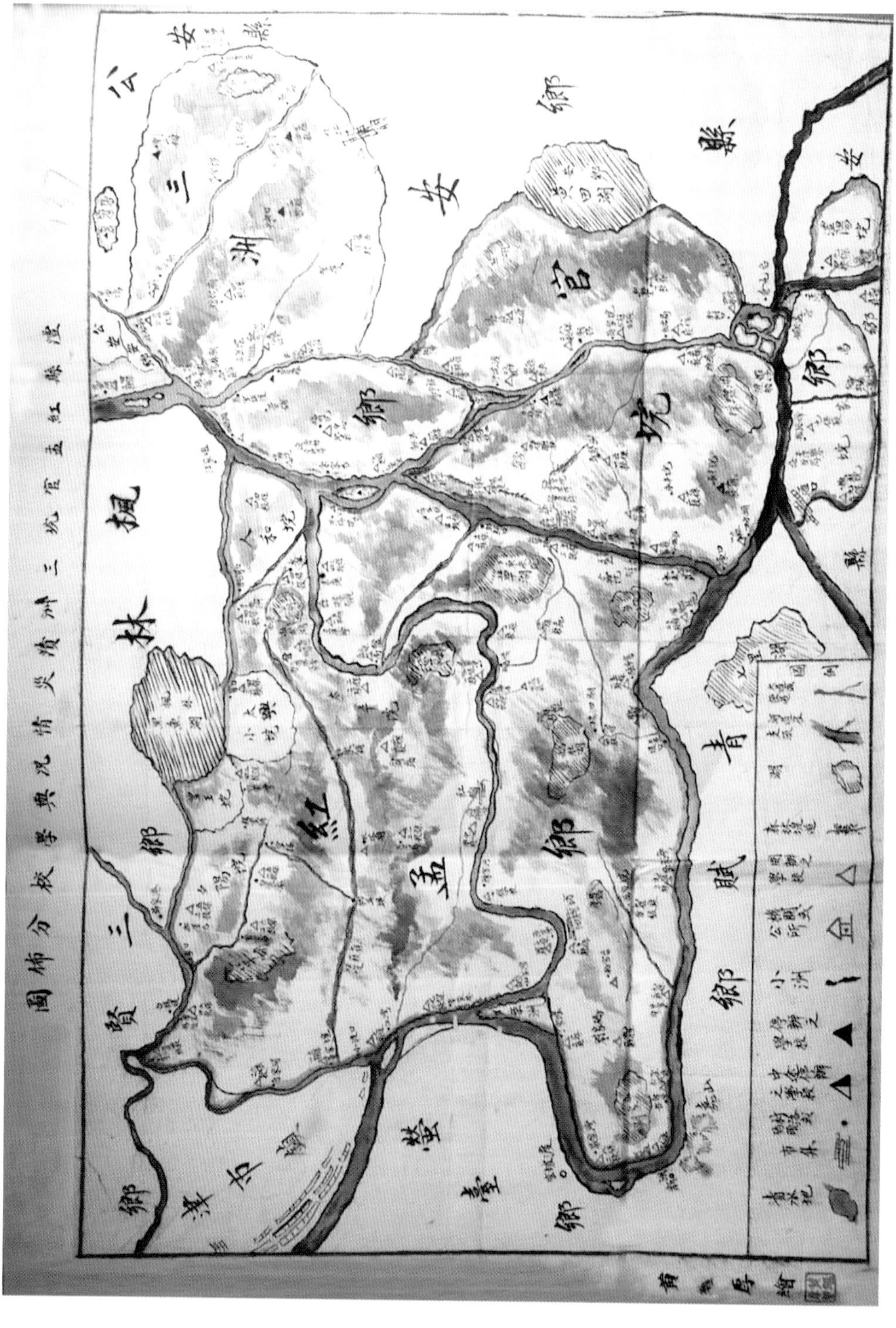

序

莫道宏

中华人民共和国国歌悲壮、雄劲，时刻唤醒我们居安思危，不忘国耻；清醒头脑，奋发图强，永远前进！

在纪念中国人民抗日战争胜利70周年的时候，我们回首义勇军进行曲诞生的那个年代，重温那段倭寇行凶，烧杀掳抢，战火纷飞，腥风血雨的历史，对于加强识事理智、加深民族自尊，维护国土完整，振兴中华，实现伟大的中国梦、民族梦犹有必要。

澧县档案局保存的1929年至1949年民国期间的6300多卷历史档案，是一段尘封的历史。今年入春以来，澧县档案局和澧县湖湘文化交流协会姓氏文化课题组共同动手，对这些历史资料逐一清理，发掘出大量澧县军民抗日史料，为纪念抗日战争胜利70周年，编辑出版了《澧州六百年大事补遗·澧县抗日实录》，不可多得，难能可贵。

十年前，中共澧县县委党史联络组、中共澧县县委党史资料征集办公室联合出版的《喋血救亡录》，是一本纪念抗日战争胜利六十周年的专著，书中以大量史料和众多老人的亲自经历，介绍了澧县抗战的全过程，揭露了日寇无恶不作的罪行，控诉了倭魔丧尽天良的罪恶，是一本加强爱国主义、革命英雄主义教育的珍贵教材。如果说这本书主要是老同志用亲身所见所闻记录抗战经历的血泪史，是当时澧县老百姓受苦受难、颠沛流离的逃难记（跑日军），那么这次出版的“澧县抗日实录”则是澧县军民同仇敌忾、奋力抗日的斗争史，是一本与日寇不共戴天的血泪账！

《澧州六百年大事补遗·澧县抗日实录》，辑录的内容几乎全部都是澧县1943年前后的原始资料，有影印件、有照片、有摘编。这些现场纪实、实情报告、资料统计表、地形示意图，勾勒出了1943年前战前状况，记述了1943年鄂西会战、常德会战期间澧县两次遭受寇灾的实况，显示了军民不甘屈辱，誓死保国，忠肝义胆，气壮山河的爱国主义精神；展示了中华儿女大义凛然，宁死不屈，疾恶如仇，勇往直前的民族气节。抗战开始后的前5年，澧县军民积极备战，架电线、修工事、抓宣传、搞支前，配合抗日民族统一战线作战。全县国民兵团组成侦探、运输、救护、宣传等战时任务队321个，各乡镇共有32780名青壮年协同警力、国军作战。1943年5月、11月，倭寇先后两次进犯澧县时，凶焰万丈，不可一世，澧县军民没有被吓倒，奋起抵抗，勇斗恶魔。正规军阵地作战，任务队打游击，徒手百姓用刀用棒用铁棍，痛击敌寇；挖路撤桥夺军马，阻击敌人进军。日寇放火逃窜，老百姓能够追上一个就杀他一个；野兽强奸，妇女宁愿投水死，不受屈辱生，能斗则斗，舍生忘死。11月15日，第44军女兵连连长周咏南（周秋琼）指挥澹水中渡口阻击战，寡不敌众，短兵相接，打肉搏、拼刺刀，女兵连牺牲大半，周咏南被流弹击倒，被抢救入院治疗，苏醒后激情赋诗："胡马纵横澧水边，倭头未尽懒升天。昨宵又得从军乐，横枕沙场骷髅眠。"精忠报国、视死如归的浩然之气直冲云霄。抗战八年，澧县抗日官兵家属在册登记的共928户，为国殉难的烈士共278名之多。正如国歌所述："把我们的血肉，筑成我们新的长城。"全国人民经磨历劫，终于换来了反法西斯战争在中华大地上的胜利。

日寇对澧县人民犯下的罪行，远不止残害这278名英雄的血肉之躯。据战后统计，澧县遭受寇灾，被日寇惨杀7099人，致伤2890人。烧毁房屋6246栋，糟蹋粮食762400担（石），杀死耕牛4420头，肥猪鸡鸭不计其数。各项财物累计总值1943亿多元。罪大恶极，罄竹难书！

历史是一面镜子。是余孽，是人渣；是汉奸，是帮凶；是英雄，是义士，被这面镜子照得一清二楚。抗战胜利70年的今天，日本军国主义的阴魂未散，亡我之心未死。中华民族的自尊更强，爱国热情高涨，但网络世界的杂音也不容忽视，混淆视听的邪说应该摒弃。我们出版"澧县抗日实录"这部书，旨在让读者牢记历史事实，明辨大是大非，激励斗志，强国兴邦。是为序。

二〇一五年五月二十八日

（作者原系常德市人大常委会主任，现任常德市湖湘文化交流协会会长）

引 言

2015 年 4—5 月，澧县档案局和澧县湖湘文化交流协会姓氏文化课题组在清理本县民国期间历史档案中，发现澧县抗日战争期间史料丰富，内容翔实。为纪念世界反法西斯战争、中国抗日战争胜利七十周年，特编此《澧县抗日实录》。实录表明，日寇铁蹄蹂躏澧州大地时，澧县人民奋起反抗，写下了可歌可泣的篇章，值得历史永远铭记，以此告慰为保卫中华、英勇殉难的抗日先驱。

目录

未雨绸缪　备战抗日

民国时期，澧县政府 1929 年社会调查统计，当时全县总面积 16095 平方里，其中耕地 541700 亩，年产稻谷 232 万多担、棉花 63274 担，水草肥美，牛羊成群，莲藕繁茂，水产品丰富，森林面积广阔，林木葱郁。1931 年“九一八事变”之后，国内局势骤变，澧县社风不无影响。特别是一遇灾年，民众入不敷出，治安状况更差，当时政府官员忙于处理民事诉讼，多无建树。随着日寇攻城略地愈演愈烈，县政府根据上峰电信，作了应做的宣传抗战的工作。

1. 影印件：“请看暴日希图消灭我中华民族之毒计 !!!”（摘自澧县档案馆全宗第 38 号卷 P9）。

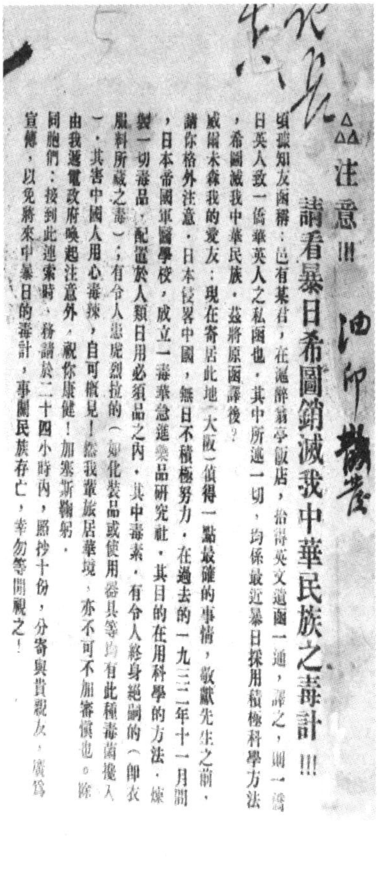
△△△注意!!!　請看暴日希圖銷滅我中華民族之毒計!!!

頃接知友函稱：邑有某君，在滬醉翁亭飯店，拾得英文遺函一通，譯之，則一為日英人致一僑華英人之私函也，其中所述一切，均係最近暴日採用積極科學方法，希圖滅我中華民族，茲將原函譯後？

威爾末森我的愛友：現在寄居此地（大阪）值得一點最確的事情，敬獻先生之前，請你格外注意，日本侵略中國，無日不積極努力，在過去的一九三二年十一月間，日本帝國軍醫學校，成立一毒華急進藥品研究社，其目的在用科學的方法，據製一切毒品，配置於人類日用必須品之內，其中毒素，有令人終身絕嗣的（即衣服料所藏之毒）；有令人患虎烈拉的（如化裝品或使用器具等均有此種毒菌攙入），其害中國人用心毒辣，自可概見！然我輩旅居華境，亦不可不加審慎也。除由我遞電政府喚起注意外，祝你康健！加寨斯鞠躬。

同胞們：接到此函索時，務請於二十四小時內，照抄十份，分寄與貴親友，廣為宣傳，以免將來中暴日的毒計，事關民族存亡，幸勿等閒視之！

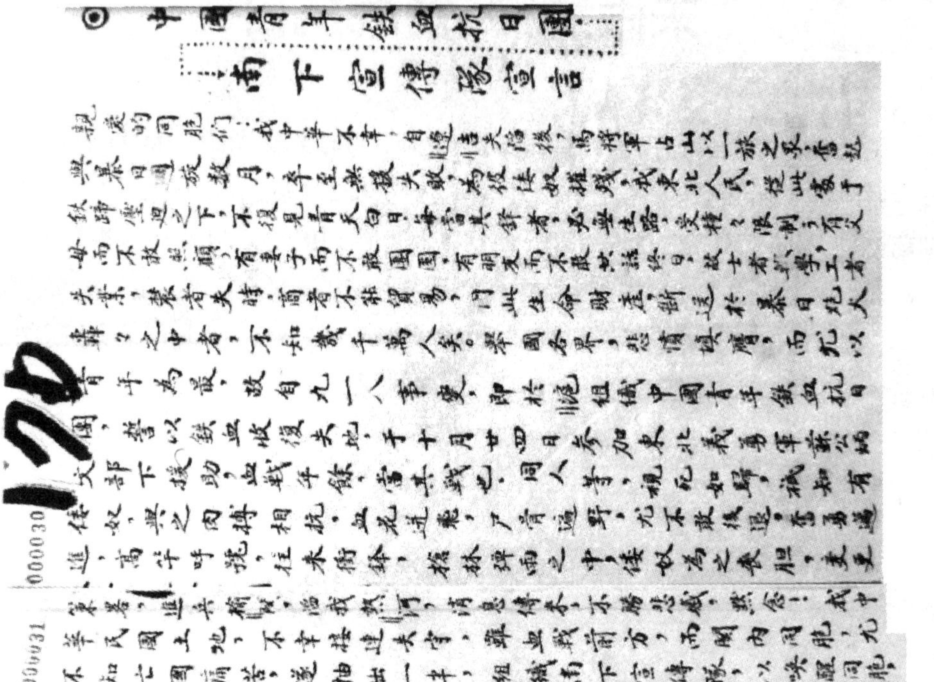
中國青年鐵血抗日團
南下宣傳隊宣言

2. 中国青年铁血抗日团南下宣传队宣言（影印件）（摘自档案馆第 35 号卷 P30）。

3. 1932 年，澧县县政府、保安团、常澧警备司令部、独立一团就“关于安置伤病员、修筑碉堡并为筹款”等事项制定训令、报告与公函（摘自档案馆第 14 号卷）。

4. 1933 年 4 月 1 日，澧县人民慰劳东北抗日救国义勇军募捐委员会常务委员余作霖拟定通知，要求各区、乡长，各校长迅速募捐并汇寄。通知称：“值兹暴日大肆侵略际，我前方将士拼命抵抗，亟应汇款慰劳表示一致抗日，限四月十五日以前齐缴来会……”（摘自档案馆第 38 卷 P11）。

5. 1933 年 9 月，澧县县政府命令西四区区长，北二、四区区长，根据国军 62 师第 185 旅第 370 团团长兼前敌指挥李东升的决定，“遵照构筑碉堡说图，在县属张家厂、梦溪市、王家厂 3 处各建碉堡，以固防务”（摘自档案馆第 38 号卷 P57）。

6. 1936 年国民党澧县委员会常务委员李光炳根据省会密令，“密令各民众团体严防汉奸混入并随时注意侦察汉奸行径。”（摘自档案馆第 163 号卷 P58）。

7. 1936 年 1 月 30 日，澧县县长蒋固自拟“府衔训令”6 条，呈报省府批准，于 1 月 26 日正式形成“澧县人民防缉盗匪简便办法”，下发全县执行（摘自档案馆第 175 号卷 P102——103）。附：影印件。

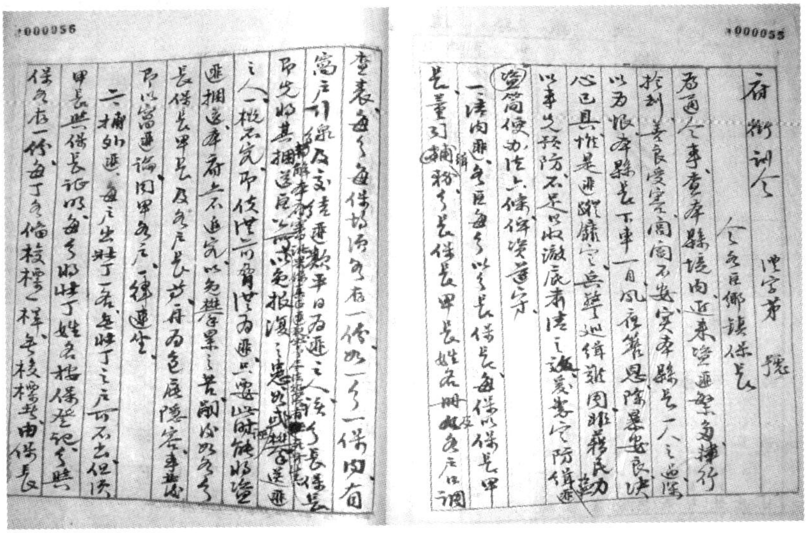
000055

府衔训令

澧字第 号

令各区乡镇保长

000056

8. 1936 年 4 月至 6 月，县长蒋固、杨载雄等先后报批罗德寿、罗德亨、赵义、陈百川、潘啟桃、陈贤海、何人明、易远法、胡士元、余承心等多名抢犯案。其中易远发 1925 年参加帮会组织“荆楚太和山”，余承心 1925 年参加哥老会的“大汉楚平山”组织。（摘白档案馆第 177、178、180 号卷）。

9. 1936 年 4 月 3 日，澧县第 6 区农民彭朝玉捆送儿子彭敦志到第 6 区区公所，交政府惩处其抢犯行为。（摘自档案馆第 178 号卷 P3—P4）。

10. 1936 年 12 月 4 日，澧县公安局为培养妇女军事骨干，选送陈本容、陈克玉、丁德香、樊明志等 4 名女知识青年参加常德社会军事训练妇女班学习。（摘自档案馆第 180 号卷）。

11. 民国二十四年（1935 年），澧县遭受特大水灾，全县漫溃大小堤垸 46 个。灾后，省政府先后给澧县发放春赈救灾款 1. 5 万洋元（即银圆）、救济急赈 6000 元（银圆）、救济粮 500 担（摘自档案馆 201 号卷）。拨款 131. 5 万现洋修复堤垸，完成土方 1194 万立方米。灾民生活困难，依然挣扎在死亡线上。1936 年 5 月，孟姜乡（今九垸乡）大河口 20 多名妇女外出寻野菜度日，同时乘坐一只烂船渡河，恰逢一大汉宋学大胁迫登船，强迫船主驾驶。船行河心，不料风起，因超重倾覆，当场淹死 16 名妇女，只有少数人幸免于难（摘自档案馆第 193 号卷）。附：当年渍灾照片。

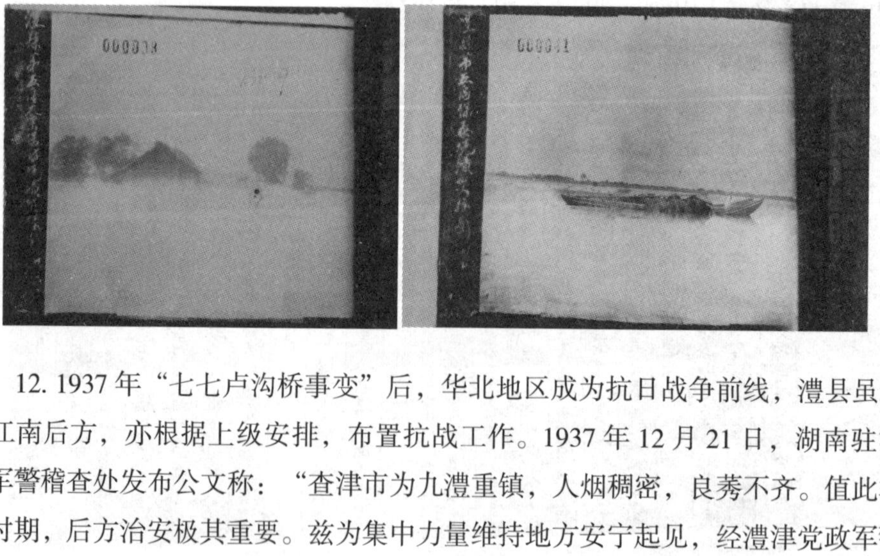

12. 1937 年“七七卢沟桥事变”后，华北地区成为抗日战争前线，澧县虽地处江南后方，亦根据上级安排，布置抗战工作。1937 年 12 月 21 日，湖南驻津澧军警稽查处发布公文称：“查津市为九澧重镇，人烟稠密，良莠不齐。值此非常时期，后方治安极其重要。兹为集中力量维持地方安宁起见，经澧津党政军警

机关及各公法团联席会议议决，组织驻津军警稽查处，隶属湖南省第二区保安司令部，负责办理澧津地方治安事宜。公推（唐）季候为处长、（陈）士、（王）协武轼为副处长，于本月 11 日组织成立。”（摘自档案馆第 455 号卷）

13. 1938 年 2 月，澧县政府设立的澧县国民义勇壮丁常备队制作的官佐履历表，其中原湖南省政府参议王协武任本县义壮常备队副大队长，原湖北省政府附设地政人员训练所大队长韩克鲜（现代作家韩少功之父）任中尉事务员。

14. 这期间，澧县政府根据省府要求，成立了国民兵团，组织青壮年进行训练，以备抗战（摘自档案馆1942年第812号卷）。设立第六战区澧渔线驿道递运第二站、第三站，造具宫佐班长、运伕花名清册，服务抗日战争（摘自档案馆 1940 年第 814 号卷）。

与此同时，县政府配合部队，代考陆军装甲兵团机械化学兵 50 名，如廖步云、钟友三、严钦仰、彭宜明、诸丙南、杨翠舫、万竹林、王世麟、秦文轩等。（摘自档案馆第 592 号卷）。

15. 澧县国民兵团各乡镇队战时任务队造具国民兵团花名册，团长由县长张之觉兼任。据 1941 年该组织报告称，全县共有侦察、运输、救护等任务队共 321 个，总人数为 32780 人（摘自县档案馆第 862 卷）。

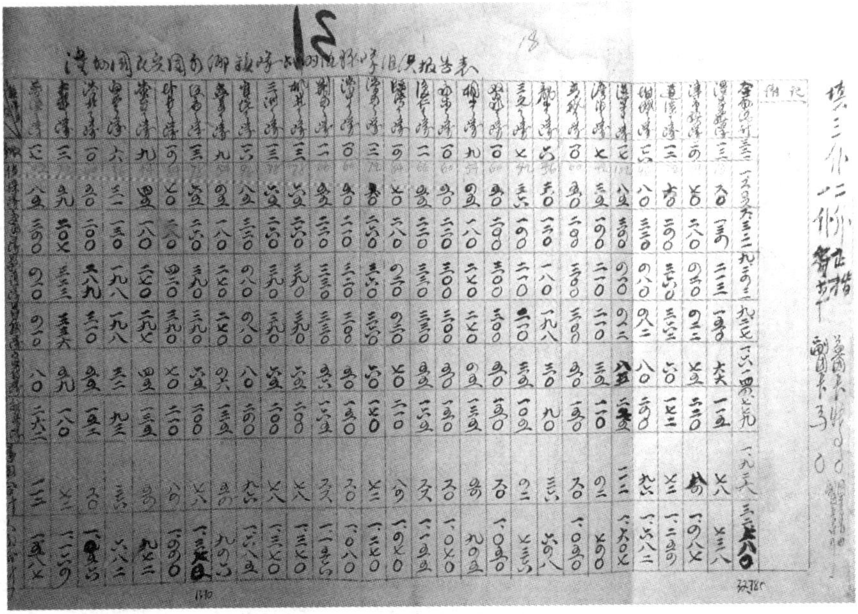

16. 1941年前后，澧县军民以抗战为中心，厉行节约，集中财力抗战。县政府颁布了十条“澧县节约公约”（影印。摘自档案馆第851卷）。

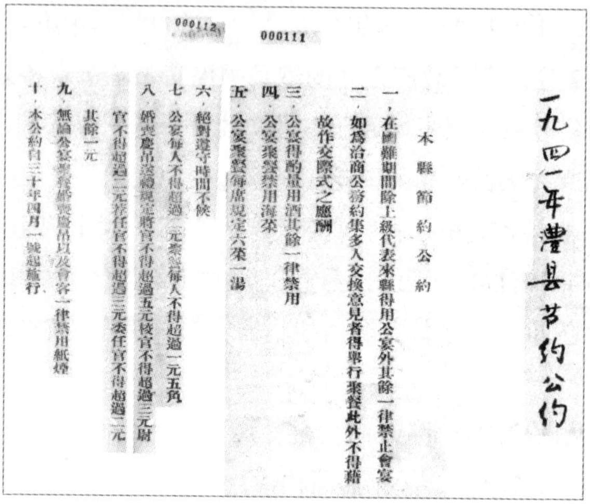

一九四一年澧县节约公约

000112

000111

本縣節約公約

一、在國難期間除上級代表來縣得用公宴外其餘一律禁止會宴

二、如為洽商公務約集多人交換意見者得舉行聚餐此外不得藉故作交際式之應酬

三、公宴得酌量用酒其餘一律禁用

四、公宴聚餐禁用海菜

五、公宴聚餐每席規定六菜一湯

六、絕對遵守時間不候

七、公宴每人不得超過一元聚餐每人不得超過一元五角

八、婚喪慶吊送禮規定將官不得超過五元校官不得超過三元尉官不得超過二元荐任官不得超過三元委任官不得超過一元其餘一元

九、無論公宴聚餐婚喪慶吊以及會客一律禁用紙煙

十、本公約自三十年四月一號起施行

17. 澧县政府1938年接省政府通知，称“自全面抗战以来，敌我伤亡均甚惨”，要求各地成立卫生防疾组，巡回指导救死扶伤。为稳定军心，奋力抗日，全县各乡调查登记出征抗敌军人家属名册，实行优待、照顾，仅翊武镇（县城）当时就有抗属90户。双泉乡共16保，有468户系出征军人家属，发放了优待金、物（摘自档案馆第867号卷、936号卷）。

18. 为了适应抗日作战需要，1936年3月27日，澧县政府决定架设电话线10条，共335公里（摘自县档案馆第90号卷）。附见“照片”

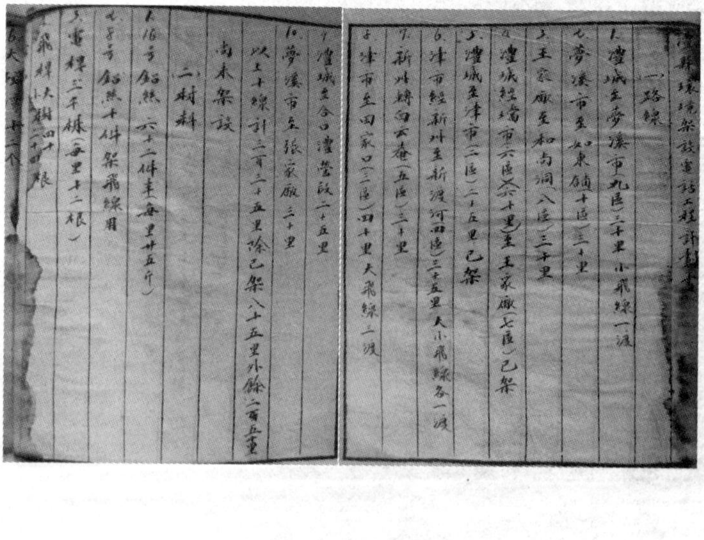

一、路線

1. 澧城至夢溪市（九區）三十里小飛線一線

2. 夢溪市至如東鋪（十區）三十里

3. 王家廠至和尚洞（八區）三十里

4. 澧城經塘市（六區）六十里至王家廠（七區）已架

5. 澧城至津市（二區）二十五里已架

6. 津市經新州至新渡河（四區）三十五里大小飛線各一線

7. 新州鎮至大堰（五區）三十里

8. 津市至田家口（三區）四十里大飛線一線

9. 澧城至合口[illegible]二十五里

10. 夢溪市至張家廠三十里

以上十線計三百二十五里除已架八十五里外餘[illegible]

二、材料

1. 鉛絲六十二件（每里廿五斤）

19. 1942 年 8 月，澧县政府根据本县接近抗日前线，地处川鄂湘交通孔道等情况，为了准备战略反攻，防谍防奸，设立澧县警察局直辖密探，各乡确定了防谍网情报人员，统一指挥，进行短期训练，加强盘查哨点工作，查报户口异动情况。仅王家厂警区就有情报员 8 名，復仁乡有密探人员 22 名，设盘查哨 4 处。三元乡有密探人员 l6 名，设盘查哨多处（摘自档案馆 1942 年第 5964、9146、9273 号）。

20. 为了增强抗战力量，澧县警察局自 1941 年 1 月起，对澧县驻军和过境军队都有调查，将部队番号、主管长官姓名、驻地、到达与开拔时间、人数及军容风纪情况，列表呈报主管部门。至 1941 年 4 月，澧县驻有第四战区、第六战区、第九战区的多支部队，如陆军 198 师补充团、陆军第 43 师野战补充团、第 40 补训处步兵第 4 团。对其各部的军容风纪，调查表如实记录，直言不讳。如驻扎在澧城文庙、正雅女师的陆军 198 师补充团，“该团长官好嫖赌，又常派兵赴各乡搜勒谷米，侮辱公务人员”。陆军第 43 师野战补充团驻扎在澧阳桥，“该团士兵折毁防水城墙不服制止：其中尉副官陈松伙同柴商贩卖烧柴，破坏平价。”当然也有表现好的，如第 40 补训处步兵第 4 团驻县城附近各乡，“该团官兵均能刻苦耐劳，对于人民春耕有殊多帮助。”驻扎在澧成北门外的宁德部队，“军纪森严，官兵秋毫无犯。”（摘自档案馆 1941 年卷。附复印件）（下页）

21. 为了及时补充抗日前线的兵力，澧县成立了澧县知识青年志愿从军征集委员会，县妇女会主任康柳树淑为该委员会成员。他们给各机关团体、学校送达的标语口号有；（1）放下书本，背上枪炮！（2）丢下职业，跨入军营！（3）出了学校，走上战场！（4）消灭敌人，再回学校！（5）没有国家，知识何在！（6）没有国家，职业何在！（7）战场就是课堂，炮声代替书声！（8）新青年、新战士、新国家！（9）保卫祖国，无上光荣！（10）一寸山河一寸血，十万青年十万军！（摘自档案馆 l944 年 l2 月 24 日资料）

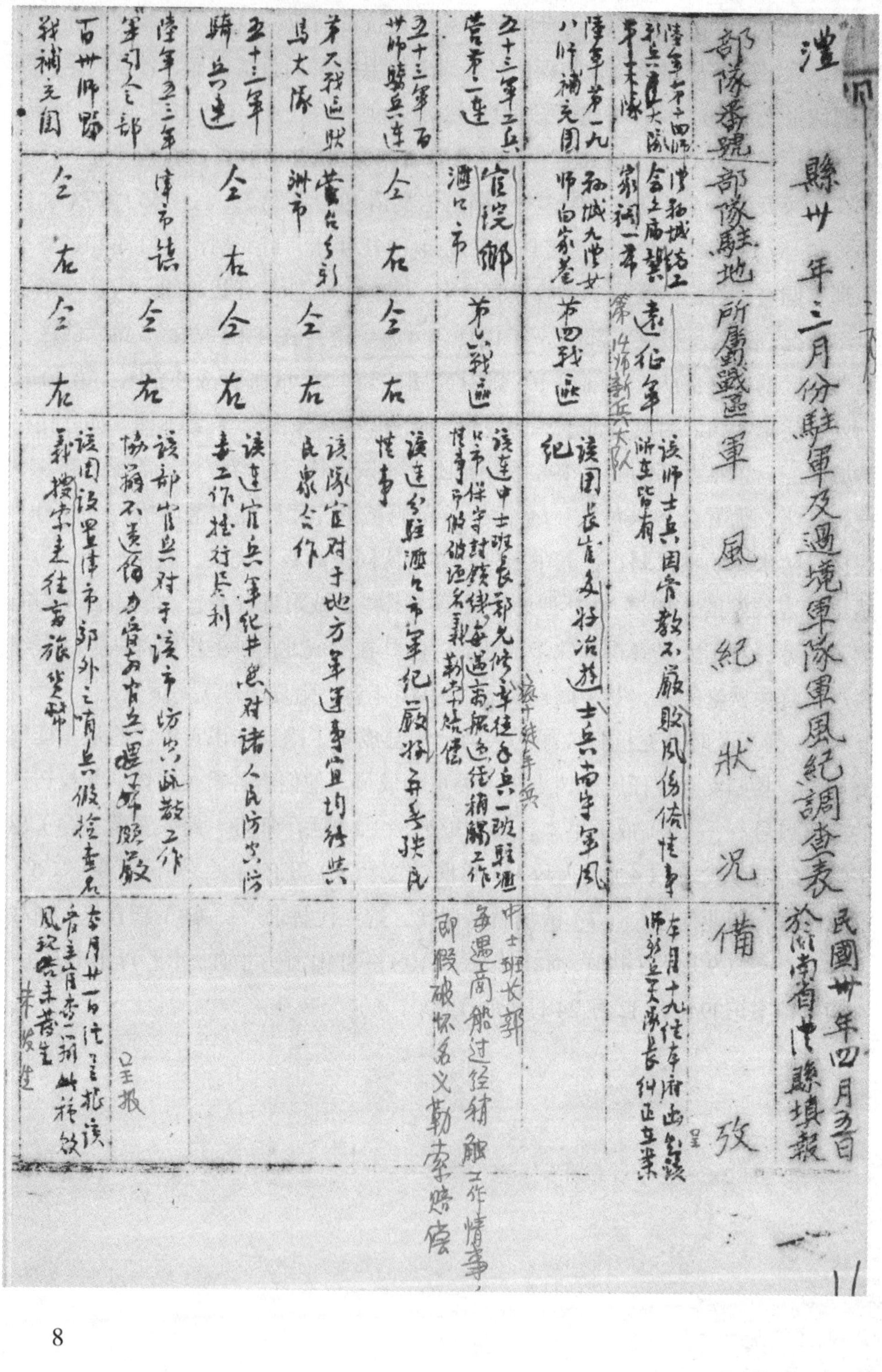

澧縣卅年三月份駐軍及過境軍隊軍風紀調查表

民國卅年四月五日於澧南省澧縣填報

部隊番號	部隊駐地	所屬戰區軍	風紀狀況	備攷
陸軍七十四師補充兵大隊第十七大隊	澧縣城結工會王廟蔡家祠一帶	遠征軍（第七十四師新兵大隊）	該師士兵因管教不嚴敗風傷俗情事所在皆有	本月十九經本府函該師彭旅長糾正在案 呈
陸軍第一九八師補充團	澧城九澧女師白家巷	第四戰區	該團長官友好治理士兵尚守軍風紀	
五十三軍工兵營第二連	官垸鄉澧口市	第六戰區	該連中士班長郭光倫率徒手兵一班駐澧口市保守封鎖線每遇商船過往稍解工作情事亦假借名義勒索情債（該中士班長郭）	中士班長郭每遇商船过经稍解工作情事即假破坏名义勒索赔偿
五十三軍百卅師騎兵連	仝右	仝右	該連分駐澧口市軍紀嚴好并無擾民情事	
第六戰區財馬大隊	黃台鄉彭洲市	仝右	該隊官兵對于地方軍運事宜均能共與民衆合作	
五十三軍騎兵連	仝右	仝右	該連官兵軍紀井然對諸人民防空防毒工作極行盡利	
陸軍五三軍軍司令部	津市鎮	仝右	該部官兵對于該市防空疏散工作協同不遺餘力官長有兵嚴厲	呈報
百卅師騎戰補充團	仝右	仝右	該團設置津市郊外之官兵假檢查名義搜索來往商旅貨幣	本月廿一日經呈報該團查明糾正風紀嚴肅 林俊達

澧县三十年四月份驻军及过境军队风纪调查表

於民国三十年五月 日 县长填报

四月

部队番號	部隊駐地	所屬戰區軍	風紀狀況	備致
陆军第四三师野战補充团	澧县杨桥（澧阳桥）	第六战区	1.该团士兵拆毁城墙不服劝止 2.该团中尉副官陈松龄同米商贩卖烧柴强迫平价	该团士兵拆毁防水城墙，不服劝止；该团中尉副官陈松龄同米商贩卖烧柴强迫平价。
军政部第四卫生大队	刘家河余家坪	不详	该队官兵[redacted]常有伤风败俗事实发生	
第四十補训处第六兵器团	澧县和乡	第六战区	该团官兵均能刻苦耐劳对于人民春耕殊多帮助	
守远部队	澧城北门外	第六战区	[redacted]该队官兵尚守军纪[redacted]	
守德部队	仝右	直辖军政部	军纪森严官兵秋毫无犯。	
守静部队	仝右	仝右	该队军官尚能守法惟士兵军纪荒弛	
陆军五十师第十五青队	澧城绾工会	第九战区	官兵均守军纪毫不为歹	
陆军一九八师補充团	澧城文庙正魁书院	第四战区	该团长官好嫖好牌[redacted]常派兵分赴各乡搜勒谷米侮辱公务人员	

15

000077

五十三军工兵营第二连	澧口市	第六战区	该连官兵对于封镇工作尚称努力建筑	
五十三军骑兵八连	彭洲市	仝右	该连军纪严肃风纪整齐官兵秋毫不犯	
九十八师[illegible]大队	永丰乡第七保	仝右	该队风纪整齐有方士兵畏不敢犯	
九十八师辎重营	永丰乡第一保	第九战区	该营士兵陷不畏法长官尚不严军风纪尤其不堪 竟然不堪 敢不	
第暂一师输送连	永乐乡第一保	第六战区	该队官兵对于地方军运事宜均能共同努力合作	
五十三军	津市对河不二巷	仝右	该军上级长官纪律森严市民咸口碑载道惟下级官长纵容士兵常藉检查名义搜索商旅财物	该军上级长官尚能安 惟下级官长纪律森严 市民咸口碑载道
百卅师野战补充团	津市孔庙	仝右	服装整齐 惟容士兵常借检查名义搜索商旅钱物	
九十八师彭工兵大队	津市对河	仝右	官兵秋毫不犯	16

22. 为应付抗日紧张局面，澧县编制澧县党政战斗指挥所第二根据地略图，将县党政机关战争非常时期办公场所规划到道河山丘区：道河易法纪家——县政府；岩嘴河（彭坪垸）——警察队；沈家嘴——卫生院、司法处；杨大育家——县党部、青年团、民众教育局、救济院、不动产保管处。

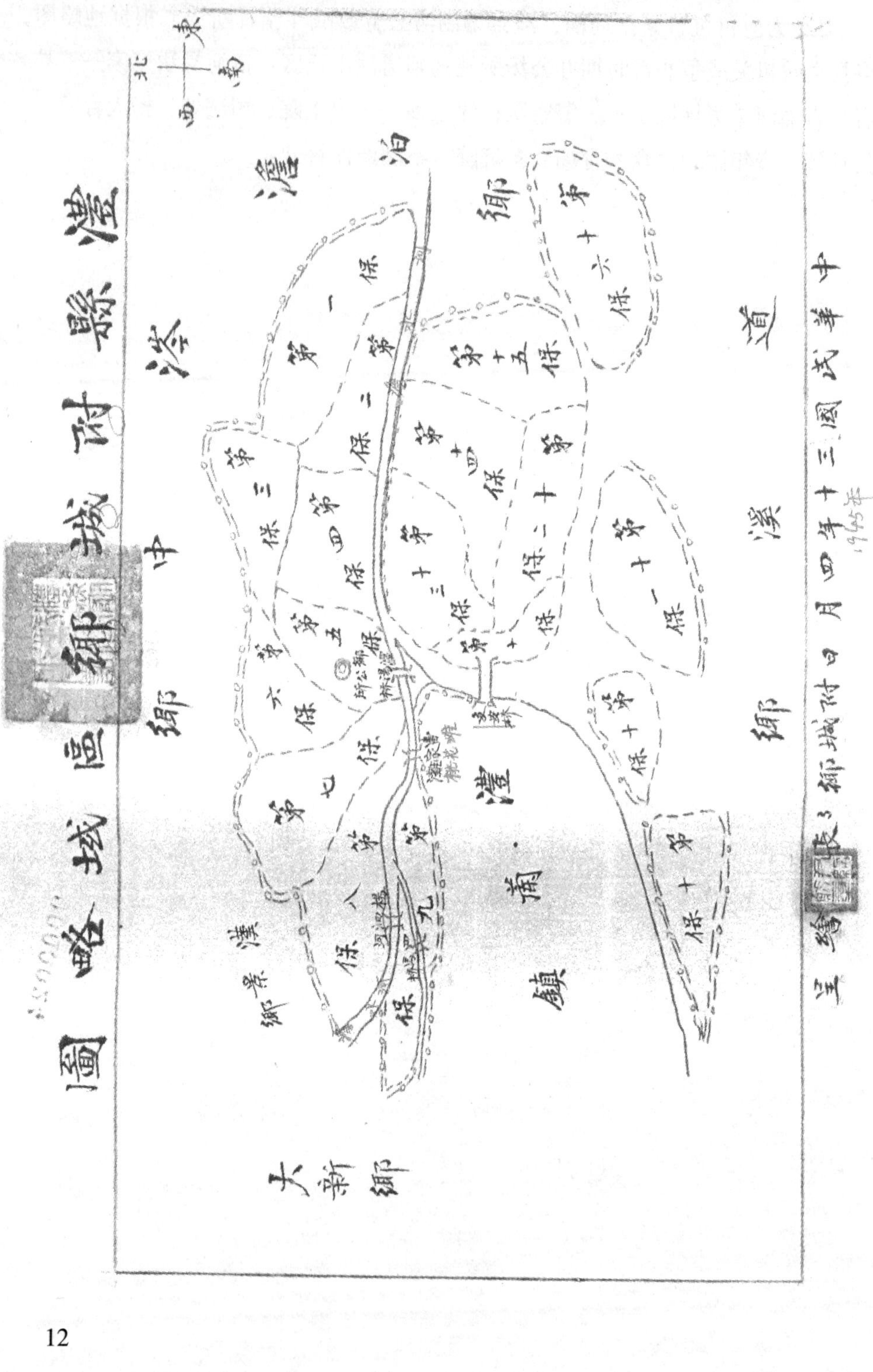
澧縣附城鄉區域略圖
北
東
南
西
大新鄉

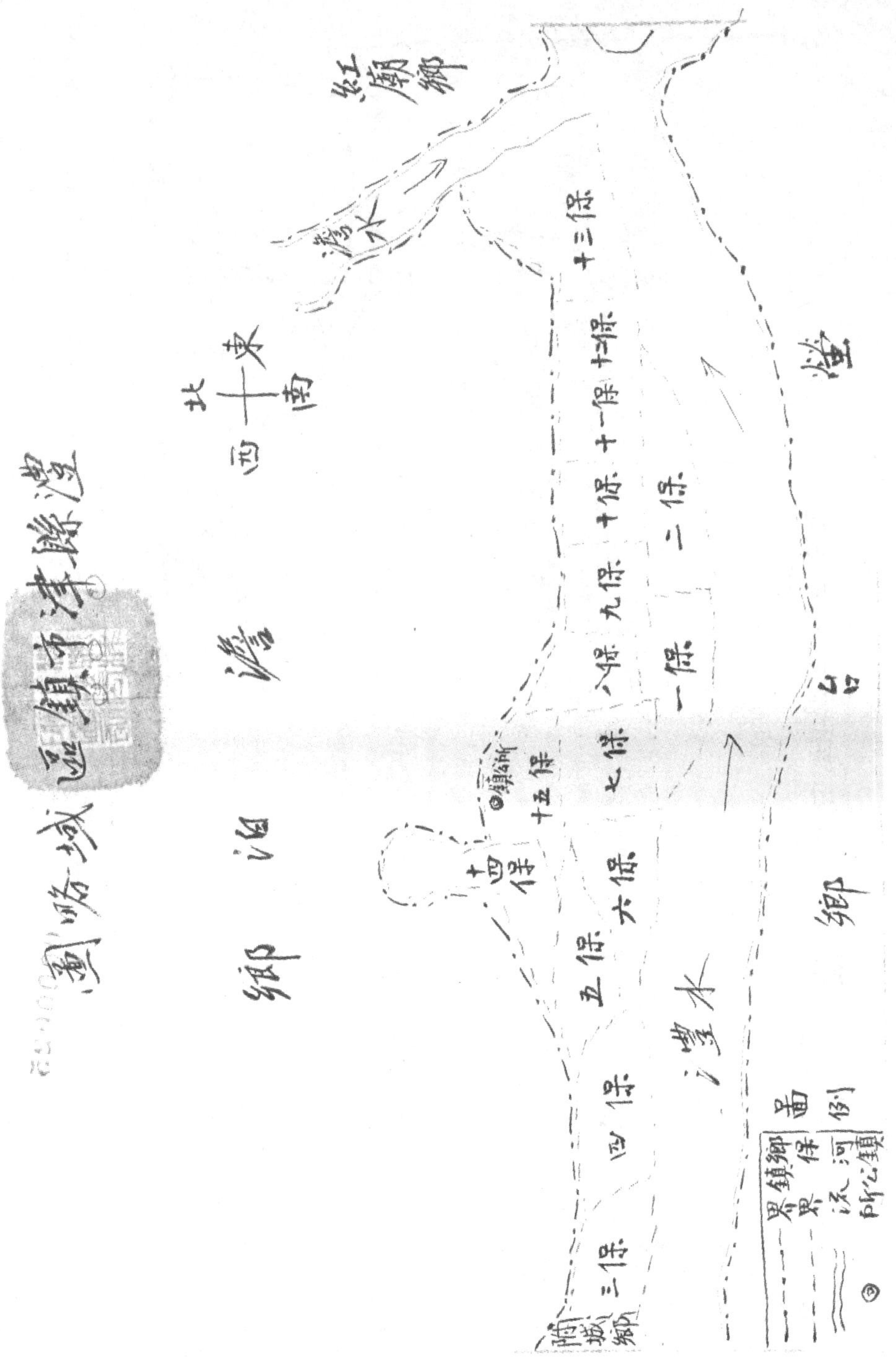

澧縣津市鎮區域圖
北
東
南
西
紅廟鄉
澹水
澧水
附城鄉
一保
二保
三保
四保
五保
六保
七保
八保
九保
十保
十一保
十二保
十三保
十四保
十五保
鎮所
圖例
界鎮鄉
界保
河流
鎮所

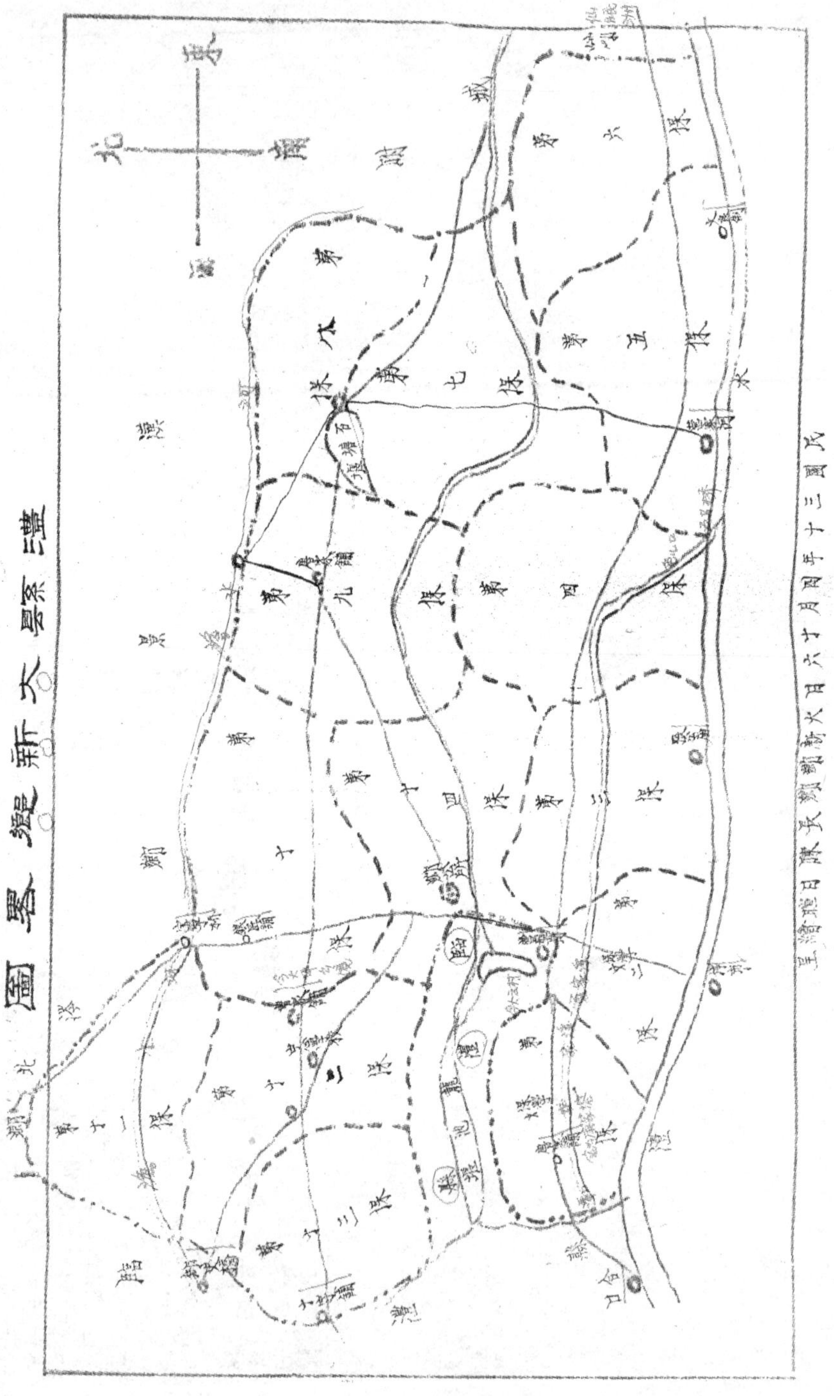

鄂西会战时期（1943 年日寇第一次犯澧）

1943 年 4 月，日寇为了打通长江宜昌以下的水上运输，将掠夺的 50 艘货轮（20000 吨装载量）放下宜昌，削弱我第 6 战区有生力量，决定发动鄂西战争。4 月 16 日起，日军在江南滩头阵地（华容、南县、沙市对岸）的兵力逐渐增强，调动频繁。第 6 战区（总指挥陈诚、孙连仲代理）判断日军将有所行动，制定了作战方案，布置第 29 集团军、第 10 集团军准备反击日寇进攻。5 月 5 日拂晓，日军开始行动。5 月 6 日晨，国军守军第 77 师与第 15 师协力反击，经两日激战，伤亡惨重，形势严峻，安乡、南县已处于被日寇半包围的危境。从这时候开始，日本军国主义的铁蹄踏入澧县，澧县人民从此处于水深火热之中。

1. 1943 年 5 月 10 日，澧县警察局直辖汇口（今安乡县境，当年系官垸乡一部分）分驻所巡官谢镕武呈送给警察局局长谭某、县长康某的报告称：“查本所于 5 月 6 日下午 3 时许，突有敌人便衣 30 余名由安乡地所属之仓九台（地名）渡河到汇口。发觉时职（我）即率领全体武装长（干）警就地抵御。激战两小时之久，敌援队赶到，增加机枪钢炮。因受火力压迫之下，比（我们）即掩护水陆分头按序撤退。而在抵抗中，市面百姓均已于此时迁尽，幸未多受死伤。至本所长（干）警撤退时，被敌追击，直到毛里湖始行集合清查。当发觉长（干）警 5 名（辛恩武、汤义元、陈敬勷、殷德华、李元涛）未到，生死不明，损失步枪 3 支，号码另列。消耗子弹 1560 发，员警被服行李、所内文卷器具以及钧府（上级）所寄存封锁材料、铁丝铁钉等件，当以时间迫促，无法抢运，均已损失一空。为此报请备查”（摘自档案馆 1945 年 163 号卷）。

2. 1943 年 6 月 19 日，澧县警察局毛里湖警察所所长任大任向谭局长、康县长报告称（见影印件）（摘自档案馆 1943 年第 1278 号卷）。

26

000020

歸卷 八.廿三

報告

三十二年六月十九日
於金家坪所部

一.1 竊此次澧南告急，敵由南安各縣進犯，上(五)月六日晚敵軍逼達匯口(距毛里湖三十里，該地對河即屬青賦本警管區範圍)該地分駐所被敵擊潰，謝巡官及散警退至本所時，即將全所長警作應戰佈署，調整兵力，劃分警備區域，毗備應變，勤務不顧日夜，督促嚴密防範，比時令毛裡市商民火速疏散安全地點，並派便衣赴各地偵察敵踪敵情

2. 當匯口被敵侵襲逼擾之晚，職 晤林虞務於新洲，即請返局代呈報告，請示本所之行踪，並以電話報告請示，亦無結果，因當晚軍務紛忙，電話不通

3、七日敵機出没於滙口安鄉新澧一帶炮聲整天機槍聲音接近毛市斯時四四軍一六一師張排於毛市待命本所即會同該排加强佈署作森嚴戒備並星夜搶築工事以防守

4、毛市八日至十日除本所及友軍張排外別無其他友軍及民衆影踪所經過者僅安鄉逃難同胞及安鄉所駐之師管區散兵

5、本所位居毛市為地方武力在敵未進至本縣境地及未奉　鈞局明令以前除死守及待命外決不敢擅離警區一步

6、十日一六一師張排奉令向鰲山撤退一六二師一連由常德奉令來毛市接防次日該連又奉令撤退防地以該四六一團第三營童營接防本所即會該營互派便衣至前方偵察敵情並派警担任响

導封鎖船隻

7、十二日清晨該營又向鰲山撤退毛市僅本所警力撐持斯時敵舢舶湖五東口新街口東南洲及羌口壕子港沿堤一帶出沒騷擾其時四十四軍軍部駐紮鰲山一六一師師部經毛市向鰲山撤退一六二師師部駐臨澧石板灘待敵本所以警力無援位居最前線恐難抗退將全部警力衝散即召集全所員警開緊急會議作臨時移防將全所員警移駐於距毛市五里許毛裡湖水上王家嘴地方

8、二十日澧安交界處之新港對河發現敵軍似有渡河模樣青賦鄉道港附近發現敵人汽艇斯時防軍為數甚少且距毛市近在咫尺本所為免除無畏損害起見由王家嘴轉進至賀家岁

宿营睦王家嘴三里许因该地地形一面临湖数山起伏利於自卫。

警戒且易於移动

9 六十二日由贺家岑转进至青赋乡白衣庵附近罗家桥

10. 二十三日由罗家桥经清化铎转进至龙山乡第三保潘仙庙宿营

11. 二十五日潘仙庙一带一五零师开来驻防其部队长即令移出另

觅营址斯时大雨倾盆不得不在潘仙庙对面附近另觅驻地该

师之某连见本所觅着驻地急时亦随之而来云警所须离开

他们部队驻扎地五里以外当时因渠等势力限制即在大雨之

中开仙公寺寺脚刘宅宿营

12. 六月三日奉令提任前卫由仙公寺开道溪乡吴家嵩金家坪

000021

金宅宿營

13、六月八日奉令由吳家崗開赴澧城斯夜又奉令担任澧陽橋排哨

何盐井孟溪市方向施行警戒以防敵襲

14、六月九日上午七時奉令將排哨撤銷轉進至劉家河附近吳家崗

原址宿營

二、此次倭寇犯境地方秩序紊亂前線潰退之散兵三五成羣

在鄉無惡不作駐防部隊軍紀亦屬不良加之一般無業流氓

不務正業及業已改過自新之與以數不明大義缺乏國家民族觀

之人似有待機活動從事於死灰復燃之夢想

以上二項呈請 鑒核备查謹呈

局长譚

澧县警察局毛里湖警察所所长任大任

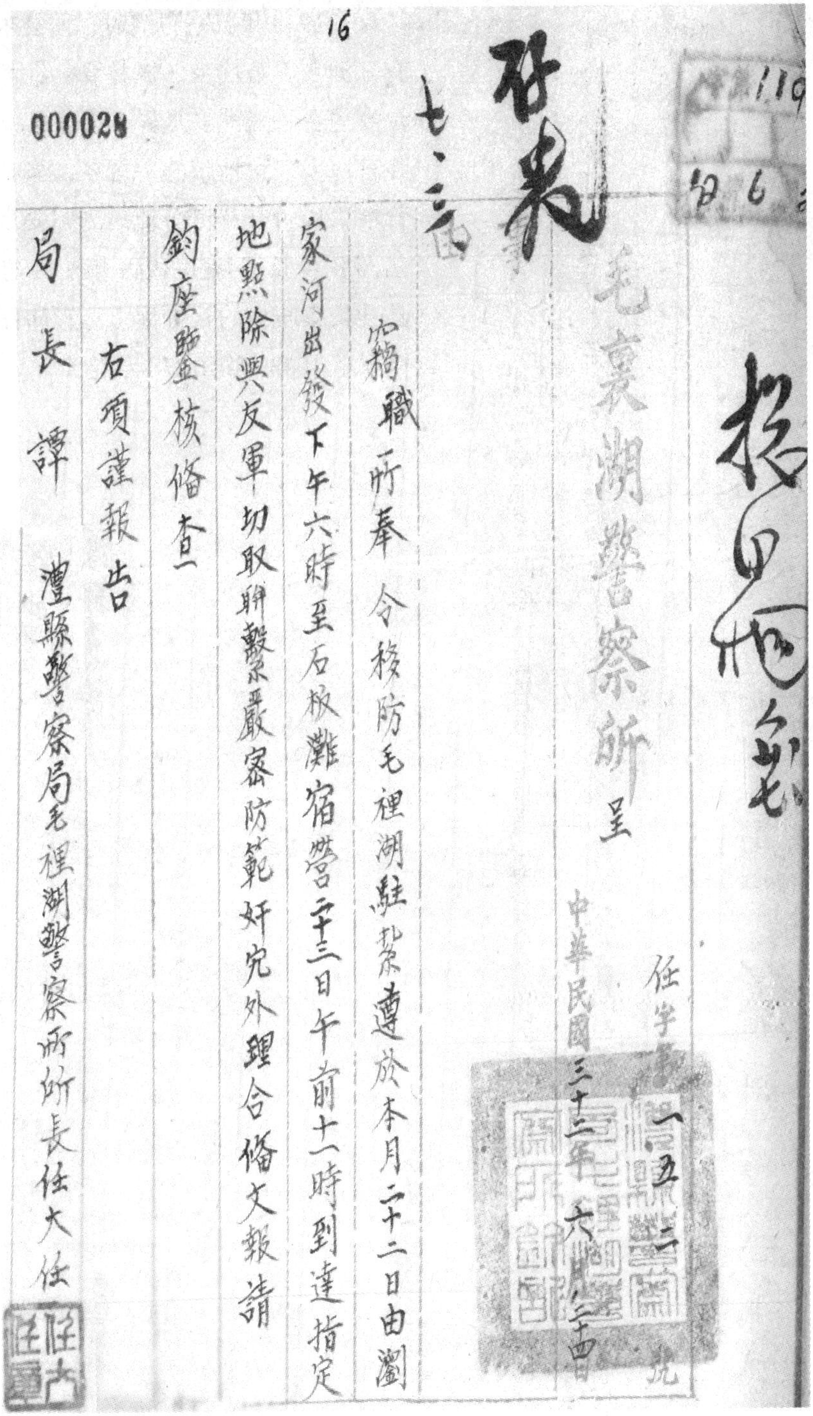

16

000028

存案

七.二六

毛裏湖警察所 呈

任字第 一五二 號

中華民國三十三年六月二十四日

竊職所奉令移防毛裡湖駐紮遵於本月二十二日由劉家河出發下午六時至石板灘宿營二十三日午前十一時到達指定地點除與友軍切取聯繫並嚴密防範奸宄外理合備文報請

鈞座鑒核備查

右項謹報告

局長譚

澧縣警察局毛裡湖警察所所長任大任

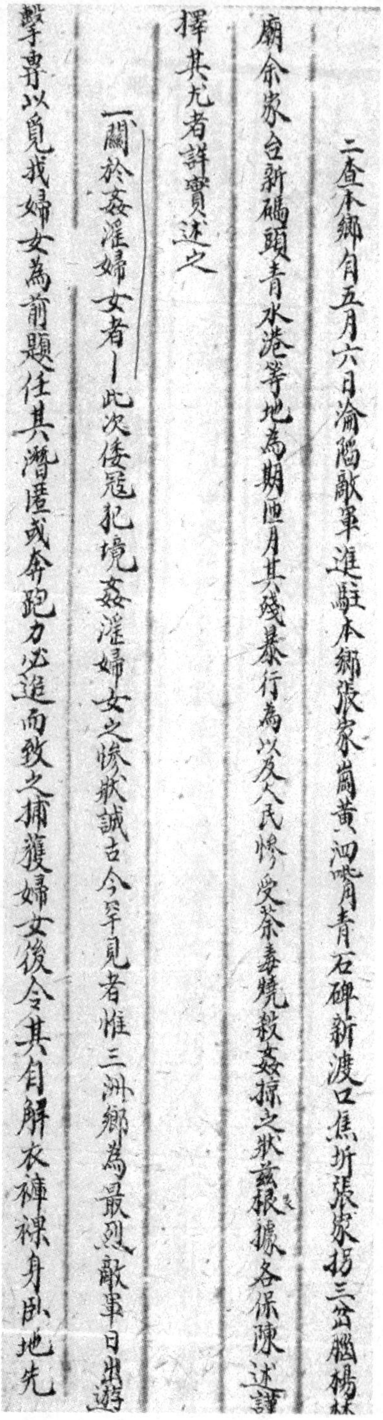
二查本鄉自五月六日淪陷敵軍進駐本鄉張家崗黃泗嘴青石碑新渡口焦圻張家場三岔腦楊林廟余家台新碼頭青水港等地為期匝月其殘暴行為以及人民慘受荼毒燒殺姦掠之狀茲根據各保陳述謹擇其尤者詳實述之

一關於姦淫婦女者——此次倭寇犯境姦淫婦女之慘狀誠古今罕見者惟三洲鄉為最烈敵軍日出遊擊專以覓我婦女為前題任其潛匿或奔跑力必追而致之捕獲婦女後令其自解衣褲裸身臥地先

3. 1943 年日寇犯澧时，澧县东部地区有三洲乡、官垸乡、枫林乡、红孟乡、萤台乡等乡。三洲乡是界于公安县、安乡县和官垸乡三角地带的一个乡，当时属澧县管辖，1959 年松澧分流后划归安乡管辖。三洲乡乡长罗楚玉 1943 年 7 月初呈送澧县县长康庚梅的报告称（见影印件。摘自档案馆 1943 年第 1278 号卷）。

用刺刀遍體撥視隨後輪姦則塚傍田阡一旦變為舞台也焦圻市老婦年近六旬被倭寇竟用白布勒其口而姦死中央口有幼女年僅十二竟拉荒郊撥其衣而淫亡余家台有唐李二婦者一年二十餘一年三旬唐婦連姦七人以其面無笑容持酒瓶實其私處頃刻殞命李婦輪姦九人以其身體懶動用烟桿挺其陰物頃時慘亡或見婦女身有瘡痕即令其伕役先姦但伕役多係本地人民雖遇本身毋女姊妹不敢推延否則性命難保他如貫綿絮於便口通竹桿於陰門持刀割其乳袋用手拔其陰毛種種慘狀不一而足且倭寇聲言八歲不歡小八十不歡老只為快樂計不管老和小此言足堪痛心者也

一、關於殘殺人命者——敵寇初犯本鄉境內鄉民窺其服色靴履如為日軍因被淪倉卒潛逃無及各處被其屠殺者滔滔皆是中央口地方有段老者頗優為業女被姦污乃哭泣拉扯亂刺而歿新渡口地方有蕭姓者見其宰殺耕牛即稽首乞情劈頭而亡最可惡者駐守門橋之餘黨或三五一隊或六八成群尋以屠殺為樂趣凡屬湖港榮山即大肆包圍彈如雨林如鄒文垸羅田寺太和垸人民擊斃者總在四五百人以上或被執女子姦淫後不給衣褲裸體刺死道傍年邁伕役不堪負重者即刺死另拉尤以余家台敵寇於五月二十二日搜捕老婁老漢二十一人急用刀刺槍斃用繩連綑次第推入河中魚貫而殺再如縛諸樹上剖腹取肝木棒亂打血滿皮膚或梟首分擲他處或刖足置諸通衢數十人為一堆八九人為一塚誠屍填巨港血染溝壑穢氣逼人觸目驚心

一、關於強拉伕役者

役使伕役更為劇烈或逃遁於郊野土穴或藏匿於湖濱溝港者一被查覺即綑牽帶走負担相從按其年齡大小給予輕重頭也戴而手也提夜則臥於草地晝則給以稀餐呼之苦力待若牛馬老弱病餘之輩負重不能行走不惟用刀敲其腦頂擊其肩背抑且增加物件不許稍停喉曰快快再走不動即用足踢於湖河溝塘因此而死者為數甚巨尤在開差時令伕自尋担囊或担囊不及云以懶惰就地處決最慘重者倭奴前次潰退逃至黃山頭

一帶爭先渡河朔風大起船隻將覆旋將船上所有民伕悉推諸河游泳逃生者僅十分之一現倭奴遠竄本鄉所去民伕回籍零歸其父母妻子尚在號泣望眼欲穿也

一、關於暴殄穀物者——本鄉佘家台新碼頭張家揚新渡口各處河道均架設門橋、幾座在附近二里以內之大門被絮搜撥殆盡橋上釘以門片覆以被絮又於坡度上下依路平鋪令其馬隊通行不跛所燒之柴即有斤塊蘆葦堆積如山棄而不用竟覓寶波本器及桌椅車伙物件限伕碎燒煮飯非以油臟易燃而實居心破壞也最可痛心者其於穀米毫不珍貴仍其馬食踐踏散撒道傍食餘白飯不用箕盛竟撒之於廚房或潑之於糞塘如棄微塵毫無珍惜之念本鄉淪陷正值刈麥分秧之際暴軍縱馬捲入良踏毀形成焦土荒郊每於遊出歸營必將到達地點放火燒屋數棟見其火焰沖天眾皆拍掌嬉笑所搜衣服新則交伕負荷舊則扯毀遺棄此種暴殄破壞之舉與禽獸奚異

一、關於宰食牲畜者｜倭寇吸食雞豬牛羊牲近畜獰遊出時見有人之戶同言言方通用手勢形强令供給雞蛋雞婆遇見肉豬即令戶主拉去雞婆剝皮并丟去爪嘴肚物等肉豬僅用四腿其肝肺肚腸以及豬首豬足仍意拋棄臭氣逼人其食肉也或炙之火上或煎之鍋中並糖參半不管生熟若何互相爭取雞蛋竟吸生汁而已尤於黃牛見輒宰殺水牛祇剜兩居縱之使去雖即不死終難醫治此種野蠻攫食與禽獸又何難焉

三、綜上殘暴行為慘絕人寰茲奉前因理合為文紀述報請

鈞府鑒核懇予彙編公布廣為宣傳俾知暴虐之舉與日寇不能並立於世界踴躍殺敵爭取最後勝利

謹呈

澧縣縣政府縣長康

代電　澧復民字第514号

澧縣三洲鄉鄉長羅楚玉

三洲乡羅乡長卅二年七月未卯日玉字第30号报告悉准予棄案

編查仰即知照縣長[illegible]澧復民午世印

鄭華核

七/世

中華民國三十二年七月　日

[illegible]

4. 1943 年 9 月，澧县政府组织调查，三洲乡乡公所情报员罗安华填报“日寇在华暴行调查表”（见影印件 3 份，摘自县档案馆 1943 年第 1278 号卷）。

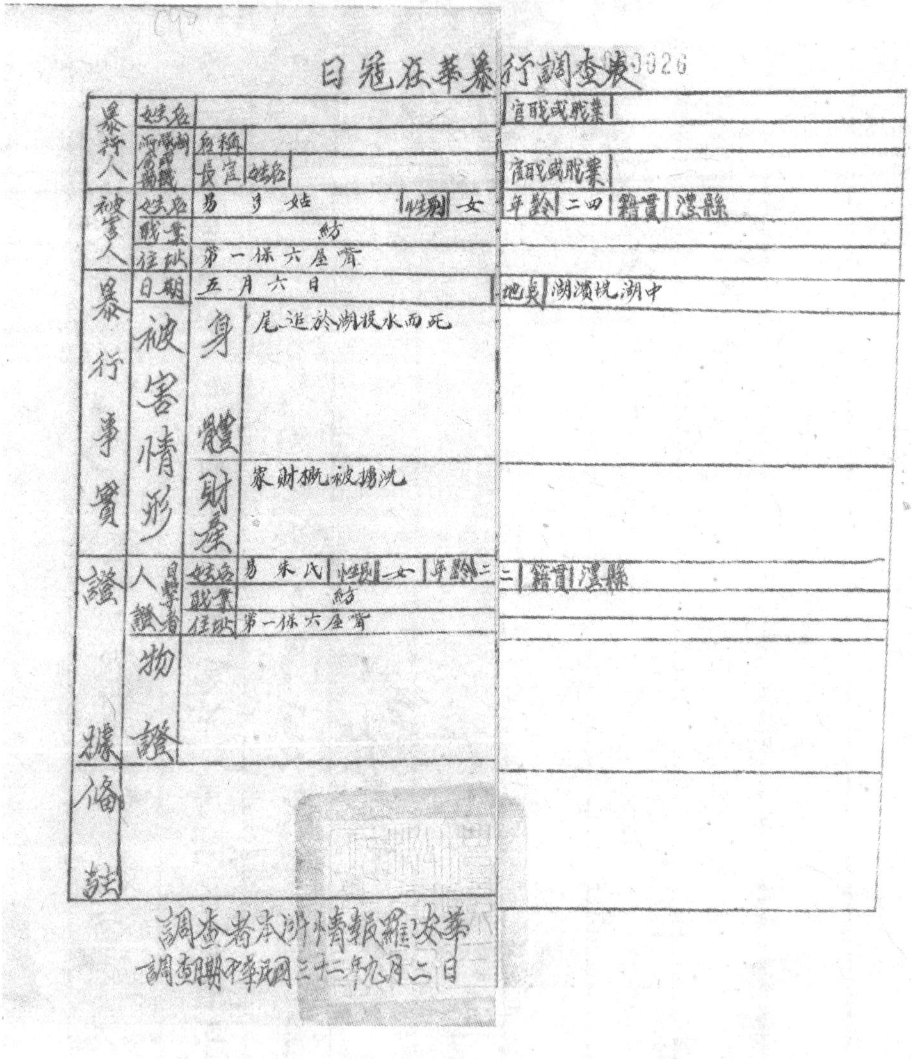

日寇在華暴行調查表

暴行人	姓名		官職或職業
	所屬部隊或機關	名稱	
		長官姓名	官職或職業
被害人	姓名	易彡姑　性別 女　年齡 二四　籍貫 澧縣	
	職業	紡	
	住址	第一保六屋嘴	
暴行事實	日期	五月六日	地點 湖濱坑湖中
	被害情形	身體	尾追於湖投水而死
		財產	家財概被擄洗
證據	人證	目擊者 姓名	易朱氏　性別 女　年齡 二二　籍貫 澧縣
		職業	紡
		住址	第一保六屋嘴
	物證		
備註			

調查者 三洲情報 羅安華

調查日期 中華民國三十二年九月二日

000025

日寇在華暴行調查表

暴行人	姓名			官職或職業			
	所屬部隊或機關	名稱					
		長官	姓名	官職或職業			
被害人	姓名	易多姑	性別 女	年齡	四五	籍貫	澧縣
	職業	紡					
	住址	第一保六屋嘴					
暴行事實	日期	五月六日		地點	公安馬鞍鄉劉家垸		
	被害情形	身體	尾追於湖投水而死	亂刺而亡			
		財產	家財概被擄洗	百元法幣亦被劫去			
證據	人證（目擊者）	姓名	易朱氏 性別 女	年齡	二〇	籍貫	澧縣
		職業	紡				
		住址	第一保六屋嘴				
	物證						
備註							

調查者本所情報羅汝華

調查日期中華民國三十二年九月二日

030023

05

日寇在華暴行調查表

暴行人	姓名	官階或職業
	所屬部隊或機關 名稱	
	長官 姓名	官階或職業
被害人	姓名 蕭炳 性别 男	年齡 五九 籍貫 澧縣
	職業 傭工	
	住址 第六保新渡口	
暴行 日期	五月六日	地点 新渡口外洲
暴行實事 被害情形	身體	被黄牛岗牛被奪缺口毫無痛即被先剜剐腿後右脚手割腹剖肝抛河而沉
	財產	家中物資搜索殆盡
證據 人證 目擊者	姓名 陳天慶 性别 男 年齡 三六 籍貫 澧縣	
	職業 農	
	住址 第六保新渡口	
物證		
備註		

調查者 本所情報羅安華

調查日期 中華民國三十二年九月二日

5. 1943 年 7 月 5 日，三洲乡代理乡长张经典向康县长报告乡公所在 5 月 6 日至 5 月 12 日受难情况（见影印件。摘自县档案馆 1943 年第 1278 号卷）。

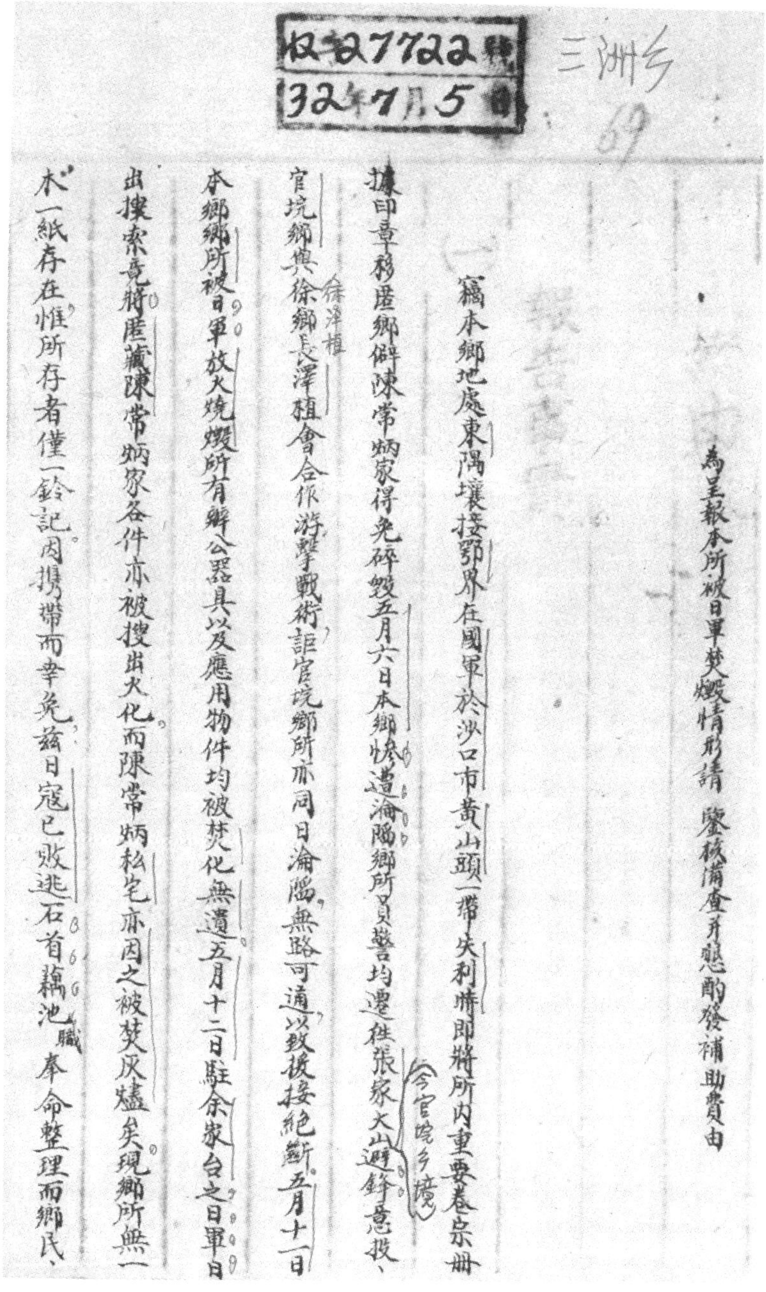

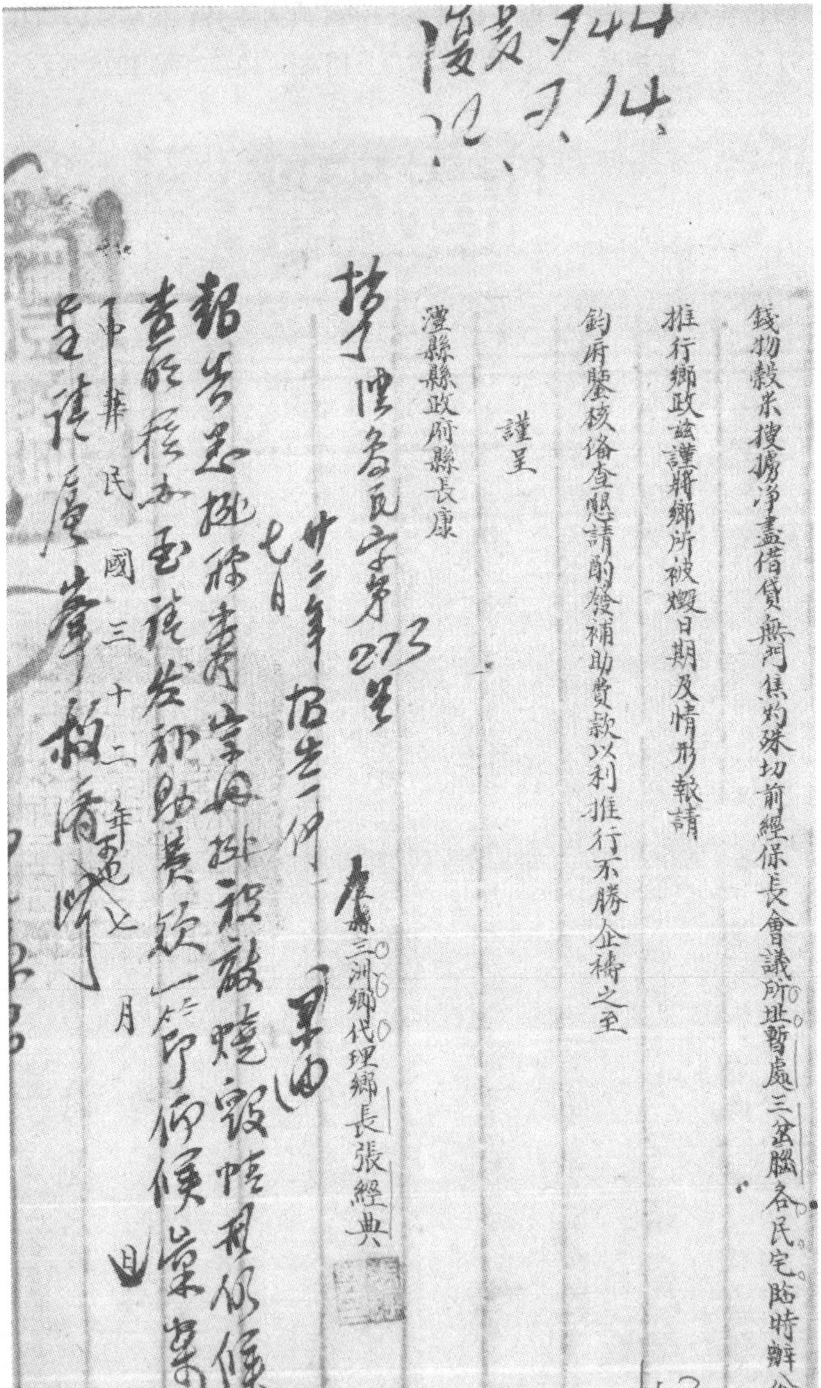

錢物穀米搜擄淨盡借貸無門焦灼殊切前經保長會議所址暫處三岔腦各民宅臨時辦公

推行鄉政茲謹將鄉所被燬日期及情形報請

鈞府鑒核俯查懇請酌發補助費款以利推行不勝企禱之至

謹呈

澧縣縣政府縣長康

澧縣三洲鄉代理鄉長張經典

中華民國三十二年七月　日

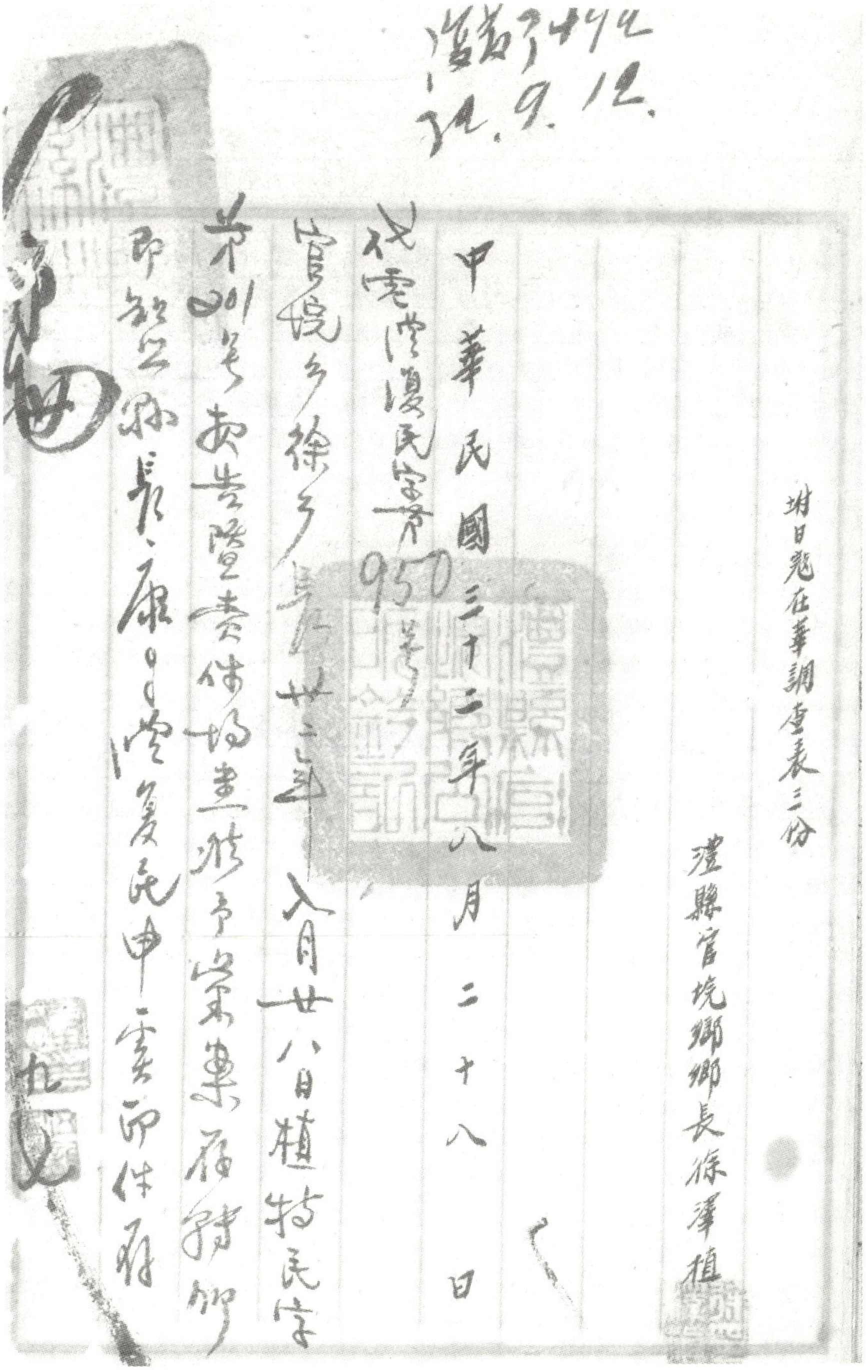
34.9.12.

附日寇在華調查表三份

灃縣官垸鄉鄉長徐澤植

中華民國三十二年八月二十八日

6. 官垸乡乡长徐泽植 1943 年呈报“日寇在华暴行调查表 1 份（见影印件。摘自县档案馆 1943 年第 1278 号卷）。

日寇在華暴行調查表

暴行人	姓名	櫻井					官職或職業	工兵營營長		
	所隸屬部隊或機關	名稱	入木部隊							
		長官	姓名	櫻井			官職或職業	工兵營營長		
被害人	姓名	張修其		性別	男	年齡	三〇	籍貫	澧縣	
	職業	商								
	住址	官垸鄉第六保六甲八户								
暴行事實	日期	三十二年五月九日					地点	官垸橋頭		
	被害情形	身體	捕獲後用刺刀斷其頸剖其腹							
		財產	被劫国幣仟元金戒指一支(重三錢八分)房屋被燒							
證據	人證(目擊者)	姓名	李德澤	性別	男	年齡	二九	籍貫	澧縣	
		職業	商							
		住所	官垸鄉第六保六甲十户							
	物證									
備註	本鄉被害人達百餘人但暴行人姓名及部隊名稱均不悉其詳故未便填報									

調查者 陳立人

調查日期 中華民國三十二年八月十二日

7. 1943 年 5 月 7 日，敌陷官垸，该乡第 15 保保长刘青云，因保内人民未完全疏迁，尽量维护。不料敌寇蜂蛹而至，趋避不及，致为敌掳。（敌）迫令归降工作，百端威胁，（刘青云）誓死不屈，乘隙投水死。其妻雷氏及子么儿相继殉难（摘自档案馆馆 1943 年“忠义事迹征访表”）。

8. 官垸乡第十二保四甲民妇杨姚氏，因于 1943 年 5 月 10 日敌人犯境时未及逃避，复因敌寇搜索图奸，遂偕 12 龄幼女杨么儿投河自杀（摘自档案馆 1943 年“忠义事迹征访表”）。

9. 官垸乡第十二保四甲于 1943 年 5 月 10 日，敌寇压境时人民逃避不及，有妇女李彭氏、李黄氏，不甘淫辱，先后投河自尽（摘自档案馆 1943 年“忠义事迹征访表”）。

10. 官垸乡 12 保 4 甲民妇裴王氏于 1943 年 5 月 10 日，敌寇犯境，逃避不及，氏被敌追逼图奸，遂偕 12 龄幼女裴么姑投河自杀以明志（摘自档案馆 1943 年“忠义事迹征访表”）。

11. 官垸乡第 8 保保长夏光彩于 5 月 12 日下午闻讯药铺拐（乐府拐）上郭玉恒家有敌强奸，比令保丁就近寻利刀一柄，暗藏身旁，潜往郭家，大声呼喊，勇往直前，将敌杀毙，当即将尸埋藏沟涧中，并夺获敌三八式步枪一支，子弹百发（摘自档案馆 1943 年“忠义事迹征访表”）。

12. 澧县警察局直辖汇口分驻所巡官夏道卓 1943 年 7 月 2 日给康县长报告（见影印件。摘自档案馆 1943 年第 1278 号卷）。

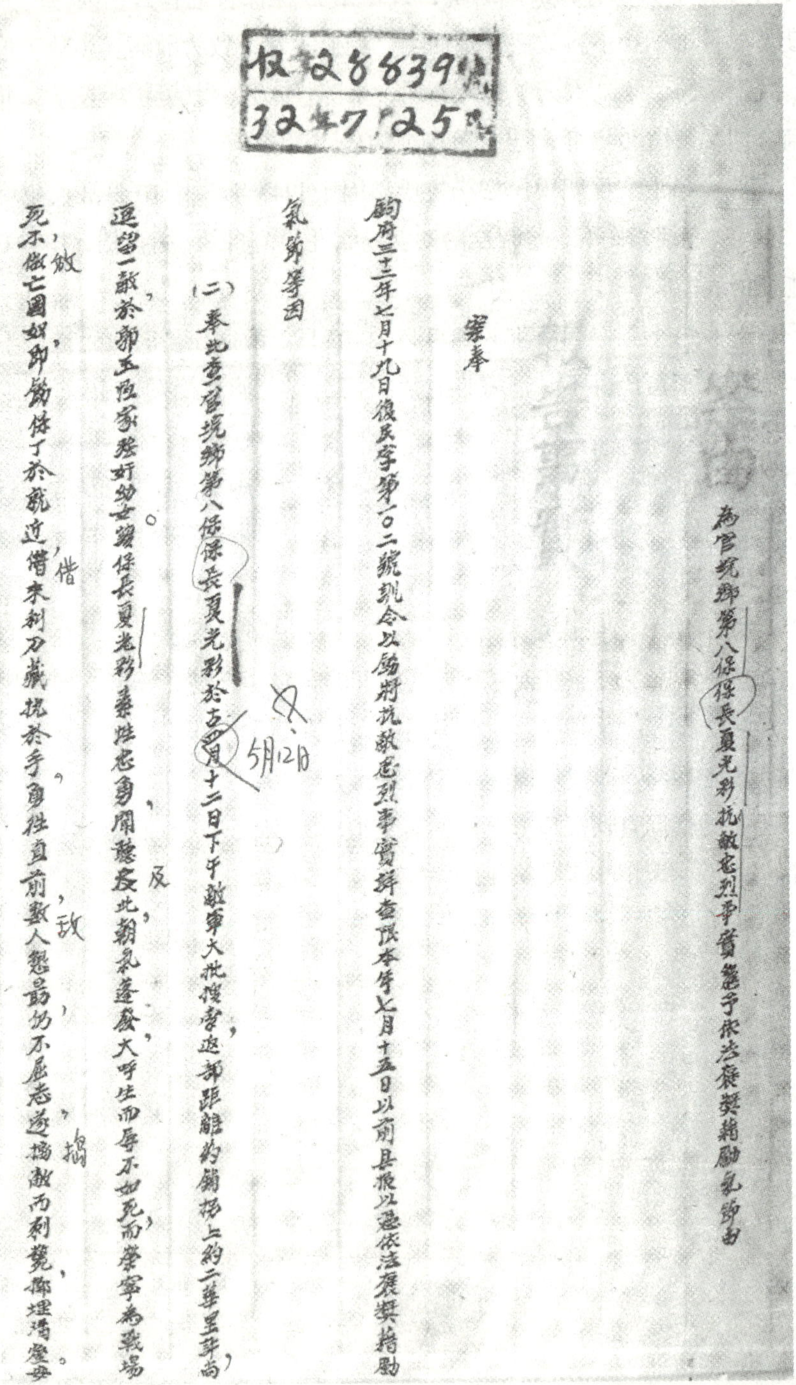
收文8839號
32年7月25日

為官垸鄉第八保保長夏光彩抗敵忠烈事實懇予依法褒獎藉勵氣節由

案奉

鈞府三十三年七月十九日復民字第一〇二號訓令以勵將抗敵忠烈事實詳查限本年七月十五日以前具报以憑依法褒獎藉勵

氣節等因

(二)奉此查官垸鄉第八保保長夏光彩於五月十二日下午敵軍大批搜索返部距離約兩掃上約二華里許尚，

逗留一敵於鄉五保家强奸幼女。該保長夏光彩素性忠勇，聞聽及此，頓氣蓬發，大呼生而辱不如死而榮，寧為戰場

死，不做亡國奴，即觔保丁於就近借來利刀藏執於手，身往直前數人，懲敵，仍不屈志，遂搗敵而刺斃，摯埋灣壘安。

5月12日

全民危險，并獲三八式步槍一枝、子彈約一百發，當交該管甲長劉士孝保管，敵人潰經我軍擊潰，鄉長迎所報公即將此槍彈送交鄉長撥用，復回原宅而居，不願因功受賞。此等捨身成仁、忠義奇烈，為同胞共生死、為國家共存亡，非凡夫所能及也。

右二項謹呈

縣長康

澧縣警察局自養匯口分駐所巡官 夏道卓

中華民國三十二年上月二〇日

13. 1943 年 5 月 20 日晚，在离大堰垱近 3 里处（涔南乡），澧县战时任务队特务大队与敌军（日寇）接触，击毙敌军 1 名，夺获木柄手榴弹 14 箱共 200 余枚，步枪甚多。又第五大队马凌云部穷追敌人，攻入安乡县城，夺获伪维持会记录、证章、旗帜、钢盔等数件（摘自档案馆临 -4-1-584 号卷）。

14. 1943 年 5 月 18 日，青赋乡公所向县政府报告，“此次本乡驻防国军以军略（军事策略）关系，于（5 月）14 日将大京保赋垸（即七里湖）堤防决口 3 处，现垸内已成泽国”（见影印件。摘自档案馆 1943 年第 1278 卷之（6））。

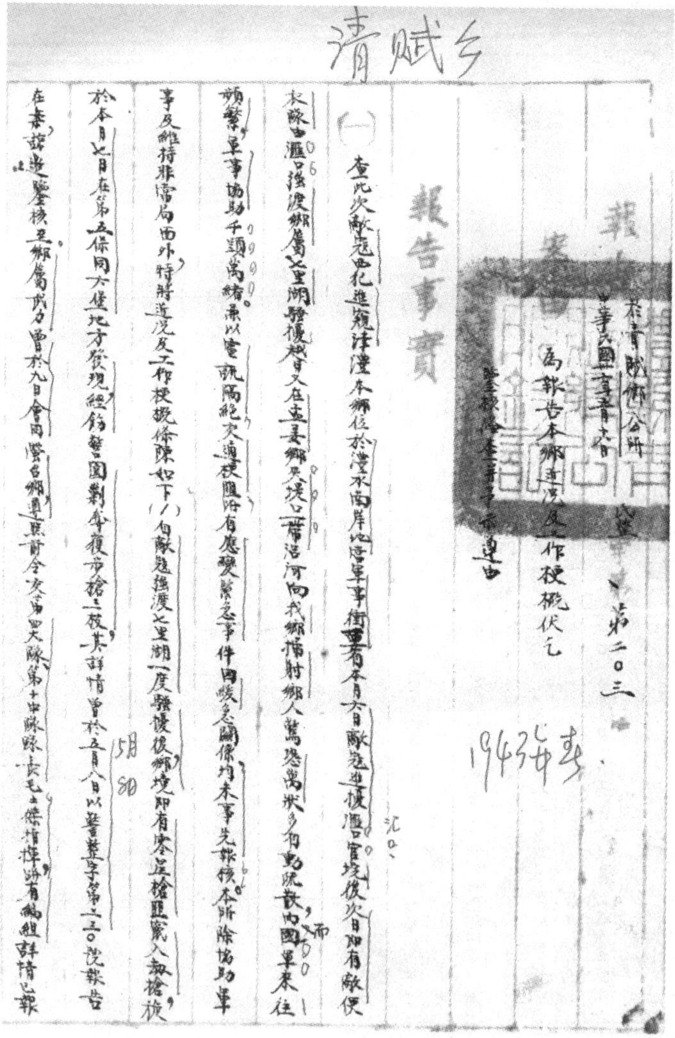
清赋乡

報告 第二〇三

青賦鄉公所

為報告本鄉遭受工作梗概伏乞

鑒核備查由

報告事實

（一）查此次敵寇西犯進窺津澧本鄉位於澧水南岸地當軍事衝要本月六日敵寇由複興官垸復次日即有敵便

衣隊由滙口強渡鄉屬七里湖騷擾越日又在孟姜鄉焦堤口帶沿河向我鄉掃射鄉人驚恐萬狀多有逃散而國軍來往

頻繁軍事協助千頭萬緒兼以電訊隔絕交通梗阻所有應變緊急事件因緩急關係均未事先報核本所除協助軍

事及維持非常局面外特將遭受工作梗概條陳如下（一）自敵寇強渡七里湖一度騷擾後鄉境即有零星槍匪竄入劫搶旋

於本月七日在第五保同大堤北方發現經飭警圍剿奪獲步槍二枝其詳情曾於五月八日以警整字第二五〇號報告

在案請予鑒核（二）是鄉屬武力曾於九日會同鄰鄉……第四大隊第十中隊隊長……詳情已報

1943年

由第四大隊吴將而不復贅，惟查此次敵寇壓境，難免宵小圖蘇於地方治安，誠恐防範難週，擬請令飭隣警所隊亦以協助防患。(2)本鄉經遊戰隊嘉山據點以來，正當軍事衝要，職為該區人民避免損害，計經擬定臨時疏散計劃一份送請駐軍四四八團查照，隨由團部函復准在戰鬥前施行在案，茲於十月將該項計劃轉飭遵照，並特附呈原計劃一份，請予備案。(3)鄉境有敵寇壓境即迫設盤查哨，計第九保保長王五壹於九、十二兩日先後在保盤獲潰散過境衛國部隊步槍六枝，輕機槍一挺，業由該保長送交駐軍四四八團第六連曹連長接收，關於盤查及交接情形經函省該團部查照在卷。(4)蘇官垸孟姜兩鄉被敵寇據後，該兩鄉職員曾於十月先後化裝偷渡來所，孟姜由劉鄉長率領，蘇官垸鄉徐鄉長於十七日仍率領員警化裝回鄉探報敵情，尚有零星敵寇在其境內出沒。孟姜已無敵蹤，其詳情應由兩鄉詳報。(5)本鄉所址居寿露山崗，距新太近，敵機時臨偵察，爰於十月將全體員警遷至附近里許之塔子橋曾宅臨時辦公，俟局勢稍定，即當仍回原址。(6)此次本鄉駐防國軍以軍暑關係，於十四日將大京保賦垸（即七里湖）堤防決口三處，現垸內已成澤國，春晨收穫昔絕，計被災面積已達六保之寬，受災丁口在萬人以上，哀此災黎，生計絕望，擬懇轉詳賑

徐泽植

情形，因之隔绝，务祈设法交涉，以资灵转，而利电讯。所有上项各情，由连同疏散计划一份，一併呈赍

鉴核备查，并祈迅予示遵。谨呈

澧县县长 徐

附疏散计划一份

澧县青贼乡乡长 周承霖

上

15. 1943 年 7 月 1 日，孟姜乡乡长谈运钊向县政府报告：“更因防敌设计，制造天灾竟于 5 月 14 日决断堤塍，致使属乡所辖 30 余垸、计 63000 余亩面积悉付汪洋，家各逃亡，看护无主，牲畜器具，尽被漂流”（见影印件。摘自档案馆 1943 年第 1278 号卷）。

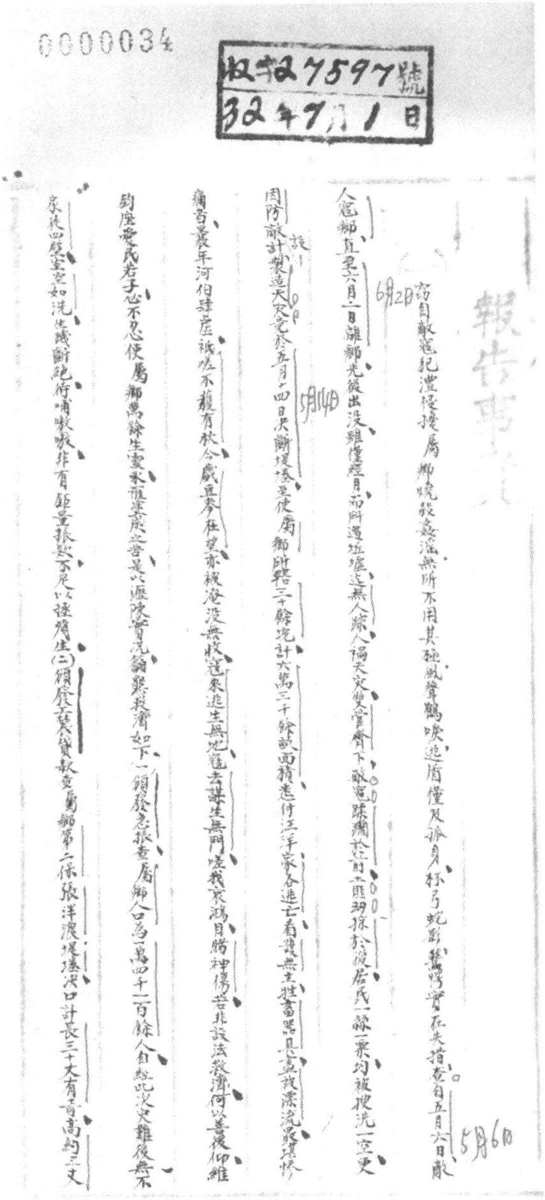
0000034

收字7597號
32年7月1日

報告

竊自敵寇犯澧侵據屬鄉燒殺姦淫無所不用其極風聲鶴唳逃匿僅及保身杯弓蛇影驚悸實在未措查自五月六日敵人寇鄉直至六月二日雖鄉先後出沒雖僅經月而所過地區迄無人跡人禍天災無不會齊下敵寇蹂躪於前土匪劫掠於後居民一絲一粟均被搜洗一空更因防敵設計製造天災竟於五月十四日決斷堤塍至使屬鄉所轄三十餘垸計六萬三千餘畝面積悉付汪洋家各逃亡看護無主牲畜器具盡被漂流最堪惋痛者最年河伯肆虐秋收不獲有秋今歲豆麥在望亦被淹沒無收逃來逃去無地覓食謀生無門嗟我家鴻目睹神傷若非設法救濟何以善後仰維鈞座愛民若子必不忍使屬鄉萬餘生靈永淪浩劫之苦是以瀝陳實況籲懇救濟如下一須發急振查屬鄉人口為一萬四千一百餘人自經此次災難後無不家徒四壁室空如洗生機斷絕待哺嗷嗷非有鉅量振款不足以援殘生(二)須發工振貸款查屬鄉第二保張洋渡堤塍決口計長三十丈有奇高約三丈

6月2日 5月14日 5月6日

寬十五丈估計修復土方價值總在二十萬以上當敵寇退却河水低落時雖經幾次搶築均被沖毀苦我灾民已盡最後掙扎假令河水再退業民皆已無粮興工且冬季豆麥種子亦被漂蕩無存擬懇轉請湖南省水利委員會核准頒發專款以資修復而維生產（三）蠲免田賦查屬鄉面積共六萬零餘畝即孟姜、來兩粮區整個範圍春秋收成均被淹沒灾民救生不遑何能完納賦稅擬請將本年田賦徵購予以蠲免以示體恤以上三項請求乃屬鄉萬餘生靈之唯一願望除將人口房屋粮物損失另表列報外理合備文呈請

鈞座俯予轉請核准頒發振款及蠲免田賦與徵購以資救濟而蘇殘生臨穎惶悚毋任迫切待命之至謹呈

澧縣縣長康

澧縣孟姜鄉鄉長談運圖

中華民國三十二年六月　日

16. 1943 年 5 月 10 日晚，涔中乡第九保范世亮前往梦溪市葫芦洞附近侦察敌情，随即带引第 87 军万安部队前往搜索，杀毙敌人数名，而该民同时被敌执杀牺牲（摘自档案馆 1943 年“忠义事迹征访表”）。

17. 1943 年 5 月 10 日，家住涔中乡第二保的澧县中学学生范运岗、范运柏当日寇犯境时，奋勇侦察敌情，报告国军杀敌，不幸中途被执，不屈殉难（摘自档案馆 1943 年“忠义事迹征仿表”）。

18. 梦溪乡乡公所 1943 午向县政府呈报“梦溪乡、沦陷后之纪实”（见影印件。摘自档案馆 1943 年 1278 号卷）。

19. 1946 年 11 月 8 日，梦溪乡、涔中乡、盐井乡等乡公所呈报日寇战犯罪证（见影印件。摘自档案馆第 1278 号卷）。

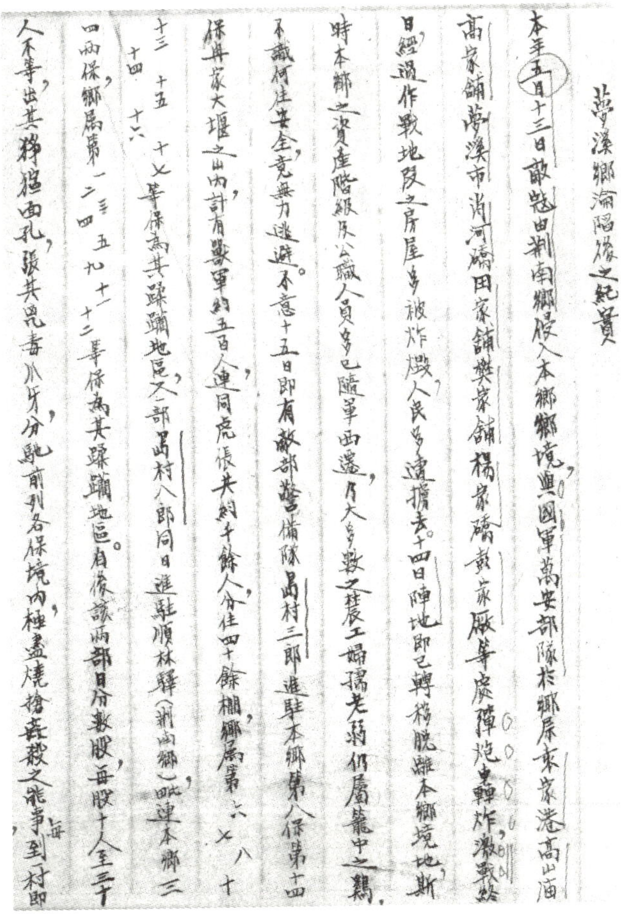

夢溪鄉淪陷後之紀實

本年五月十三日敵寇由荆南鄉侵入本鄉鄉境，與國軍萬安部隊於鄉屬東家港高山廟高家舖夢溪市尚河碼田家舖樊家舖楊家嶺彭家廠等處陣炮轟炸，激戰始日，經過作戰地段之房屋多被炸燬，人民多遭擄去。十四日陣地即已轉移脫離本鄉境地，斯時本鄉之資產階級及公職人員多已隨軍西遷，有大多數之農工婦孺老弱仍屬籠中之鷄，不識何往安全，竟無力逃避。不意十五日即有敵部警備隊島村三郎進駐本鄉第八保第十四保冉家大堰之山內，計有敵軍約五百人，連同虎倀共約千餘人，分住四十餘個，鄉屬第六、七、八、十、十三、十四、十五、十六、十七等保為其蹂躪地區，又一部岡村八郎同日進駐順林驛（荆南鄉）毗連本鄉三四兩保，鄉屬第一、二、三、四、五、九、十一、十二等保為其蹂躪地區。自後該兩部日分數股，每股十人至三十人不等，出其狰獰面孔，張其兇毒爪牙，分馳前列各保境內，極盡燒擄姦殺之能事，每到一村即先赶捉男女，再行搜搶食米猪鷄千蛋等項，衣物帳被必盡數扯碎，家具農具必悉數搗毀，臨往別村時，始放火燒屋，捉獲婦女則悉令卸去下上衣物，不擇地點輪姦，姦後復令裸体隨行，違抗則隨手刺殺、或摔棄水中。并聞彭某之女年僅十四，被獸隊次第輪姦，一日間至二十人之多，陰戶腫死。又譚某老嫗年近八十，遭其用木棍自下部突捶，連續出入，腸血流地而亡。至捉獲男性，則令挑送搶獲之物、牲畜，挑負重量則與其年齡成正比例。如一畏縮誘卸，則必被棄道旁，或割去耳鼻，斷其四肢，尤其捉至巢穴之後之男人，無分貧賤老少，每日常出數名或十名予以極殘酷之處置。有放於機上作猪殺者，有倒縛於樹上用鋸鋸死者，有或用大棒一棒送命，或以小棍慢擊死，甚至忽於寒殺中連五人或十人令其先後一綫立定，於後一彈貫之，同共仆地，則獸隊圍觀，若拍掌大笑。至搶去之牲畜，牛豬只吃後部兩腿，鷄子只吃去皮淨肉，巢穴四週尸骨堆山，嗅聞數里，慘絕人寰。迨至六月一日晚，該兩部獸隊始突然撤退。更不料六月八日忽又有敵寇一股，數約二千人，由松滋突出

二日夜始去，本鄉淪陷擾害，先後計達二十一日之久，統計損害，男人被殺死一百零二人，受傷者十
五人，被擄去不識生死者百廿五人，被姦死傷女人約四十人，被姦辱者二百餘人，計被燒房屋一
百四十餘間，殺害牛馬壹百五十餘頭，損失谷米達五千石（積谷在内）。家具農具什物損失
估計約在五百萬元以上。損害浩大，創痛鉅深，而耕者已多失助耕之牛力、農具，逃者尚多避
居，徘徊未獲搬歸故址，安撫之道更所難忘，而尚祈詳盡指示也，幸甚

國防部戰犯處理處扣留嫌疑戰犯搜証調查表

姓名	年齡	階級	所屬部隊	任職地點	任職時間	日本住址
搗村八部	不詳	不詳	警備司令部	湖南澧縣	三十二年四月	不詳

罪行概況	
事實	三十二年四月湖南澧縣敵酋搗村八部進駐縣屬黃溪鎮中等鄉大肆屠殺姦淫放火擄掠有人民李棣金駱仲階等數十人被屠殺張秀姑趙公姑等數十女子被姦死黃溪市蕭家橋清泥潭等十數處房屋被焚洪明照等數十人財物被掠甚更遺殺村為萬惡情況極慘
地點	湖南澧縣黃溪市斑竹山胡家垸蕭家橋彭家廠合龍鋪紅窯陵家峪清泥潭郭家廠白家灣
證明證人	

罪證	
證人	李黃氏駱張氏何猴妹高炳吳世鏗胡貞吾胡子安謝志文曾澍閣
證物	

檢舉機關或姓名	黃溪鄉溪中鄉黃井鄉等鄉公所
檢舉人或機關及地址	任承榜蘇德源何光松等調原鄉長 任黃溪溪中黃井等鄉公所
備註	卅二年兩次濱湖會戰期間敵虐殺姦淫放火擄掠情況極慘惟以罪犯人姓名不詳尚有罪行未能填列

20. 涔中乡第一保国民兵罗德六、张景春于1943年5月25日上午，前往梦溪乡彭家厂侦察敌情，途遇敌兵一人，两人用计杀之，并夺获步枪一支，子弹百发，安全返回（摘自档案馆1943年“忠义事迹征仿表”）。

日寇1943年5月9日占领了南县。至此，国军第6战区第29集团军的第73军已丧失战斗力，转移至常德附近收容整顿。第44军仍防守津市、澧县。

日军横山勇的第11军攻占安乡、南县后，准备以一部兵力继续在该地区进行扫荡，并向津市、澧县第44军方面实施佯攻，以牵制国军第29集团军不能向北转移。而令其主力军第3师团于5月8日开始向东港（红庙乡东港）一带结集，同时令野沟支队及第13师团于9日、10日由荆门一带向枝江附近集结。

5月9日，日军第11军下达侵占命令，规定12日开始行动。以第13师团切断松滋河西岸地区中国军队退路，迅速进入闸口附近，经大堰垱北侧至官山坡（大堰垱附近）一线，策应第3师团作战；独立混成第17旅团留一部于大宗堰（梦溪乡境）、如东铺，警戒津市方面主力进入公安方面，配合第3师团作战。

5月11日，日军计划寻找位于公安、松滋地区的第10集团军决战，占领公安、松滋及其以南丘陵地带，即以1个师团及配属的一个旅团，由宜都渡江南下，攻占松木坪、刘家场、暖水街、闸口，至大堰垱附近的官山坡，构成南北隔离线，阻止该线以东第10集团军的部队撤向西部山区，配合东面进攻的部队进行围歼。

12日，日军第3师团首先由东港向第10集团军第87军第11师白洋堤、汪家嘴阵地进攻。当夜20时，日军第3师团在飞机支援下突破白洋堤阵地，并乘势向西急进。

日军三路并进，守军被迫后撤。激战到13日晚，日军第3师团攻占了梦溪寺、杉林铺，第10集团军右翼的第87军受到严重打击，尤以第118师伤亡最大。该师第352团薛团长阵亡。其余各师在日军猛烈攻占下，全部撤至西斋、大堰垱以西地区。在以上这个阶段，国军牺牲3426人，还有1138人被俘。

14日，日军第3师团占领湖北公安。在日军南北夹击下，第10集团军各部队于15日下午均西退至暖水街和刘家场、茶园寺以西。

21. 三元乡（今火连城镇、太清乡各一部）乡长周亚新1943年7月18日向澧县政府报告（见影印件。摘自档案局1943年第1278号卷）。

（二）奉此查敵寇於五月十三日進犯本鄉窜擾地區遍達各保獸蹄所至無所不用其極兹分别具述以期廣為宣傳　一、人民部份對男性同胞初則擄作賤役次則充作夫役苦力或令卸衣長跪地坪槍斃者有之刀刺者有之或高懸樹上細縛箏割剖腹斃命者亦有之以及種種殘暴酷刑不一而足尤其於女性同胞姦不擇地區不明晦涅不分老幼之妍媸始而獸行輪姦繼而迫令子姦其母父姦其女老姦其幼強姦其弱或兄弟姦其姊妹其間因姦過度而致斃命者為數不少甚或使其裸體爬行以供欣賞或刀戳陰戶以水洗洗以及其他慘無人道之舉獸行暴為之事筆墨言語不能形容難以枚舉　二、牲畜部份到處則儘量屠殺有、使割一部充食者有僅屠殺置之不取者亦有殺斃而裹以衣物藏於箧中使之霉爛者甚或活割一部棄數日尚有氣息奄奄者也　三、房舍什物及生產器具部份首則儘量破壞次則付之一炬[illegible]為極殘極慘極亘古罕有奉令前因理合備述大致呈報

鈞府懇予彙編公佈藉勵來茲傳示遵

右二項謹呈

縣長康

澧縣三元鄉鄉長周發新

中華民國　年　月十八日

22. 澧县档案馆第1278号卷载日寇入侵澧县情况（见影印件。摘自档案馆1943年第1278号卷）。

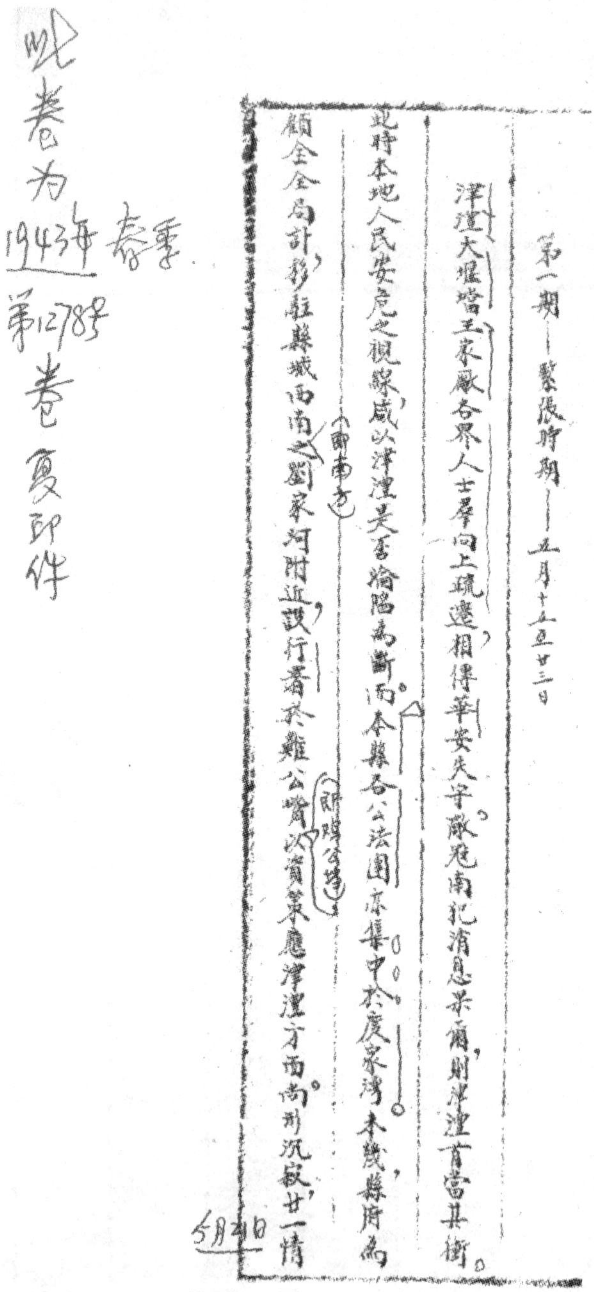

此卷为1943年春季第1278号卷复印件

第一期——緊張時期——五月十五至廿三日

津澧大堤墙王家厰各界人士屡向上疏遷，相傳華安失守。敵寇南犯消息累爾，則津澧首當其衝。

此時本地人民安危之視線，咸以津澧是否淪陷為斷。而本縣各公法團亦集中於廈家湾。本處縣府為

顧全全局計，移駐縣城西南（西南方）之劉家河附近，設行署於雞公嘴（即鸡公垱）以資策應津澧方面。尚形沉寂，廿一情

5月21日

報大堰壋已進敵軍，燒殺甚重，向西南方面竄犯。而王家廠亦同時告警，下方難胞之負囊担筐者，絡繹不絕，情形愈趨險惡矣。

第二期——被難時期——五月廿四至卅一日

自王家廠由胡家棚竄駐蓮花壋之敵，經我軍迎頭堵截，激戰三晝夜，廿七晨（5月27日）敵南竄花溪峪、廖家坑等處。其另一部由古城崗、方石坪、馬家河、羅家坪、孟家垭、和尚洞、陸家橋西竄，與南竄敵，向石門採鉗形攻勢，被我軍於雷祭岩據險痛擊，傷亡頗重。廿八（28日）晨，敵折由三觀寺、荷蓧山竄擾楊家坊、庚家河、雜公嘴、及石門燕山一帶。而本地人民遂陷於西面包圍之漩渦中，橫羅垮坳，上下千萬衆人烟斷絕。縱橫數十里，田地蕪荒，對於柔弱婦女強裸行姦，殘餘器物遺矢增穢。其慘無人道之獸行固不必指為咄咄怪事，甚者炬塵障天。房舍倏成焦土。守節不渝貞女竟遭槍殺。劫掠如梳，十室九空。六畜之類，舉被宰烹。本境男女之被其殺傷者，除外來難胞不計外，已達百人以上，而逃命深山

[illegible]之苦况实不忍以言语形容

第三期——恢復時期——五月卅一至六月六日

敵於卅下午移駐燕子山、龍鳳觀山頂，置炮其上，其殘部仍四處搜剿。卅一晨，敵忽捲息遠飏，初猶疑其有其他奠圖旋，得訊南竄敵已於石門太子坡、岩門口受重創。敵將××授首，由右翼被創於雪峯岩，竄入本境之敵，希圖向劉家灣越杉龍垭進犯石門者，又被我軍於三叉溪堵截，而鄂西我軍亦抵要擊敵於母豬峽、螞蟻坡等處。死傷枕藉，始知其置炮山上者，乃虛張聲勢，慮我軍之躡其後也。我軍於本日跟踪追襲，自六月一日至六日，實為我軍實施反攻殲擊時期，亦即為本境恢復時期。

結論

此次倭寇竄擾，獸跡所過，廬舍為墟，遍野哀鴻，嗷嗷待哺，在當軸諸公與關懷時局者，幸予設法救助以拯拔此劫後災黎惟對於倭寇竄擾經過及善後事宜應加以詳細之規劃與研討查倭寇暴行事實要不外乎燒殺奸掠遂其用心一方面固以快其一時之獸慾而另一方面則使人民聞風喪胆傳為震懾我軍之工具殊不知被害愈慘奮鬥愈烈其暴行反響適足以增進我軍民合作之情緒與抗建之效能況貪而不整見獲務避以我優勢地形及運用之機妙處處可陷敵於絕地而制其死命在不久之反攻大殲滅戰我　領袖定有整個之計劃但我將犧胞如何安撫血戰將士如何慰勞……均為當前之嚴重問題亦即為策勝之先決問題在我民更應具必勝必成信念抱有敵無我之決心一掃其醉生夢死徼倖苟免之迷夢矢勤矢勇恪盡天職為國家生存而擔當困苦為民族生命而承受困苦為努力完成抗建大業而解除困難苦則光明在望勝利可期世界大舞台當為我堂堂中華首設一座謹以此為我同胞告敬以此為我軍政當局告

日寇第 11 军 1943 年 5 月 17 日晚下令：独立混成第 17 旅团于 5 月 19 日从公安（湖北）附近出发，占领大堰垱西南方高地一带，佯装进攻常德，同时在军主力对宜昌西方地区作战时，在其后方担任掩护。

5 月 19 日凌晨，日军第 13 师团及独立混成第 17 旅团首先开始行动。第 13 师团分两路从暖水街、刘家场向皮家冲、三溪口守军第 43 师及 121 师阵地进攻，迅速突破第一线阵地，于 20 日进驻子良坪、仁和坪一线。日军第 17 旅团由湖北公安出发，在王家厂击退了新 23 师警戒部队，进至以西高地一带，以一部与樊家大山守军新 23 师一部对峙，主力佯作进攻常德之态，掩护其进攻部队展开和保障其南翼侧的安全。〔引自《昭和十七、十八年的中国派遣军（下）P93》）

23. 双泉乡中心学校教员陈舜铭作“大难记”、“劫后感言”（见影印件。摘自档案馆 1943 年 1278 号卷）。

大難記　雙泉鄉中心學校教員陳舜銘

民國三十二年夏四月初倭寇犯澧東北人民皆紛紛向西面高地疏散各機關團體亦徙駐雙泉鄉之庹家灣因是我中心學校仍按時授課蓋以為該鄉係偏僻山境決非敵軍必由之路故也於十四日上午八時教育劉科長親詣校內升堂演說至倭寇如何蹂躪我民族情況輒欲慟哭流涕諸生皆為之感泣越三小時科長乃辭去余繼續授課未畢忽聞炮彈落於校側而寇軍已由槐市攻入距校七八里許之方石坪吳縣府始

下令放假諸生解散後余即依避難計暫寄托於附近之孫家棚則見背負肩擔扶老擕幼者恒絡繹不絕哭聲滿野途為之塞讀唐人詩野哭千家聞戰伐不啻為今日寫景也此時國軍已佔領和尚洞羅家坪一帶高地與敵相持數日而炮聲之轟擊炸彈之爆裂日繼以夕震撼山林雙方均死傷甚夥勝負之機猶相埒更幸敵軍為天雨連綿山溪暴漲所阻其勢不敢卒逞結果我軍稍卻惟佔領校側之長毛嶺一部僅存官兵三十餘人頗形驍勇激戰兩晝夜至二十四日清晨始退去相距十

餘里之天門埡。而寇遂乘間盤踞該鄉境內肆其酷虐野心積
行搜索經三四日約計屠殺士農數十人焚燒民房百餘家搶
掠不勝計其數姦淫幾不堪言其狀我校亦被其搗毀損失不
下數萬之多誠空前未有之奇刼也。彼所謂豺狼成性殘忍是
其天職其然乎余寄居之宅亦被毀致受池魚之殃然不過失
去衣物數事焉耳。既而兀蹲於深林之中或潛伏於巖穴之下
怛惕憂慮未知如何而後可無何大軍雲集殘寇姑向鄂北竄
去余由是得慶再生。是役也使我澧人民轉危為安不致終於

淪陷國賴我忠勇將士奮身殺敵之功，然亦幸矣。五月十二日余挈眷繞道由臨澧所轄之團山鄉旋城，沿途腥風刺鼻，怪而詢及里人，僉云該處被寇殘殺一千數百餘人，甚有報其絕户暴屍尚未掩埋者，不亦慘乎。然風聞其地曾有少數毅勇之鄉民協助國軍殲寇若干於筆架山，並擊斃敵軍長官一員，此亦差強人意者。厥後閱報，同時敵以主力進襲三斗坪，幾至全軍覆没，乃知彼不欲直入澧津者，實挾詭行聲東擊西之術，妄想企圖得隴望蜀之利，諒我運籌帷幄者定有預測之[illegible]算[illegible]意余[illegible]廣[illegible][illegible]就道經過澇蘭永樂等鄉但見村落坵墟市鎮半成焦土觸目傷心良可慨也。所幸一般無知識之民衆在未經大難以前對於衆首宣傳日寇慘無人道之說猶多疑而不信今則虎口倖脫已從睡夢中一棒喝醒必能覺而悟之矣。若不速起自決運動同慎敵愾促成軍國民化抱定堅忍卓絕之意志發揚湘楚健兒之聲威乘敵喘息未定一鼓[illegible]平則我中華民族將有不可思議焉余日望之故援筆而為之訓。

劫後感言

雙泉鄉中心學校教員陳舜銘

烽烟突起彈雨橫飛鐵鳥頻驚銅駝暗泣而久作東亞迷夢慘無人道之倭寇又肆侵入我澧境矣當斯時也方屆初夏我雙泉鄉中心學校偏處崇山峻嶺之中殊非戰略上必爭之地猶以為世外桃源暴秦不足慮也乃正在授課間而鎗聲隆隆炮聲轟轟敵彈已飛落我校側矣全體師生驚惶失措卒而放假令下諸生始落鳥獸散環校數十里竟作戰場

是肩負衣囊手攜老荊潛伏於削壁巖穴之下俄有陸續避難而來者相

聚而談曰。某村房舍被燬矣、某家財產物被擄矣、其上下被其屠殺矣、某婦女被其強姦矣、余聞之、竊憶五胡之亂華、遼金之入寇、恐未有如是之慘毒也、能不為之泣且慟哉、不數日、精銳之國軍大集、敗北之殘敵遠遁、刦後餘生、不禁深有所感、顧以兇口雖脫、而瘡痍未復、焦土尚存、而兇燄未滅、我醉生夢死酣若睡獅之民眾、可謂從萬丈霹靂中獲一切實警告、亦當痛定思痛而作亡羊補牢之計耳、嗟乎、吾老矣、守無充國之策、攻乏伏之勇、惟冀我澧各界同胞、奮發精神、集中意志、趁此參加國上兵團實行軍民合作為西南各省之先導喚起淪陷區域之難胞以與頑虜作最後拚命之決戰吾知寇軍深入已犯兵家之忌戰綫延長不無接濟之艱苟能堅馬革之願抱生還之恥而褫太和之游魂斫鼇足於東海踏平三島還我河山又何難焉然而如何督導如何訓練以期於疾風暴雨之中促其有成則有請於當道者

24. 1943 年 6 月 18 日，澧县王家厂警察所所长戴伯山报告“被敌冲散损毁情形”，载明 1943 年 5 月 15 日县政府迁移桐山乡（今杨家访乡境）庹家湾办公情况（见影印件。档案馆 1943 年第 1278 号卷）。

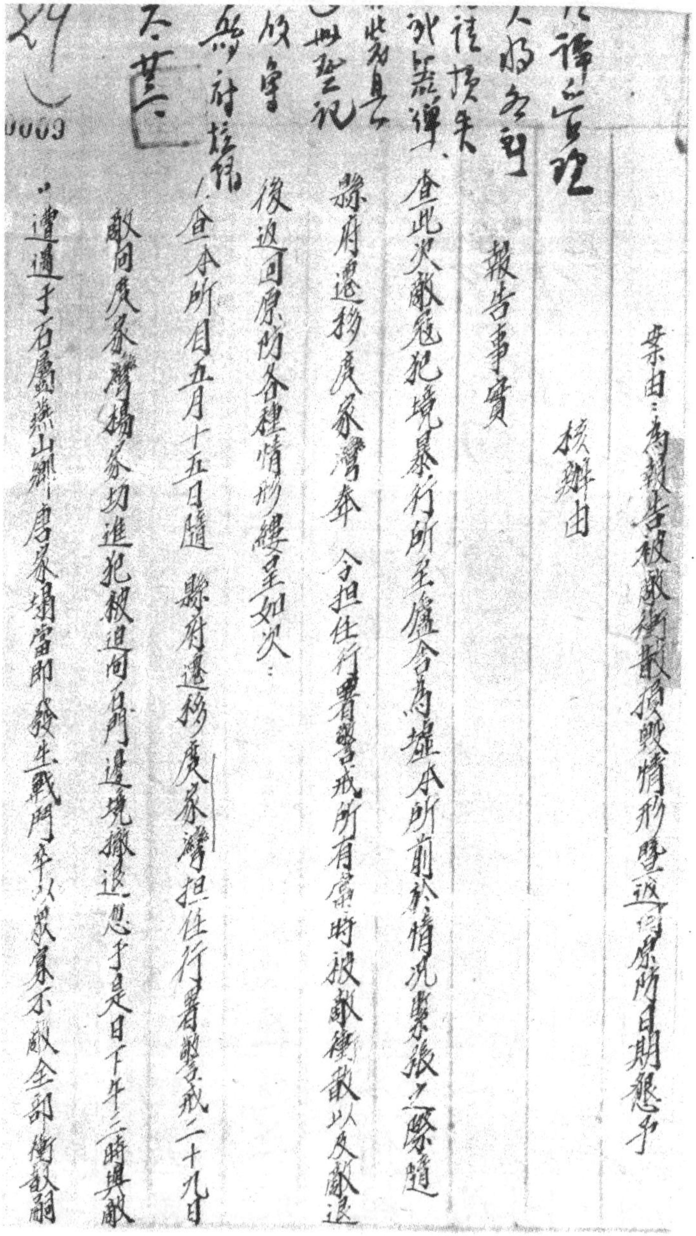

案由：為報告被敵衝散損毀情形暨返回原防日期懇予核辦由

報告事實

查此次敵寇犯境暴行所至儘含為墟本所前於情況緊張之際隨縣府遷移庹家灣奉令担任行署警戒所有當時被敵衝散以及敵退後返回原防各種情形縷呈如次：

一、查本所自五月十五日隨縣府遷移庹家灣担任行署警戒二十九日敵向庹家灣楊家坊進犯被迫向所遭境撤退恩于是日下午三時與敵遭遇于石龕燕山湖一帶當即發生戰鬥卒以眾寡不敵全部衝散嗣役損失漢造步槍一支（號碼四九八六）刺刀一把消耗步彈三佰一十五發警士胡忠正當時負傷僕倒拼又搶救幸未斃命六月一日本部隨國軍擊潰鄧隊（七十四軍）經雙泉鄉之和尚洞方石坪向王家廠推進于四日上午返回王家廠原防恢復辦公并與駐軍聯合糾撫安定秩序同時協辦軍運倉道散糧以及發動勞軍慰問難胞等工作均皆積極進行尚稱順利

2. 桐山鄉隊附鄧嘉楷前于戰局緊張時調為警衛隊分隊長隨時借有民人覃棣臺登記之德造短槍一支（號碼五三四四四二）子彈一佰四十發交使用詎該隊附于五月二十九日上午在石鳳磨家塌時不遵命令擅自離隊迄今不知去向槍枝重要應請轉飭國民兵團查追還遞所俾免懸案

3、本所長警冬季警服制帽綁腿三十三套便服七件戰局迫近時疏遷于鳳形地龐衡次宅中不料該宅被敵放火焚燬殆盡並又本所文卷擲存彭家泉鄉汪家棚汪佐臣家被敵抄毀狼藉不堪刻正趕緊清理一俟清理就緒另案報核

4、本所器具被敵搗毀一空現在設法借用極感困難

二、所有以上各情由除呈報　縣政府外理合備文報告

鈞座懇予　察核備查

右二項謹呈　[illegible]

局長譚

局銜指令　[illegible]　號

中華民國三十二年七月八日

全銜　王家廠警察所所長戴伯山

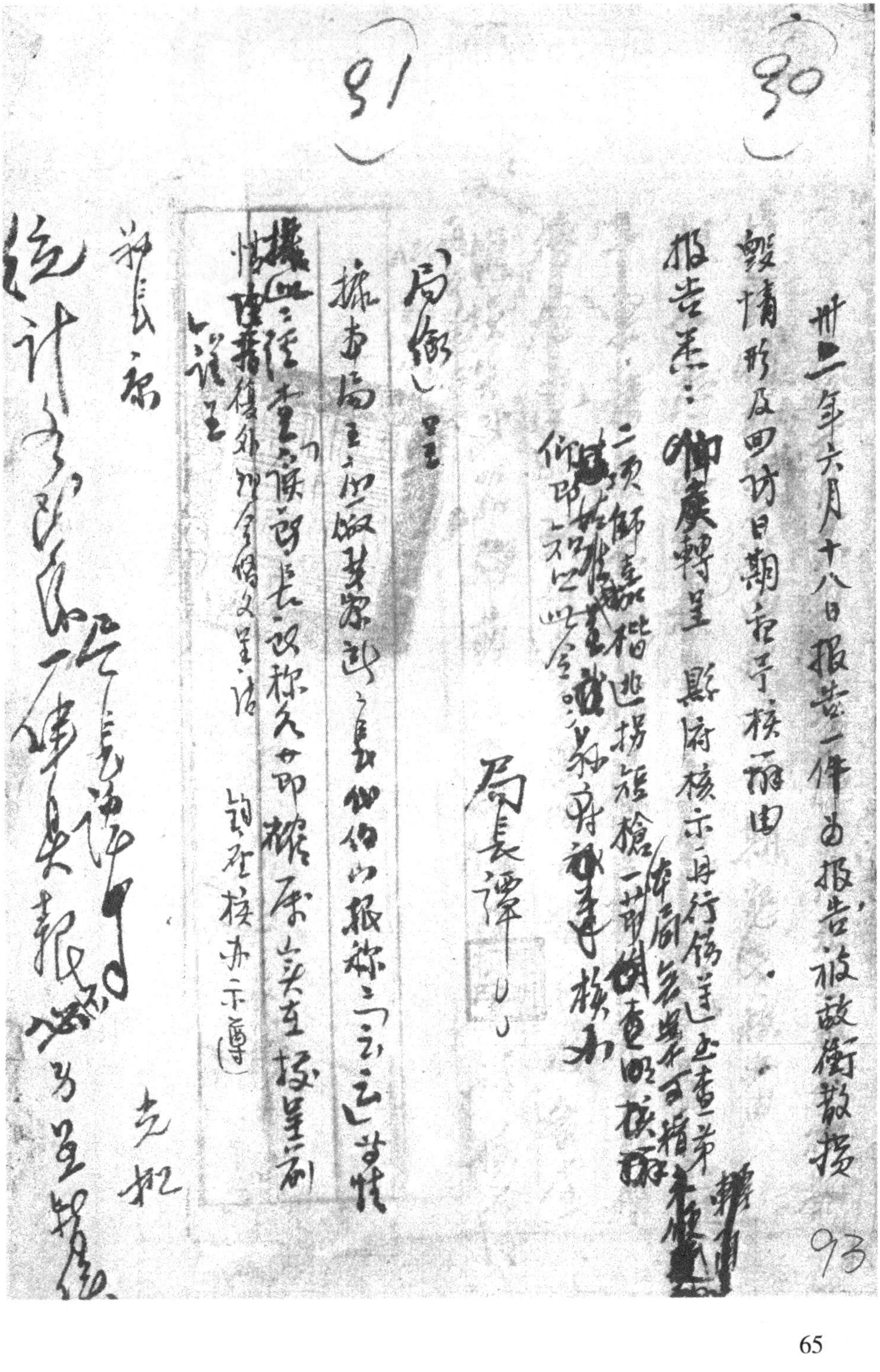
卅二年六月十八日报告一件为报告被敌冲散损
毁情形及回讨日期请予核办由
报告悉。仰候转呈县府核示再行饬遵。
局长谭

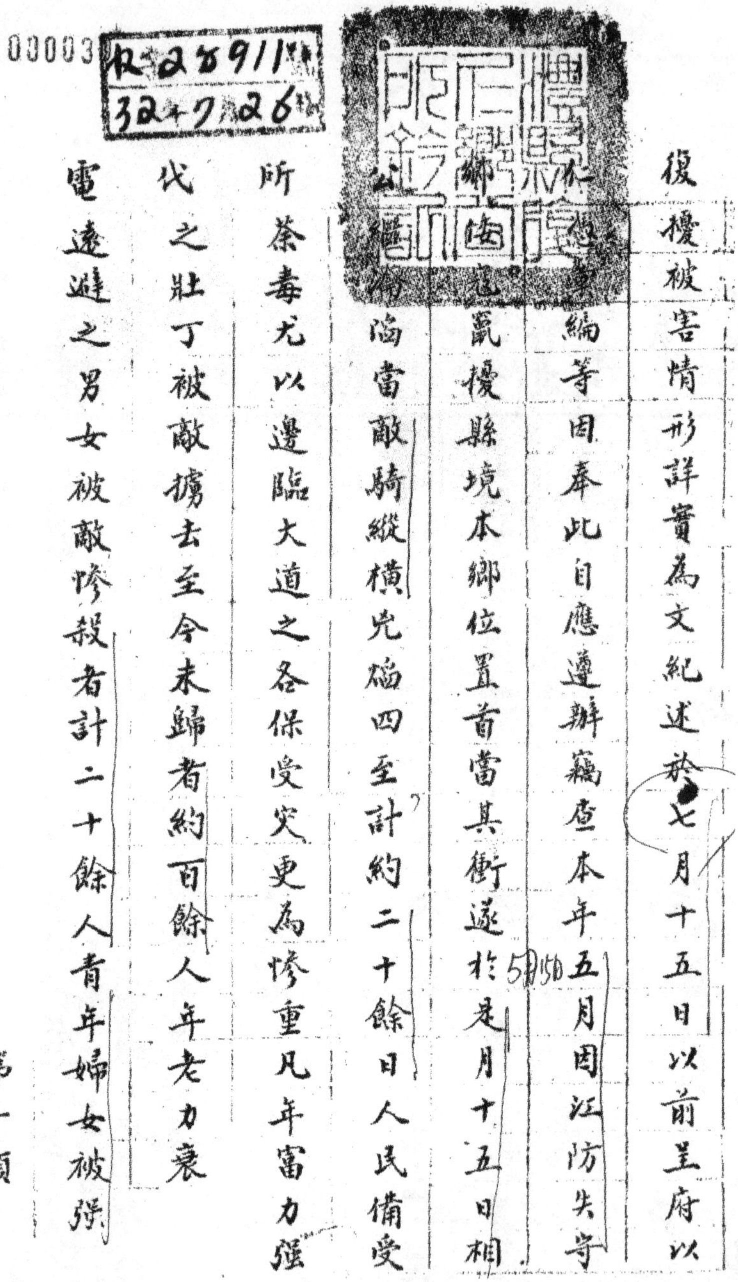

00003 R 28911 32-7-26

復擾被害情形詳實為文紀述於七月十五日以前呈府以
憑彙編等因奉此自應遵辦竊查本年五月因江防失守
敵竄擾縣境本鄉位置首當其衝遂於是月十五日相
繼淪陷當敵騎縱橫凶焰四至計約二十餘日人民備受
所荼毒尤以邊臨大道之各保受災更為慘重凡年富力強
伐之壯丁被敵擄去至今未歸者約百餘人年老力衰
電遠避之男女被敵慘殺者計二十餘人青年婦女被強

第一頁

25. 復仁乡乡长向仲龄 1943 年 7 月 21 日向县政府报告（见影印件。摘自档案馆 1943 年第 1278 号卷）。

此耳如牲畜死難狼藉四野者觸目皆是財產及物質損失經查得估約三百餘萬嗟呼吾人何辜竟遭此空前浩刼誰非黄帝甲冑能不觸景而興悲現大局雖告底定而地方仍滿目瘡痍逃往遠徙者多數未歸廬舍被焚者依然焦土一片被難鄉民嗷嗷待哺鄉長環顧此境痛定思痛謹敢本諸衷忱代表全鄉民衆籲懇鈞府鑒核伏乞請層峯迅頒急賑并祈分佃各方呼籲一本慈航普濟

第二頁

後仁鄉鄉長何仲齡午禹午卯

三十二 七 廿一

第三頁

26. 1943 年 5 月 24 日，永乐乡第八保农民郑博海在田栽秧，突遇敌寇过境，逃避不及，被一敌人强拉作向导。彼为大义所在，坚决不允许，致相揪扭，郑乘机抢夺敌人手枪，不料敌寇续至，被乱抢击杀，壮烈牺牲（摘自档案馆 1943 年第 1283 号卷）。

27. 1943 年 5 月 24 日，永乐乡第 3 保王家厂商人戴作友见敌寇犯境，迁避第 5 保刘家屋场。其女戴述菊年 14 岁同行。敌寇侵扰戴述菊，逃避不及，为敌追逼行奸，戴述菊聪慧玲珑，遂投井自杀以全节（摘自档案馆 1943 年第 1283 号卷）。

28. 1943 年 5 月 24 日，日寇进犯临澧乡第 4 保，该保农民胡转姑，20 岁，逃避不及，正为敌围，意欲逼奸。转姑遂乘隙投井自杀全节（摘自档案馆 1943 年第 1283 号卷）。

29. 1943 年 5 月 24 日，敌寇进犯双泉乡第 6 保时，该保王梅英被迫外逃，被敌赶至白家湾粟龙大堰附近，相隔咫尺，万难幸免，遂纵身投入塘中。水深面阔，辗转浮沉者数度。敌当用刺刀伐树向水捞救，意图强奸，讵（岂料）女天生贞烈，宁死不辱。数刻之后终于殒命（摘自档案馆 1943 年第 1283 号卷）。

30. 1943 年 5 月 29 日，敌扰双泉乡第 6 保高庙岭，汪玉兰因逃避不及，遇敌一人当被迫于麦田中欲行强奸，该女极力撑拒，屡蹶屡起，敌终于无法使之屈服，恼羞变怒，遂以手枪射击 3 发，汪玉兰立时中弹殒命（摘自档案馆 1943 年第 1283 号卷）。

31. 1943 年 5 月 28 日，敌寇 3 人入侵大新乡第 11 保张业舫家，其妻王氏逃避不及，寇已入门。欲行逼奸。张王氏从容不迫，虚为周旋，设词蒙哄，乘隙跃入屋前水井中，壮烈殉命（摘自档案馆 1943 年第 1283 号卷）。

32. 1943 年 5 月 28 日上午 8 时，敌寇侵入大新乡十三保时，农民刘正官道往王湘庸家屋背狭路时，闻屋内有妇女呼救声，彼从墙缝中窥视，见敌寇一人正欲逼奸一妇女，彼不动声色，绕前门入内，持扁担猛袭寇脑，当即毙命。同妇女外奔，始免于辱（摘自档案馆 1943 年第 1283 号卷）。

33. 1943 年 5 月 29 日，大新乡第 12 保突来敌 3 人，经当地民众奋勇追击，逃脱 2 人，其中一敌由水潜逃，为当地渔民李保福发现，奋猛入水，以渔叉杀毙（摘自档案馆 1943 年第 1283 号卷）。

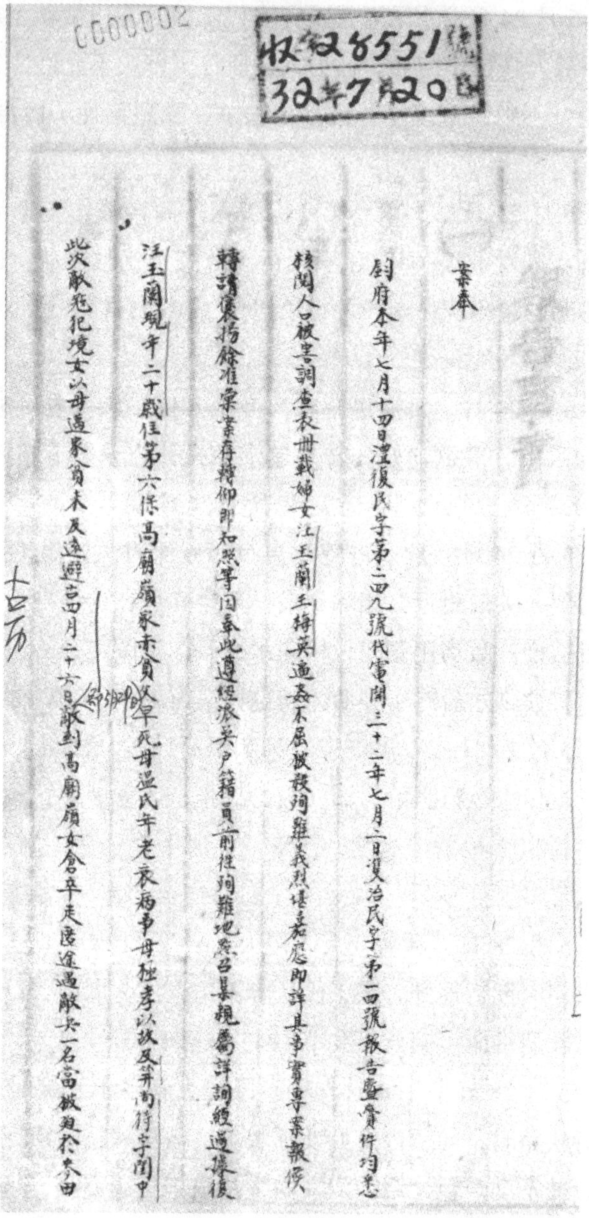
0000002

收文8551號
32年7月20日

案奉

鈞府本年七月十四日澧復民字第二四九號代電開三十二年七月二日澧治民字第一四號報告暨賫件均悉核閱人口被害調查表冊載婦女江玉蘭王梅英遇姦不屈被殺殉難義烈堪嘉應即詳具事實專案報候轉請褒揚餘准彙案存轉仰即知照等因奉此遵經派員戶籍員前往殉難地點召集親屬詳詢經過據復江玉蘭現年二十歲住第六保高廟屋家素貧父早死母温氏年老衰病事母極孝以故及笄尚待字閨中此次敵犯北境女以母遇家貧未及逃避古四月二十六日（即5月29日）敵到高廟屋女倉卒走避途遇敵兵一名當被迫於禾田

古历

34. 1943年5月29日上午10时，大新乡第12保农民王宏银（28岁）于白塘堰地方猝遇敌寇一人，不避凶焰进行肉搏。恶斗约10分钟，敌卒不支，王宏银遂夺刺刀将敌杀毙（摘自档案馆1943年第1283号卷）。

肉横飛情狀極慘　王梅英年十五歲住六保二甲父癸剛母張氏年各六旬家境寒微古四月二十五日暴敵猝

至女被迫走出旋為敵趕至白泉灣果龍大堰附近相隔咫尺萬難倖免遂聳身投入堰中水深面濶輾轉浮

沉者數度敵當用刺刀伐樹向水撈救意圖必奸詎女天生貞烈寧死不辱數刻之後貞魂遂沉水底等情

查該貞女等出自民間備知大節一則逼奸不屈拒敵殉難一則從容赴水保全名節貞烈之氣洵足磅礴

兩間儀型千秋奉電前因理合將該貞女等殉難實事詳情備文呈報

鈞府懇予鑒核轉請褒揚

謹呈

澧縣縣長康

雙泉鄉鄉長庹　文治

35. 双泉乡乡长庹文治为汪玉兰、王梅英请功（见影印件。摘自档案馆 1943 年 1283 号卷）。

36. 永乐乡乡长胡宅南为戴述菊、郑博海请功（见影印件。摘自档案馆 1943 年 1283 号卷）。

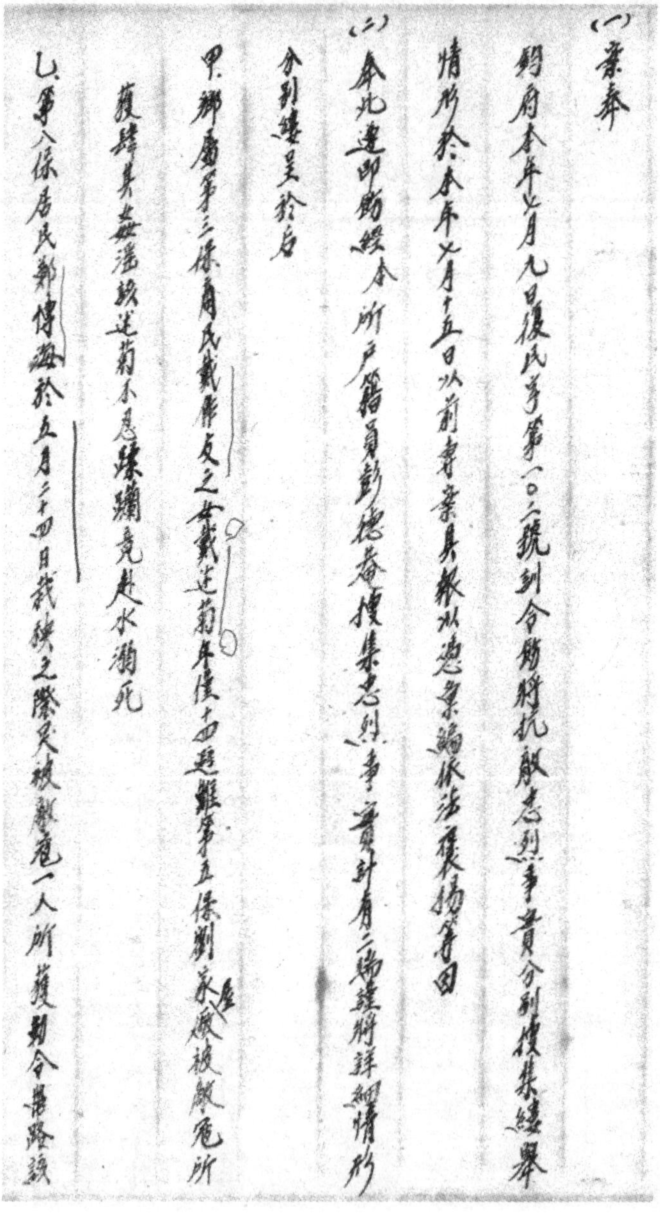
(一)案奉
钧府本年七月九日復民字第一〇二號訓令飭將抗敵忠烈事實分别搜集縷舉
情形於本年七月十五日以前專案具報以憑彙編依法褒揚等因
(二)奉此遵即飭據本所户籍員彭德奋搜集忠烈事實計有二端謹將詳細情形
分别縷呈於后
甲、鄉屬第三保居民戴彬文之女戴述菊年僅十四避難第五保劉家嶺被敵寇所
獲肆其無禮該述菊不忍蹂躪竟赴水溺死
乙、第八保居民郑博海於五月二十四日我與敵交綏之際只被敵寇一人所獲勒令帶路該

郭傅海具備愛國心堅不允帶路當即拔搶敵寇手槍不料隨來敵人多名

手以寡不敵眾被敵槍殺死

（三）上列戴述荊郭傅海二人殉難事跡實屬可歌可泣正氣磅礴彪炳千秋本合

前因理合備文據實呈復

鈞座懇予　鑒核轉請依法褒揚

右三項謹呈

澧縣縣長康

永樂鄉鄉長胡包南

37. 大新乡为忠义农民张王氏请功、为熊经贤报请抚恤（见影印件。档案馆1943年第1283号卷）。

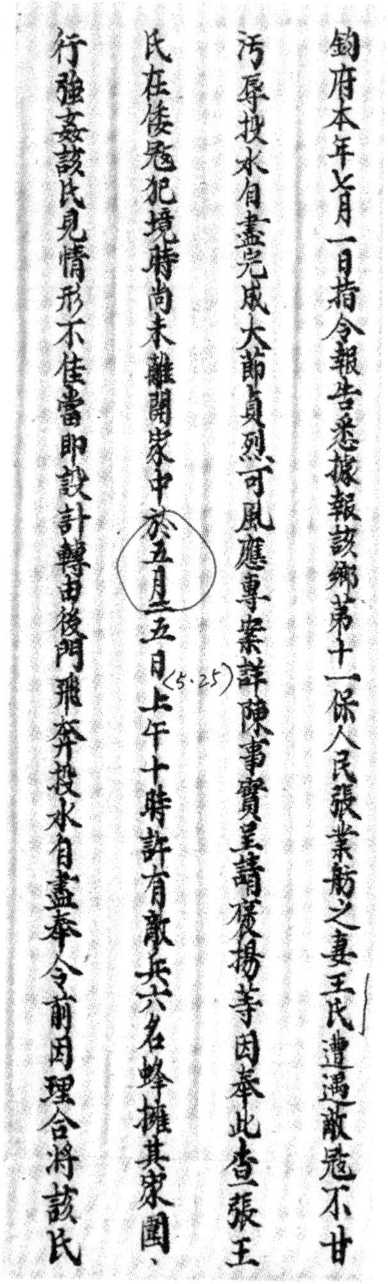
鈞府本年七月一日指令報告悉據報該鄉第十一保人民張業新之妻王氏遭遇敵寇不甘
污辱投水自盡完成大節貞烈可風應專案詳陳事實呈請褒揚等因奉此查張王
氏在倭寇犯境時尚未離開家中於五月二五日(5.25)上午十時許有敵兵六名蜂擁其家圖、
行強姦該氏見情形不佳當即設計轉由後門飛奔投水自盡奉令前因理合將該氏

不甘污辱投水自盡事實復呈

鈞座　鑒察并懇予以褒揚而昭貞烈

右呈

澧縣縣長康

澧縣大新鄉鄉長陳　日　暄

報告事實

查此次倭寇犯境時突有敵兵數名來本鄉第十一保張業舫家擬與其妻王氏強姦該氏當見情形不佳即行投水自盡似此寧死不從節烈堪欽又被敵兵殺斃本鄉第十一保保民熊經賢一名理合報請

鈞座分別從優撫卹以慰幽魂

右呈

澧縣縣長康

38. 临涔乡乡长戴国瑞为胡转姑请功（见影印件。县档案馆 1943 年第 1283 号卷）。

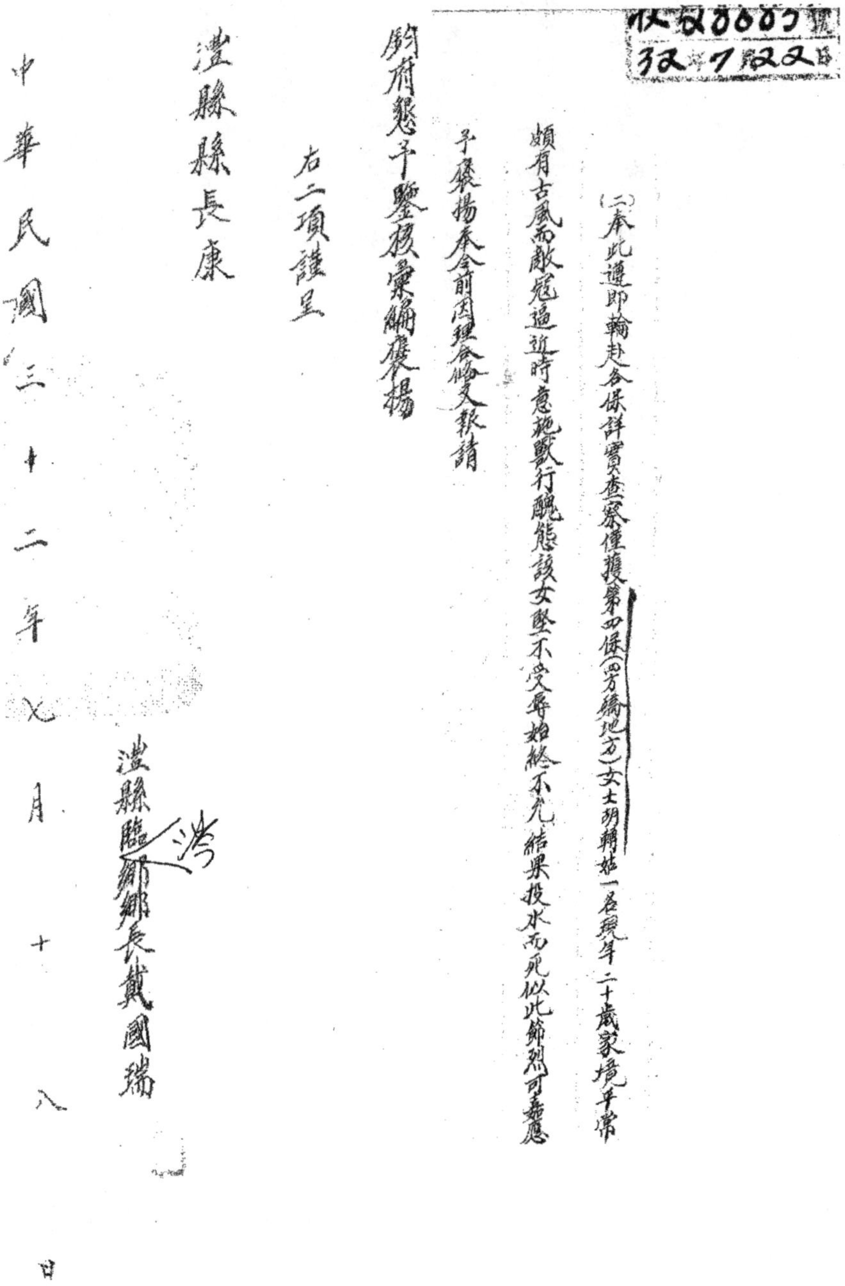

收發8885號
32年7月22日

(二)奉此遵即轉赴各保詳實查察僅獲第四保(四方橋地方)女士胡轉姑一名現年二十歲家境平常頗有古風而敵寇逼近時意施獸行醜態該女堅不受辱始終不允結果投水而死似此節烈可嘉應予褒揚奉令前因理合備文報請

鈞府懇予鑒核彙編褒揚

右二項謹呈

澧縣縣長康

澧縣臨涔鄉鄉長戴國瑞

中華民國三十二年七月十八日

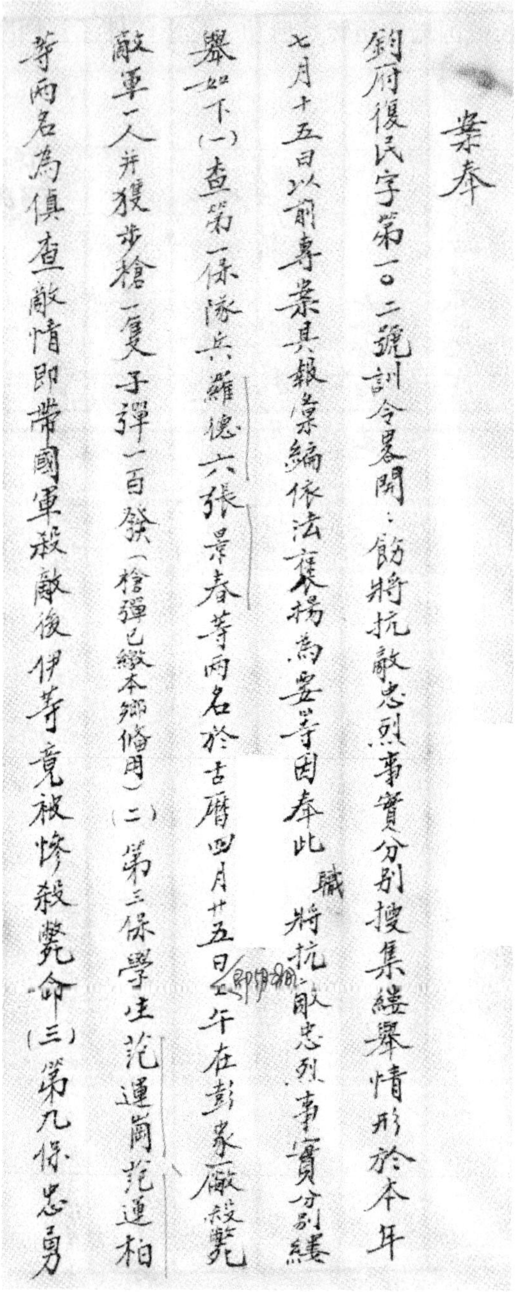
案奉
鈞府復民字第一〇二號訓令略開：飭將抗敵忠烈事實分別搜集繕舉情形於本年
七月十五日以前專案具報彙編依法褒揚為要等因奉此　職將抗敵忠烈事實分別繕
舉如下(一)查第一保隊兵羅德六張景春等兩名於古曆四月廿五日上午在彭家廠殺斃
敵軍一人并獲步槍一隻子彈一百發(槍彈已繳本鄉備用)(二)第三保學生范運崗范運柏
等兩名為偵查敵情即帶國軍殺敵後伊等竟被慘殺斃命(三)第九保忠勇

39. 涔中乡乡长汪子中为罗德陆、张景春等 10 人请功（见影印件。档案馆 1943 年第 1283 号卷）。

農民范世亮於古曆四月初十日晚到溪市附近葫蘆洞偵查敵情後即帶國軍（八（即5月13日）
十七軍萬安）至該地殺斃敵軍數人而該民亦被殺斃以上忠烈殉難情形經查明確
實理合備文具報懇請
鈞府鑒核予以褒揚藉勵氣節 謹呈
縣長 康
涔中鄉鄉長 汪子中
中華民國三十二年七月廿三日

澧縣涔中鄉第二次應變忠勇事蹟調查表

中華民國三十三年二月四日

鄉長 羅佩運

姓名	性别	年龄	籍貫	住址	事實	備攷
羅德祿	男	二九	澧縣	第一保	殺敵二名	
胡春初	男	三〇	澧縣	第二保	殺敵一名	
劉玉遐	男	三二	澧縣	第三保	殺敵一名	
黃大本	男	二五	澧縣	第六保	殺敵一名	
黃大金	男	二五	澧縣	第六保	殺敵一名	
張遠康	男	二四	澧縣	第六保	殺敵一名	
范景炯	男	二六	澧縣	第六保	殺敵一名	

40. 湖南省教育厅厅长命令表彰骆仲藩等 7 名抗敌的忠义之士，并给予抚恤（见影印件。档案馆 1943 年第 1283 号卷）。

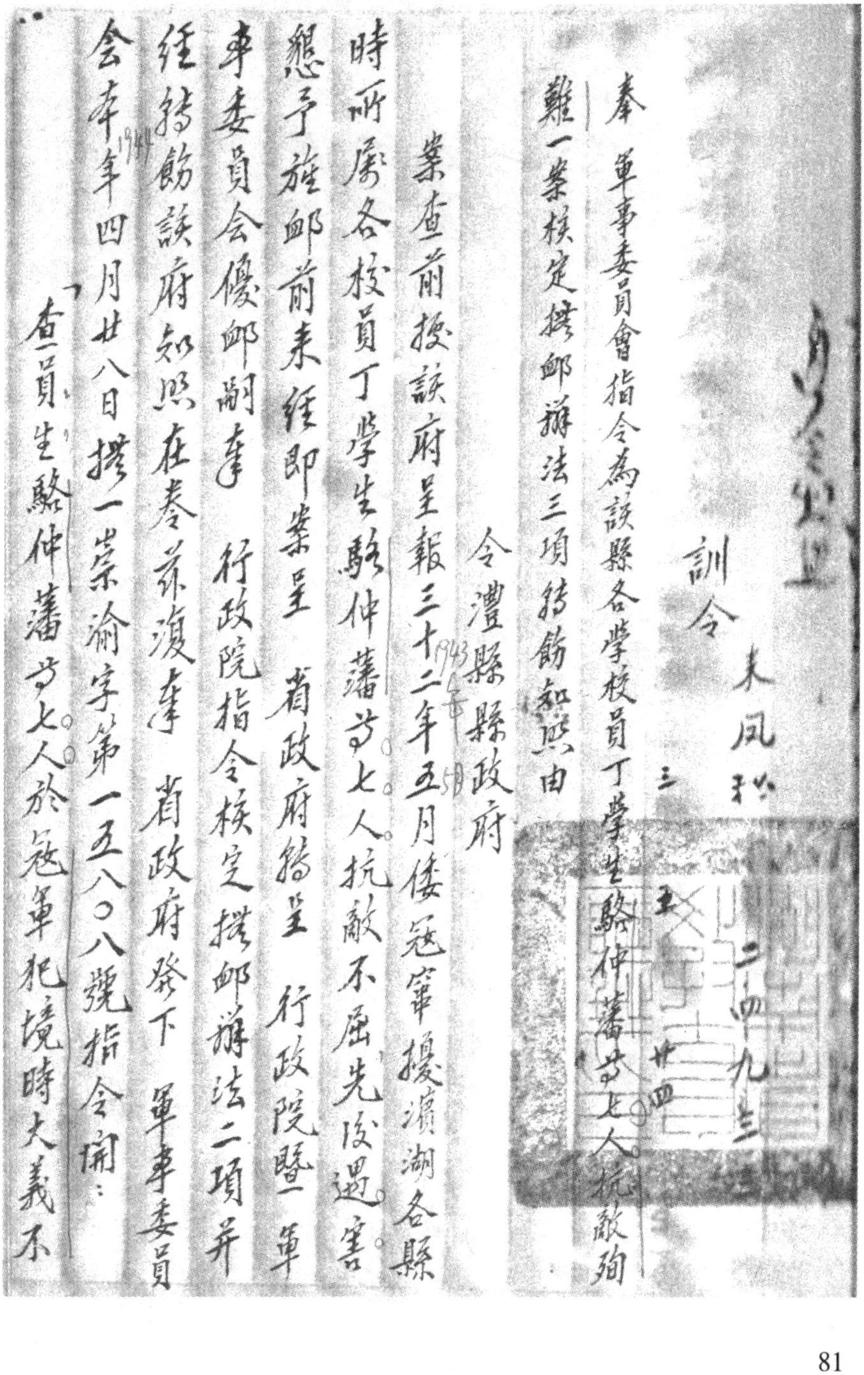

訓令

奉 軍事委員會指令為該縣各學校員丁學生駱仲藩等七人抗敵殉難一案核定撫卹辦法三項轉飭知照由

令澧縣縣政府

案查前據該府呈報三十二年五月倭寇竄擾濱湖各縣時所屬各校員丁學生駱仲藩等七人抗敵不屈先後遇害懇予旌卹前來經即案呈 省政府轉呈 行政院暨 軍事委員會優卹副奉 行政院指令核定撫卹辦法二項并經轉飭該府知照在案茲復奉 省政府發下 軍事委員會本年四月廿八日撫一崇渝字第一五八〇八號指令開：

查員生駱仲藩等七人於寇軍犯境時大義不

屆先後遇害志節均堪嘉尚核與战地守土奖励條例第一條第三款之意義相符應准分别予以獎邮為下、由省政府比照人民守土傷亡撫邮暂施办法從優撫邮二、交政治部表揚三、发人祭给家屬救濟費一千元。以上除函行政院暨分令外仰即遵照並轉知各遺族備據逕向本会撫邮委員会具領附件存

等因奉此合行令仰轉飭知照

此令

廳長 [illegible]

監印唐士琛

41. 涔中乡 1943 年 7 月 4 日乡务会议记录（见影印件。档案馆 1943 年第 1283 号卷）。

報告　　中復民字第一四號

案由　抄錄本鄉第二次鄉務會議錄呈請備查由

報告事實

(一)奉

鈞座電諭第九戰區司令長官司令部戰時工作督導團第三隊曹隊長為

調查災情監督放賑各事已到該鄉召開保長士紳會議飭抄會議紀錄

賫核等諭奉此職遵將此次會議紀錄照抄一份呈賫

鈞府鑒核備查謹呈

縣長康

附抄本鄉第二次鄉務會議紀錄一份

涔中鄉鄉長　汪子中

大中華民國三十二年七月七日

地點　本鄉公所中山堂　涔中乡

時間　1943年七月四日上午十一時　7月4日

到會人　第一保保長朱玉滿　副保長胡定國　士紳　羅佩楊　譚徽玉

第二保保長李杰士　副保長胡卜海　士紳　胡權知

第三保保長羅佩名　副保長（請假）　士紳　羅佩文

第四保保長王書炳　副保長譚徽剛　士紳　王燕之　周漢初

第五保保長楊光賢　副保長譚紹苋　士紳　宾玉緯

第六保保長高永泉　副保長張安鵬　士紳　彭后政

第七保保長汪福九　副保長陳本貴　士紳　張選政

第八保保長金則發　副保長盧振國　士紳　金谷秋

第九保保長譚　波　副保長唐耀先　士紳　唐開棟　唐潔如

第十保保長唐宗堯　副保長龔道敏　士紳　文繼周

第十一保保長王永鎮　副保長熊必容　士紳　王振群

列席人　鄉長汪子中　主任李選用　朱玉勤　彭德益　師嘉楷

幹事汪學梅　宾正德　李光國　王鐵筆　唐海帆　唐輝然　床國

上級指導　第九戰區長官司令部戰時工作督導團第三隊隊長曹其華　指導員　易立山　汪君為

主席　汪子中　紀錄　李選用

開會如儀

部戰時工作督導團第三隊曹隊長到本鄉來調查災情慰問災黎監督放賑指導鄉政等事項 那末此次本鄉被敵人慘酷蹂躪的各種情形可以分別的報告曹隊長 各位須注意聽曹隊長的訓話（完）

乙 上級訓詞

曹隊長訓詞

主席 各位保長 各位先生 本人今天到貴鄉來 主要的工作就是調查你們受災的情形並且代表薛長官來慰問你們受災的民眾又因、為你們受了日本鬼子的災害所以政府發了一筆賑款來救濟你們本人就是來監督放賑的不過貴鄉的放賑委員還沒有來但是你們的汪鄉長辦事是很好的可以不必本人監督這一次你們受了日本鬼子的蹂躪 薛主席非常關心所以對於本省濱湖各縣戰事特別的注意好在現今敵人已敗退江北去了 你們可以依然的安居樂業努力工作努力抗戰

其次我此次奉令調查所最注意的(一)敵人最慘酷的蹂躪事實我們對於日本鬼子最慘酷的蹂躪事實給他紀錄起來將來得到了最後勝利我們要同盟友諸國共同裁處 (二)忠勇殺敵的老百姓如果本地有忠勇的老百姓因為痛恨敵人而奮勇將他們殺死的可以儘量的報告我我再來代為轉報上面請政府加以獎勵將來政府還要頒發獎狀發給相當的獎金的 (三)國軍風紀的好壞關於此次在這方面的和敵人作戰的軍隊有軍風紀好的，有軍風紀差的那末軍將來要分別懲處的。(四)要軍民合作，現在我聽說老百姓是很怕軍人的，並且自從經過日本鬼子的蹂躪後，更加怕得厲害，但是現在日本鬼子早已潰退了，現在看見的軍人都是我們中國自家人，何必怕呢？萬一軍人有對不起老百姓的時候，可以將他的部份番號報告上級，那末他一定要受很大的處分的。總之我們絕對要達到軍民合作的意旨，那末抗戰才得勝利。(五)要隨時清查戶口，因為接近戰區的地方，奸匪特別多，使我們抗戰受影响，民衆不能安居，一定要隨時清查戶口，以防奸宄，這是各位應負的責任，希望努力達到任務。

(完)

丙、各保長報告事項

第一保保長朱玉滿報告　本保有忠勇的老百姓羅德六、張景春等在彭家廠殺斃敵軍一名，并獲步槍一枝，子彈百發。

△再者國軍四十四軍便衣隊不守紀律，於敵人潰退清楚後，無故將本保清泥潭放火燒去市民十一棟房屋。

第三保保長羅佩名報告　本保有忠勇之初中學生范運崗、范運柏兩名，為偵查敵情，率導國軍殺敵，不幸被敵慘殺。

第七保保長汪福九報告　本保東境薛家舖駐有四十四軍盤查哨，名雖盤查奸宄，實則姦淫擄搶。有一次兩個女人（不知姓名）路將她們姦淫，△又一次有避難者（不知姓名）所有好衣物被

搶殆尽。又將民家肉豬搜出，不給分文　私關設屠宰

第九保保長譚　波報告

售與百姓價十元八元不等

本保有忠勇老百姓范世亮於古四月初十日（五月十三號）晚到夢溪市附近葫蘆洞偵查敵情，隨即引導國軍前往該地殺斃敵軍數名，而該民亦被敵軍慘殺。

丙討論事項（略）

丁散會

42. 1943 年 7 月 24 日，湖南省主席薛岳、民政厅厅长周嫻给澧县下达 6 项指令（见影印件。档案馆 1943 年第 1283 号卷）。

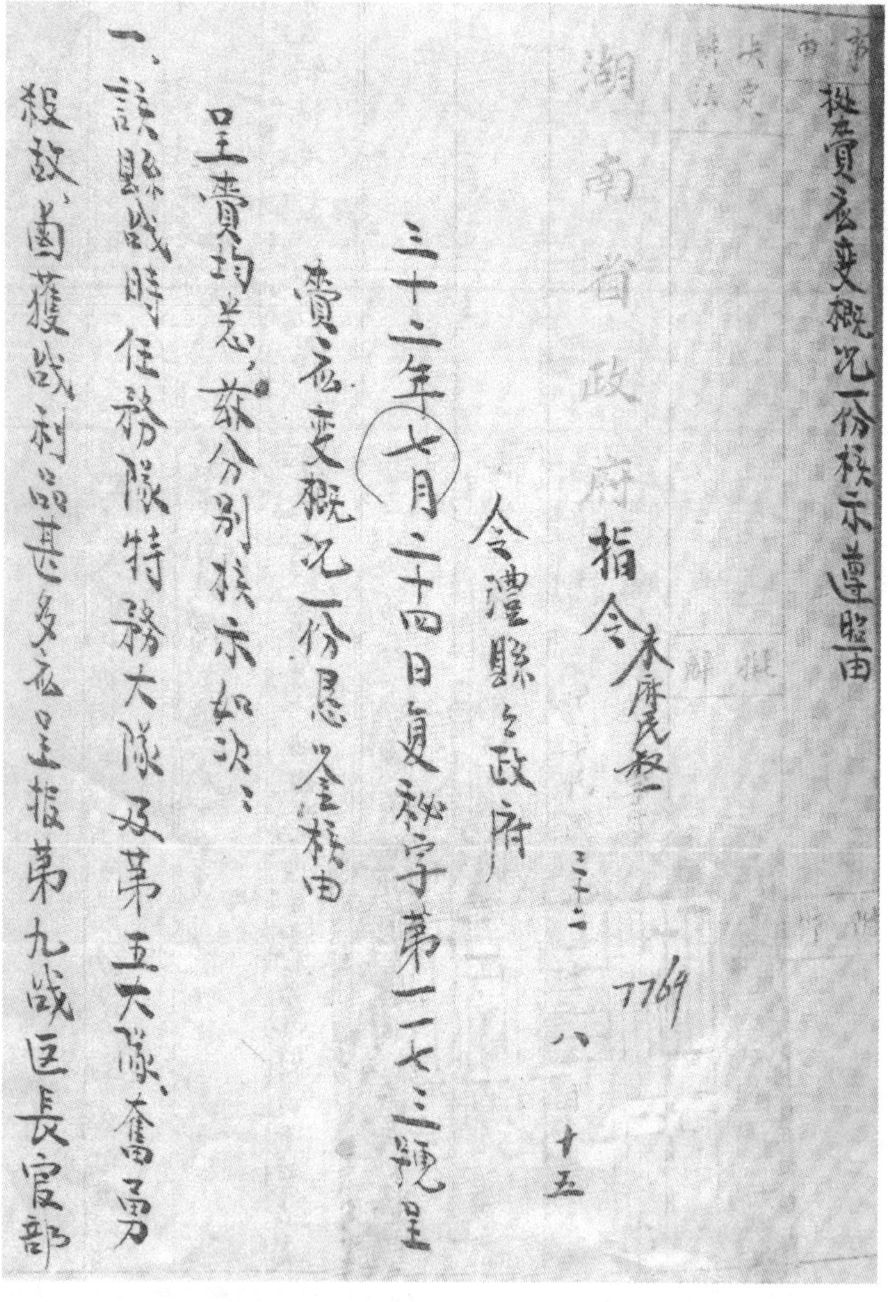
據賫應變概況一份核示遵照由

湖南省政府指令 本府民叁一

令澧縣縣政府

三十二 八 十五 7769

三十二年七月二十四日復秘字第一一七三號呈

賫應變概況一份懇鑒核由

呈賫均悉，茲分別核示如次：

一、該縣戰時任務隊特務大隊及第五大隊奮勇

殺敵，鹵獲戰利品甚多，應呈報第九戰區長官部

核獎以勵有功
二、該縣人民李保福、前保長劉正宣、國民兵王宏銀暨人民羅德六、張景春、勇于殺敌、应予傳令嘉獎、并登報宣揚、以資鼓勵
三、學生范運崗、范運伯及人民范世亮、奮勇偵察敌情、被執不屈遇害、保長劉青雲保衛村鎮一门殉难、核与人民守土傷亡撫卹实施办法第三條第二第四两款規定之情事相合、应照同法第十条之規定依式填表請卹、并应依照抗敌殉难忠烈官民祠祀及建立纪念坊碑办法大綱第四条之規

填具詳细事蹟表呈候本府轉函内政部核准入祀該縣忠烈祠

四、大新鄉張王氏雙泉鄉汪玉蘭、王梅英、官垸鄉李彭氏、李黄氏、裴王氏、偕女公姑楊姚氏偕女公兒、臨難不屈節烈可風、应依照抗敌殉难忠烈官民祠祀及建立紀念坊碑办法大綱第四条之規定填具事蹟表、賫候本府函准内政部分别建立紀念坊碑、以資紀念

五、該縣发動民力及一切物資配合軍事作戰、及搶救难民等工作、均感不够、嗣後須加强准备、以資應变

六、該縣長督令各鄉鎮及警察局所辦理各項善後工作，尚稱適當，應准備查。

以上縷指飭各項，仰即遵照。此令。口〃賫件存

主席薛岳

民政廳長周斕

43. 1943 年 5 月，日寇进犯澧县，红庙乡乡长李德让逃往桃源县避难。乡队副李代宣带领乡公所 40 多人枪在乡境内打游击。一次在被挖断的大堤缺口遭遇日军，凭借地形同日军战斗了一天，因粮草供应无着而撤退到新洲。又一次，李代宣带兵从大成垸堤上经过，发现对岸田家口堤上有日军行凶，立即隔河开枪，打死日军多名。还有一次，李代宣在毛家岔捉住两名组织维持会的日寇敌工人员，安排保长李忠民将其捕杀。此后，又在江家湾杀死两名日本情报员（摘自李德生、余习之撰写的回忆录：李代宣）。

鄂西会战进行到 1943 年 5 月底，第 6 战区发现日军有撤退的征兆，于 31 日下达追击命令。令第 74 军驱逐王家厂、暖水街一带日军，续向公安县、磨盘洲挺进。6 月 12 日，鄂西会战结束，会战期间，日军共战死 1025 人，伤 3636 人，被打死军马 499 匹，打伤 208 匹。第 6 战区战死 23550 人，负伤 18295 人，失踪 7270 人。

44. 1943 年 6 月 17 日，澧县县政府特派员勘察兵燹之后向县长康庚梅报告（见影印件。档案馆 1943 年 1278 号卷）。

案由：為奉令前往附城等四鄉慰問被難民眾并視察鄉鎮公所情形仰祈

鑒核由

案奉

鈞府本年六月十七日澧復民字第一號代電開：查本縣東西北三路地方敵蹤所至閭里為墟，燒殺姦刼，慘不忍言，人民顛沛流離，飽嘗艱險，本縣長軫念及此，悱惻如懷，特派該員前往附城、涔中、夢溪、鹽井等鄉，沿途慰問，用宣安撫之至意，并視察各鄉鎮公所職員已否回所辦公，及調查員警丁伕有無遇難情事，前頒之被災損失調查表，併仰督促各鄉鎮長從速辦理，仍將辦理情形具報為要。此令等因，奉此，遵即由縣府出發，路經附城、夢溪、鹽井、涔中等鄉，目見人民被敵蹤躪情形不勝紀述兹就夢溪市至鹽井張家廠三十里而言張家廠市面被刼搶一空燒燬門面五棟槍殺良民七人沿途居民房屋燒燬達九十餘棟之鉅人民損失家財什物畜牲不計其數尤其夢溪市與鹽井鄉交界之合同鋪屠殺男女百姓將近兩百埋在一處臭氣沖天受災之慘罕古未有旋職親赴各被難民眾家裡婉言慰問并督飭各鄉長趕即將被難人民填造調查表限三日内賫府以憑領取急賑至附城涔中夢溪等鄉職員丁伕均先後回所辦公尚無遇難情事惟夢溪鹽井兩鄉文卷損失殆盡深為可惜再鹽井鄉鄉長熊伯範迄未回所辦公職務託由該所民政主任文震熙代理該所職員均多未到所辦公除函飭該鄉代理鄉長文震熙一面督促同事來所辦公一面派人去接熊鄉長回鄉主持免誤要公外奉令[illegible]因理合將視察情形報請

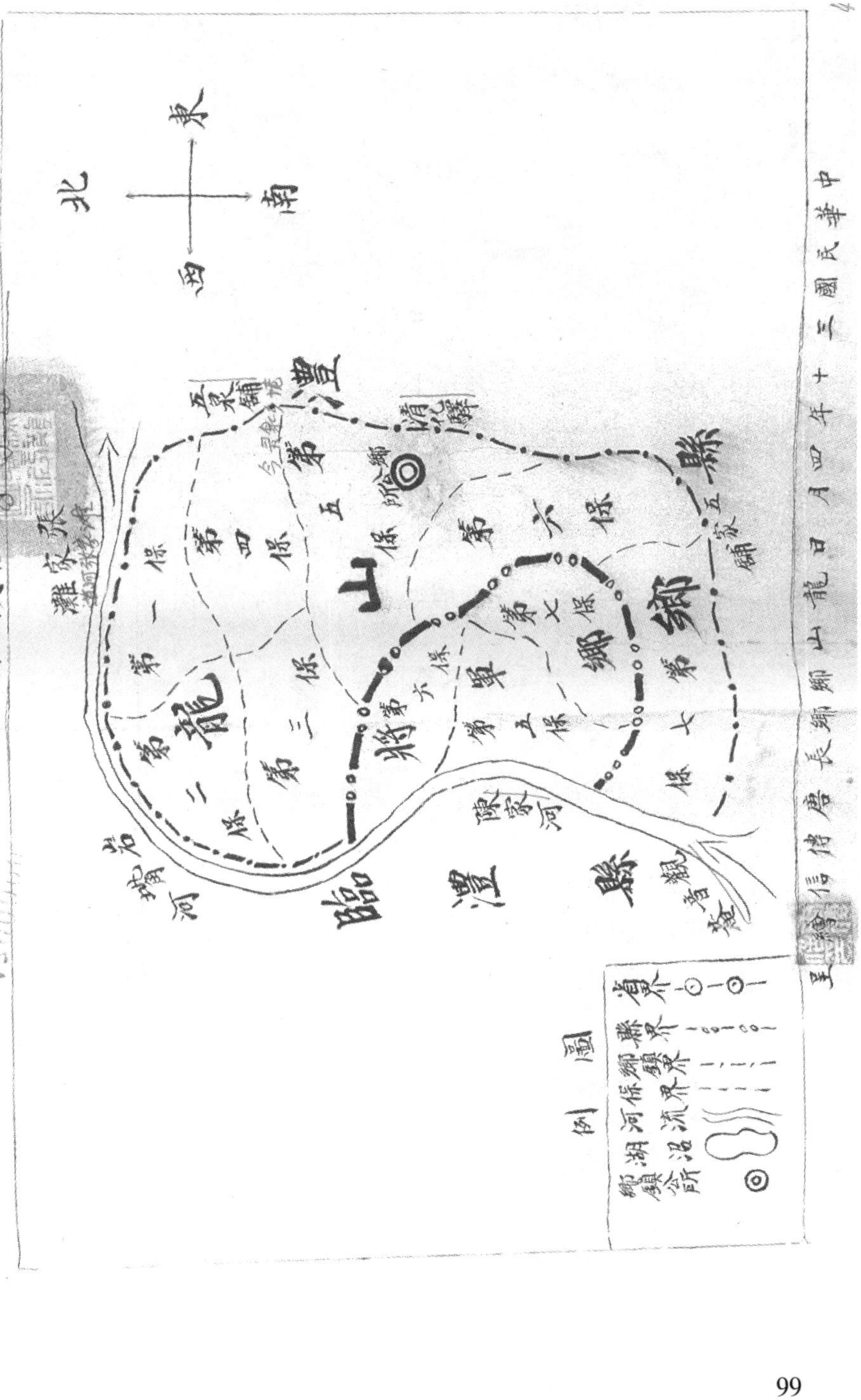
澧縣龍山鄉區域略圖
北
東
南
西
臨澧縣
圖例
鄉鎮公所
湖沼
河流
保界
鄉鎮界
縣界
省界

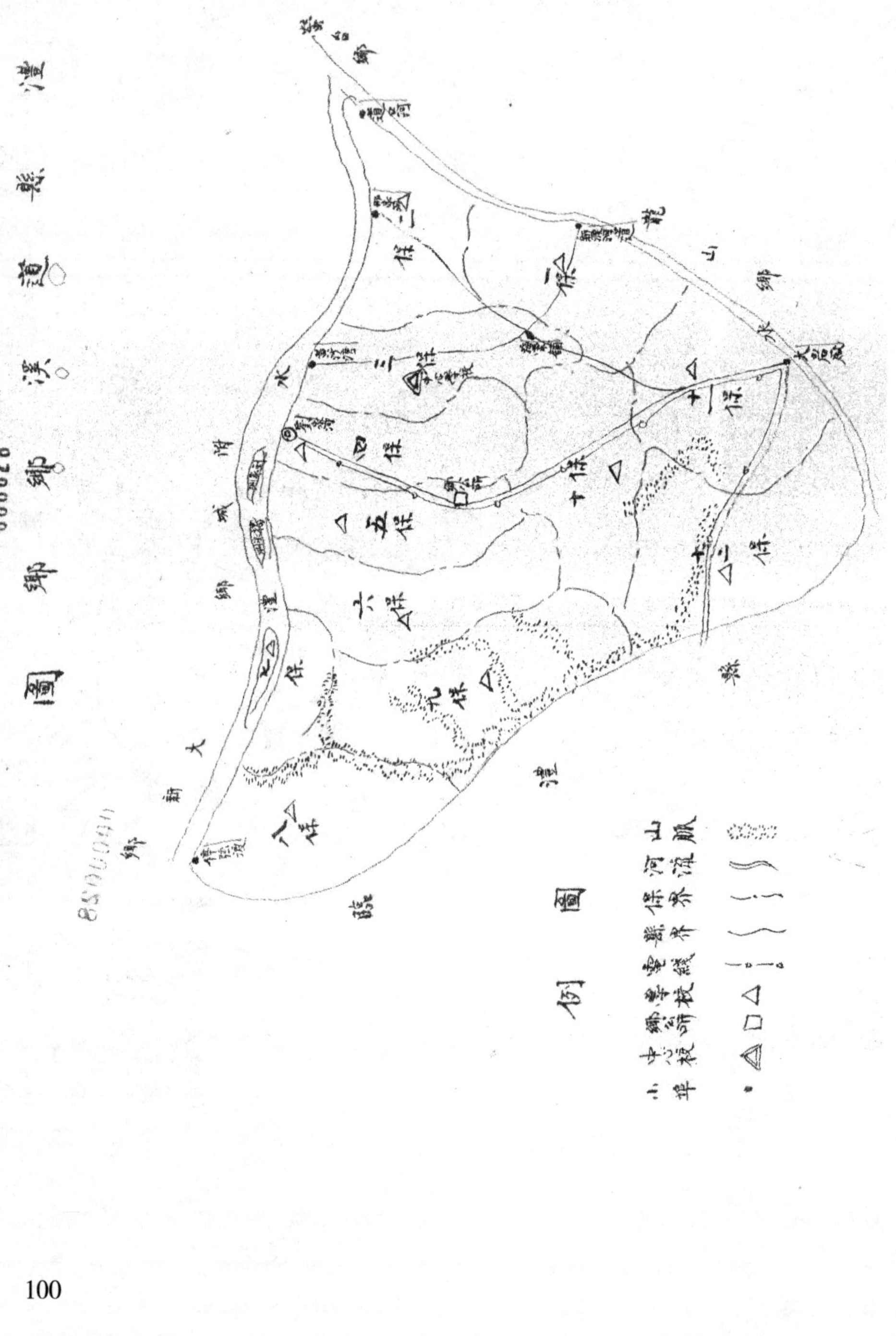
澧縣道溪鄉鄉圖
000028
圖例
小學
中心學校
鄉公所
保辦公處
縣界
鄉界
保界
河流
山脈

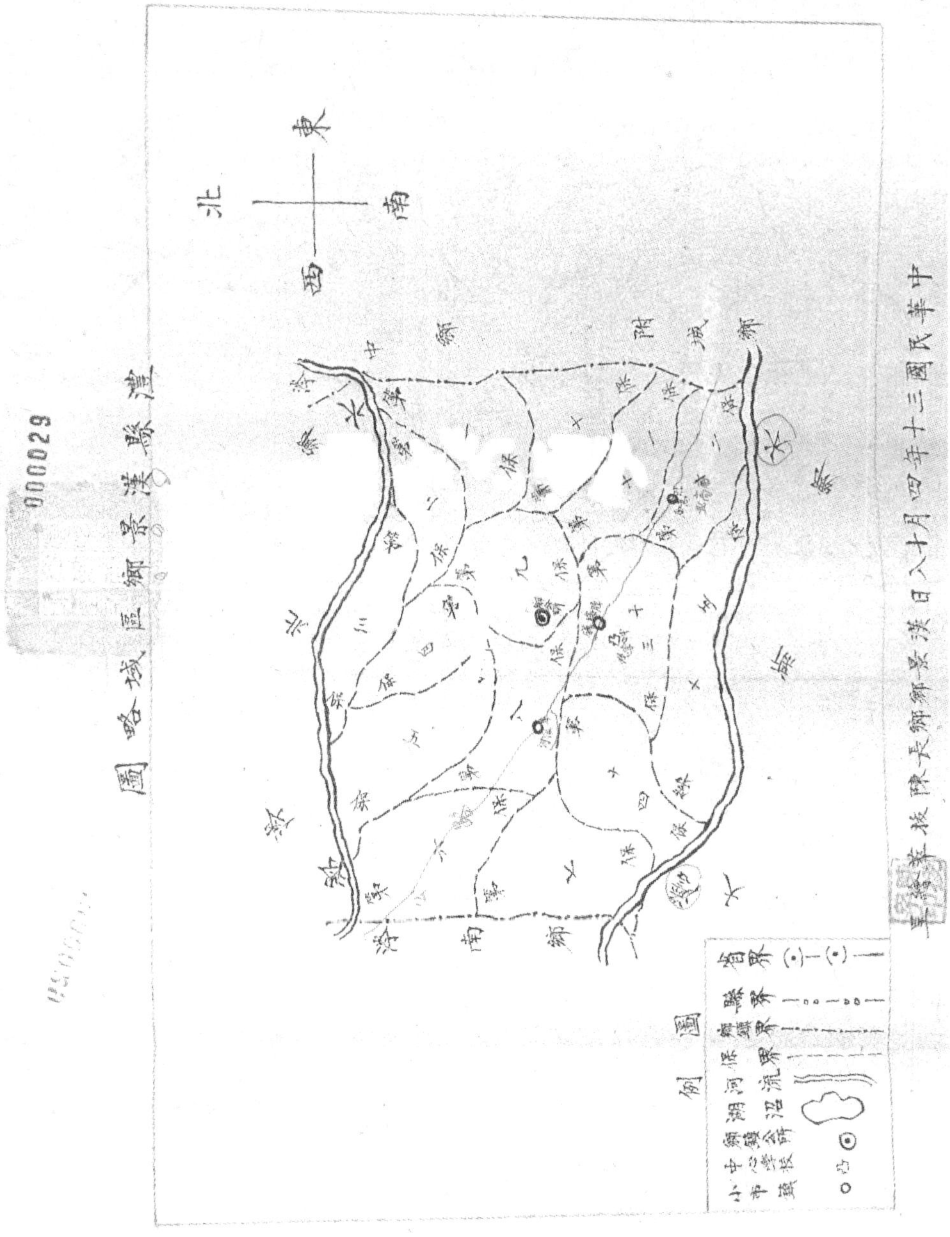
澧縣景漢鄉區域略圖
東
西
南
北
例圖
省界
縣界
保界
河流
湖沼
中華民國三十四年十月八日景漢鄉鄉長陳 校

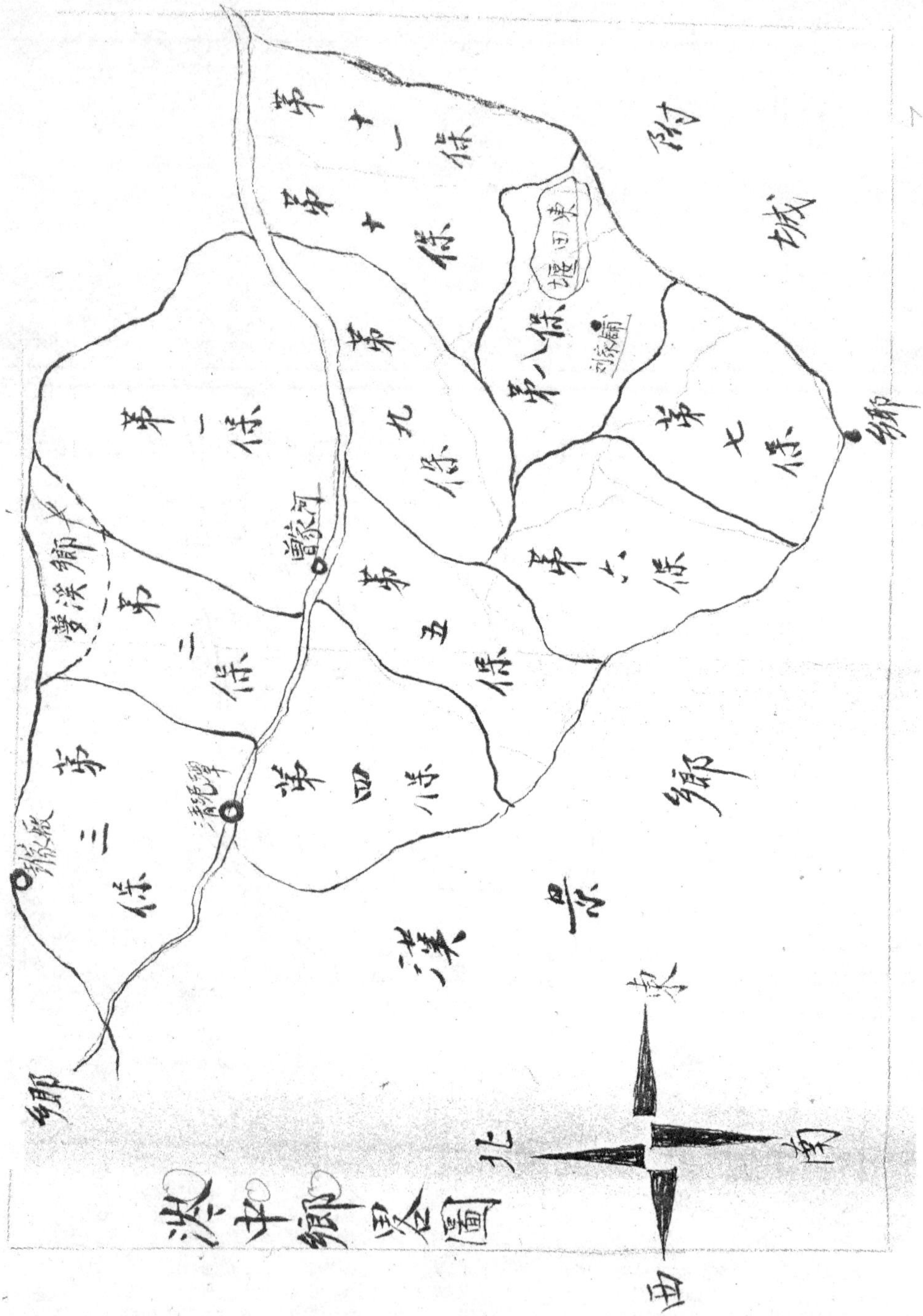
第一保
第二保
第三保
第四保
第五保
第六保
第七保
第八保
第九保
第十保
第十一保
附城
鄉
東
西
南
北

常德会战时期（1943 年日寇第二次进犯澧县）

1943 年常德会战爆发前夕，国军第 6 战区 10 月决定，以第 10 集团军和第 19 集团军在江河湖汉地带打击敌人，主要利用于津市、澧县和暖水街之山地，侧面伏击敌人。

11 月 2 日，日军分 4 路发起进攻，一路由 39、13 师团攻击松滋附近地区；二路由第 3 师团攻向公安地区；三路由 116 师团从藕池口发动进攻；四路以第 68 师团从华容向安乡进攻，激战 2 日，日军先后攻占南县、公安、松滋。

11 月 2 日傍晚，日军第 11 军从长江南岸发起进攻，主攻方向是王家厂，助攻方向为安乡。战斗至 3 日晨，守军第一线阵地先后多处被突破，其中第 99 军的第 92 师不战而退，这天国军退守狮子口（松滋河东支）、公安、甘家厂、松滋河两岸一线。

11 月 4 日中午，日军攻占公安县。至 6 日晨，日军攻占茶园寺、王家桥、新河市、东岳庙、甘家厂、三汊垴（今官垸乡）、新码头（今官垸乡）、安乡、鱼口等地。日军第 13 师团紧随后撤的国军守军，于 6 日晚突入暖水街东端。国军第 19 集团军退守聂家河、王家畈、两河口、暖水街、闸口、王家厂、九王庙一线主阵地。第 29 集团军退守永镇河、红庙、龙山、涂家湖之线。

11 月 7 日，日军向国军第 10 集团军展开全线进攻，并在滨湖区多点突破。第 29 集团军第 44 军多面受敌，当面已无阵线可言。第 6 战区司令孙连仲急令该集团军暂时放弃滨湖地区，撤守澧水防线。第 29 集团军军长王赞绪以第 44 军驻守澧县及各渡口，第 73 军主力据守石门。11 月 13 日，王以其嫡系第 44 军久战疲乏，率其撤过澧水，但非嫡系的第 73 军也坚守石门。

11 月 15 日晚，日军第 116 师团按照计划从澧县以北地区及仓九台向澧县及龙山乡进攻，长驱直入，指向常德。至 11 月 22 日，日军先后攻占暖水街、安乡、津市、澧县。澧县全境战火纷飞，民众生命涂炭。

1. 1943 年 11 月，梦溪乡伍家岗农民孟贤林被敌军官一名追赶，该民将敌诱入树林中，将该敌官杀死（摘自档案馆 1945 年 1590 号卷）。

2. 1943 年 11 月上旬，日军进犯澧县，国军第 44 军第 150 师 449 团 2 营 6 连中尉排长胡昌荣在澧县三洲乡第二保所属的王家舖作战，“不论敌军多寡。乃独架轻机枪一挺，首当敌冲。结果敌人死伤甚众。毙马 6 匹。不幸该排长力尽弹绝，举枪自杀”（摘自档案馆 1945 年第 1715 号卷）。

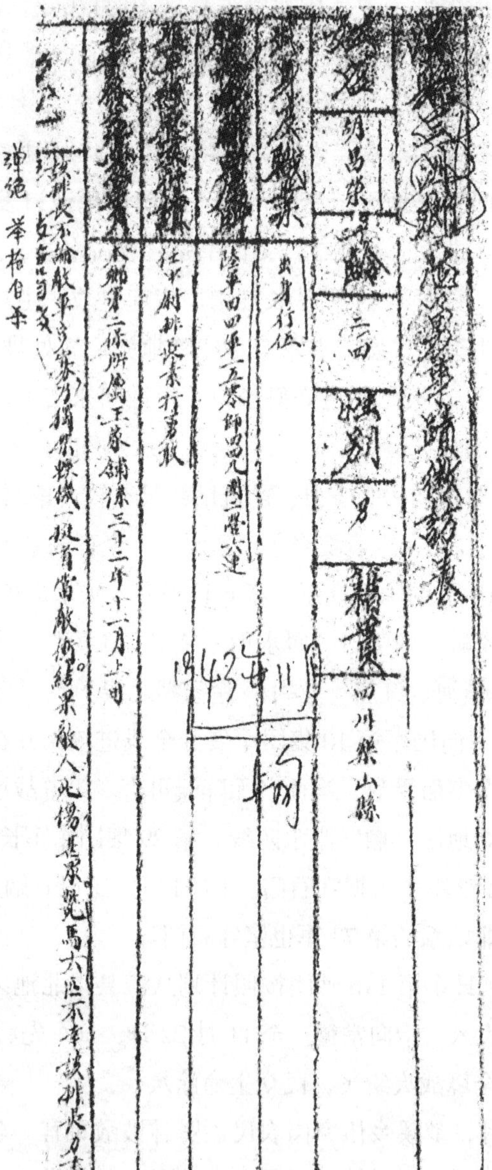
县三洲乡忠烈事迹征访表
姓名 胡昌荣
年龄 二四
性别 男
籍贯 四川梁山县
出身行伍
陆军四四军一五零师四四九团二营六连
任中尉排长率行勇敢
本乡第二保所属王家舖于三十二年十一月上旬
该排长不论敌军多寡乃独架轻机一挺首当敌冲结果敌人死伤甚众毙马六匹不幸该排长力尽弹绝举枪自杀
1943年11月上旬

3. 1943 年 11 月 11 日，涔南乡第一保办公处人员张儒见（农民）“同坚强部队歼灭敌人 6 名，并 接济部队食粮及办理便衣队等供应工作。”后获 79 军宣慰团颁发的“忠勇可嘉”奖状（摘自档案馆 1945 年 1715 号卷）。

4. 1943 年 11 月 12 日，有敌人（日寇）工兵 2 名在彭家厂修筑桥梁。梦溪乡第一保任务队长罗德禄于是日晚将桥梁用火焚毁，复将敌工兵 2 名杀毙（摘自档案馆 1945 年第 1715 号卷）。

5. 1943 年 11 月上旬，三洲乡第一保八甲甲长易彩忠在本地黄泗嘴渡口的一个土包上站立，张望时瞥见日寇军队向防守在黄泗嘴渡口的少数国军包围拢来，一旦合围，国军部队势将被歼灭。易彩忠“不顾枪林弹雨，遄程（给国军部队）报信，（而他）半途竟遭惨死”（摘自档案馆 1945 年 1715 号卷）。

6. 1943 年 11 月上旬，三洲乡第三保所属太和垸农民张明远，为在当地作战的国军运输弹药，奋勇直前，身受重伤（摘自档案馆 1945 年 1715 号卷）。

7. 1943 年 11 月上旬，日军在三洲乡第一保所属邹文垸对陆军 44 军 150 师攻击猛烈。当国军寡不敌众时，士兵杜运宏身负重伤，尚能肩荷枪弹藏匿于河畔，后来终于归队（摘自档案馆 1945 年 1715 号卷）。

8. 1943 年 11 月中旬，三洲乡第八保所属杨林湖农民余成富发现日军后藏匿荆棘中窥伊妻被日寇强奸，挺身而出，持棒痛打该敌，竟遭毒手（摘自档案馆 1945 年第 1715 号卷）。

9. 1943 年 11 月 15 日，涔中乡农民胡春初发现有日军一名在该乡钟家湾奸淫妇女，该民将敌寇杀毙（摘自档案馆 1945 年第 1590 号卷）。

10. 1943 年 11 月 17 日，涔南乡第一保保队附胡大全勇敢作事，为人刚直，击毙零星敌寇一名，获得 79 军宣慰团颁发的奖状一张（摘自档案馆 1945 年第 1715 号卷）。

11. 1943 年 11 月 18 日，涔南乡某保甲长周名耀在易家桥同当地农民张业达、张业位等，杀死日寇一名，其符号上姓名为“竹板桥夫”。获得 79 军宣慰团颁发的“忠勇杀敌、殊堪嘉奖”奖状（摘自档案馆 1945 年 1715 号卷）。

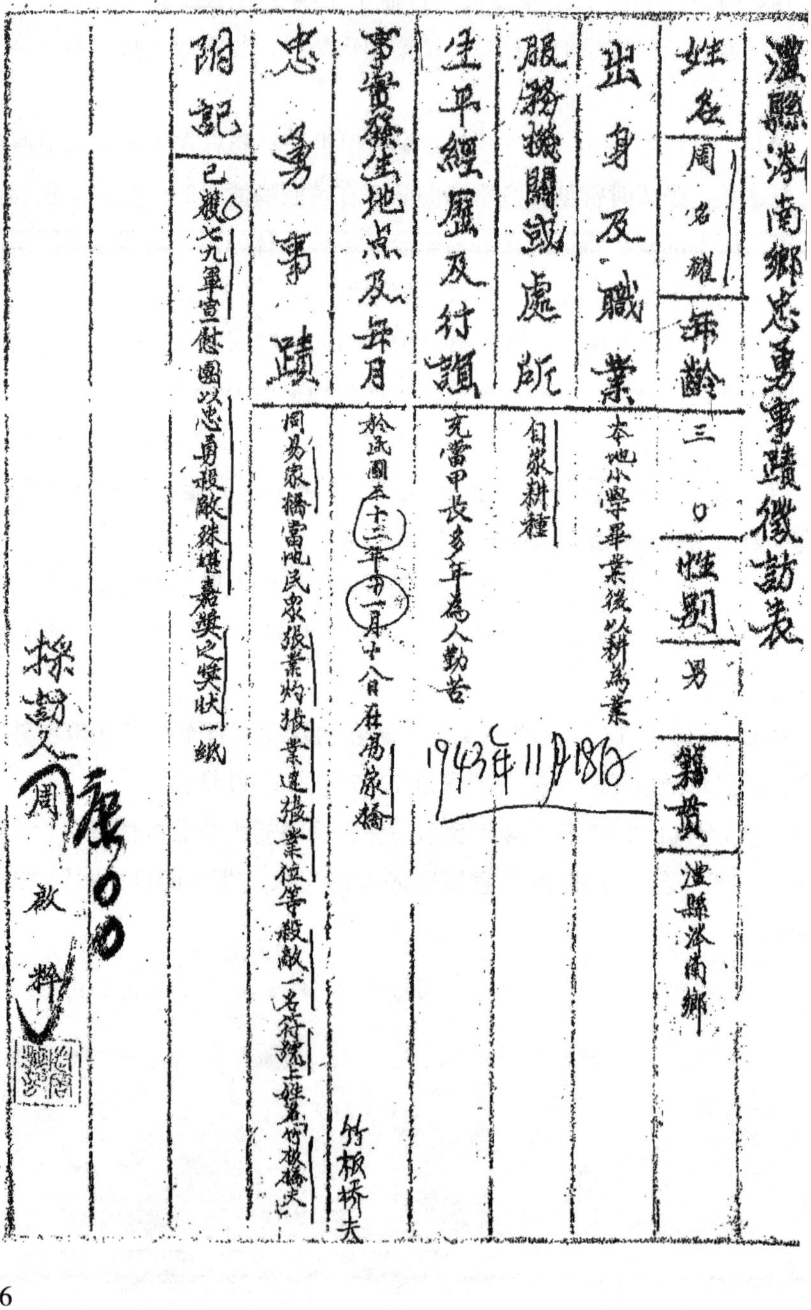

澧縣涔南鄉忠勇事蹟徵訪表

姓名	周名耀
年齡	三〇
性別	男
籍貫	澧縣涔南鄉
出身及職業	本地小學畢業後以耕為業
服務機關或處所	自家耕種
生平經歷及行誼	充當甲長多年為人勤苦
事實發生地點及年月	於民國卅二年十一月十八日在易家橋 1943年11月18日
忠勇事蹟	同易家橋當地民衆張業灼張業達張業位等殺敵一名符號上姓名為竹板橋夫 竹板桥夫
附記	已獲七九軍宣慰團以忠勇殺敵殊堪嘉獎之獎狀一紙

採訪人 周啟粹

11. 1943 年 11 月 18 日，涔南乡某保甲长周名耀在易家桥同当地农民张业达、

12. 1943 年 11 月 19 日，涔南乡垱市警察所警员张谦诚在杨家地、清泥谭等地，与农民张儒见等杀敌 3 名，获得 79 军宣慰团颁发的“忠勇杀敌、殊堪嘉奖”奖状一张（摘自档案馆 1945 年第 1715 号卷）。

13. 1943 年 11 月 20 日，涔南乡第一保战时任务队队长张运陞在黄家河、清泥潭等地协同坚强军 18 军毙敌 7 名，毁敌公路一段。获得 79 军的奖状一张（摘自档案馆 1945 年第 1715 号卷）。

14. 1943 年 11 月 20 日，涔南乡乡公所职员盛连孝在花领岗、戴家河等地同张儒见等先后杀敌 6 名，获得 79 军宣慰团颁发的“忠勇可嘉”奖状一张（摘自档案馆 1945 年 1715 号卷）。

15. 1943 年 11 月 20 日，涔中乡第 6 保任务队长黄大金当晚在伍家铺发现，日寇正放火烧屋，该队长率带当地百姓十余人前往救火，尚有敌人逃走在后，众将其包围，用刀杀死日军一名（摘自档案馆 1945 年 1715 号卷）。

澧中鄉忠勇事蹟徵訪表

民國三十三年三月 日

姓名	黃發金
年齡	三五
性别	男
籍貫	澧中鄉第六保
出身及職業	曾服務軍界有年務公
服務機關或處所	第六保辦公處
生平經歷及行誼	現任任務隊長 品端
事實發生地點及年月	伍家舖 三十二年十一月廿日 黄发金 1944年11月20日 该队长
忠勇事蹟	三十二年十一月廿日晚敵人在伍家舖放火燒屋黃發金率帶當地百姓十餘人前往救火尚有敵人二人在後黃發金用刀殺斃 將其包圍
附記	

採訪人 高永泉 代

16. 1943年11月20日，涔南乡乡公所职员周啟瑞在垱市后徐家巷等地，先后杀敌两名，获得79军宣慰团颁发的“忠勇杀敌、殊堪嘉奖”的奖状（摘自档案馆1945年第1715号卷）。

17. 1943年11月23日，涔中乡第3保保队附刘玉遐发现敌军数人赴曾家河掳抢奸淫，刘玉遐率带当地百姓十余人持刀杀敌，敌奔逃。刘随后追击，毙敌一人（摘自档案馆1944年1536号卷）。

18. 1943年11月24日，日军汽车90余辆由彭家厂向放马峪进发时，涔北乡第11保农民李绍明即持农具挖坏车路，被敌包围尚未停止，结果被俘月余，后逃回（摘自档案馆1945年第1590号卷）。

19. 1943年11月25日至12月26日，涔南乡公所职员赵远鼎（民政股主任）协同坚强军18军、79军等部队上前线作战，并发动民众先后毙敌8名。获得79军宣慰团颁发的“协助国军作战、办理供应得力，殊堪嘉奖”的奖状（摘自档案馆1944年第1536号卷）。

20. 1943年11月，汉景乡警察所警士黄成龙在本乡钟家湾邀涔中乡附近居民杀死敌军一名，并破坏公路桥一处（摘自档案馆1944年第1536号卷）。

21. 1943年11月，汉景乡第3保干事毕仁寿在第3保周老坟山地方追夺敌军被褥一床以及敌军身带的药品5瓶（摘自档案馆1944年第1536号卷）。

22. 1943年11月，汉景乡乡公所雇员马传松在本乡14保大河口地方杀死敌军士兵一名，并夺获敌军药品，当即焚毁（摘自档案馆1944年1536号卷）。

23. 1943年11月，汉景乡第9保任务队长宋叔其在本乡第9保玉皇寺地方，乘敌强奸妇女时，潜用菜刀杀死敌军一名，并获有敌军布鞋一双（摘自档案馆1944年第1536号卷）。

1944年第15号

宋叔其

（湖南省澧縣忠勇事蹟調查表）

姓名	宋叔其
年齡	二十五歲
性別	男
籍貫	澧縣
出身及職業	曾任甲長現任保隊部任務隊長
服務機關或處所	澧縣澳景鄉第九保隊部
生平經歷及行誼	忠誉
事實發生時間及地點	在本鄉第九保玉皇寺地方於三十一年十一月 1942年11月
忠勇事蹟	乘敵軍強姦婦女時，即用菜刀殺死敵軍一名，並獲有敵軍布鞋一双。
附記	

採訪人 [illegible]

24. 1943 年 11 月，汉景乡第 12 保保队副陈方武，在本乡第 13 保余家牌楼地方邀同外来难胞，乘敌军放火之际，大肆追击，夺获敌军被卧及所有之衣物（摘自档案馆 1944 年第 1536 号卷）。

25. 1943 年 11 月，汉景乡第 2 保商人云大定，在本地云家巷杀敌兵一名，并获衣裤等物（摘自档案馆 1944 年第 1536 号卷）。

26. 1943 年 12 月 8 日，道溪乡商人刘洪武在本乡第六保小石岭遇一日军，将敌人武器抢到手，将鬼子江正标击死。于是年 12 月 28 日将武器弹药缴送乡公所验收，并取收据一张，乡长给奖国币 1200 元（摘自档案馆 1945 年 1590 号卷）。

27. 1943 年 11 月 20 日，敌寇少佐小川一名由大新乡八角庙北行道经保宁桥，大新乡农民王正次与周先银、杨绍武、李朝彬等手执锚杆，潜伏道左，将其杀毙（摘自档案馆 1945 年第 1590 号卷）。

28. 1943 年 12 月 16 日，青赋乡派出所警士邹高照，见敌寇窜至乡境，无恶不作，目不忍睹，敌忾愤仇，心忿不平。奉命游击，邀同精悍警士 8 名，赴澧水南岸黄土坡与驻敌对抗，毙敌 2 名。无奈敌众彼寡，救援莫及，力绝弹尽，以致阵亡（摘自档案馆 1944 年 1536 号卷）。

29. 1943 年 12 月 19 日，日寇窜犯萤台乡第 10 保，该地老弱妇孺匿避山林。18 岁女青年张秋英亦疏散距敌 2 里许的窑窝山。敌寇搜索，为敌所擒，欲行强奸。张秋英力拒，宁死不屈，以致毙命（摘自档案馆 1944 年第 1536 号卷）。

30. 1943 年 12 月 20 日，萤台乡第 9 保保队副石道中徒手于本地杉树堰与敌相遇，斗殴 4 次，敌不支，向队部逃窜（摘自档案馆 1944 年第 1536 号卷）。

000008

0000005 6

孟賢林	三三	男	澧縣	卅三年十一月在任家崗有敵官一名追赶該民，該民將敵誘入樹林中，將該敵官殺死
羅世祿	二九	男	涔中鄉	卅三年十一月十二日有敵工兵二名在彭家廠修築橋梁，該民邀同數人於是日夜將橋梁焚燬，復將敵工兵二名殺斃
劉玉階	三二	男	涔中鄉	卅三年十一月廿三日有敵軍數人赴曹家垱擄掠姦淫，該民邀同該地方姓十餘人持刀殺敵，敵逃，追擊斃敵一名
黃天金	二五	男	涔中鄉	卅三年十一月某晚敵在任家鋪放火燒屋，該民因邀約姓十餘人前往救火，尚有敵兵一部在此，該民遂包圍殺斃
易彬忠	三八	男	澧縣	該民游擊土阜，瞥見國軍步兵部隊防守黃泗嘴渡口，忽敵軍逼近包圍，前來國軍勢將殲滅，該民又欲於槍林彈雨中遄程報信，半途竟遭慘殺
陳枝華	三七	男	漢景鄉	卅三年十一月該民任鄉長，率常備隊士數名殺入敵人游擊隊，並奪獲騎兵馬匹
余成富	二八	男	漢景鄉	卅三年十一月該民藏匿荊棘中，窺伊妻被姦，乃挺身而出持棒痛打該敵，竟遭毒手
易業賢	三二	男	漢景鄉	該民會同國軍便衣隊追獲敵步槍一支子彈數十發，當即交送國軍
宋叔其	二五	男	漢景鄉	乘敵軍強姦時，潛用菜刀殺死敵軍一名，並獲敵軍皮鞋一雙
馬侍松	三五	男	仝	卅三年十一月該民於大河口殺死敵兵一名，并奪獲敵軍藥品，並經焚燬矣

31. 1943年11月，敌寇在涔北乡第4保筑汽车路，经清泥潭建木桥一座，当地农家李敞柏黑夜挖毁公路，忽被敌发觉，捕杀（摘自档案馆1945年第1590号卷）。

32. 1943年11月，敌寇欲强奸涔北乡第11保妇女贾刘氏，贾刘氏与敌斗殴，抢敌步枪，伤敌右臂，因力弱被敌枪毙（摘自档案馆1945年第1590号卷）。

33. 1943年11月，敌寇汽车经过涔北乡第11保，该保农民李家新挖毁车路，敌车返回时倾坏汽车一辆（摘自档案馆1945年第1590号卷）。

34. 1943年11月，敌寇汽车经过涔北乡第11保农民王国香住房时，该民邀邻居破坏车路，以致敌车难行（摘自档案馆1945年第1590号卷）。

35. 1943年11月，涔北乡第11保农民李绍满遇敌汽车一辆在当地倾覆，即邀同谭绍祜将敌车司机捆打，后因另有敌车开来遂逃（摘自档案馆1945年第1590号卷）。

36. 1943年11月28日，澧县杨泽协在唐家厂发现敌寇逼奸胡杨氏时，遂同胡杨氏一起杀死守敌一名（摘自档案馆1945年第1590号卷）。

37. 1943年11月，澧县骆坤轩在望见岗带引国军冲一阵地，杀敌颇多（摘自档案馆1945年第1590号卷）。

38. 1943年12月1日，澧县梦溪乡农民王训海在袁家港被敌寇捉住，因不愿给敌带路被杀（摘自档案馆1945年第1590号卷）。

39. 1943年12月3日，澧县长乐乡农民彭云卿，在羊古庄带18军搜索，连续毙敌3名（摘自档案馆1945年第1590号卷）。

40. 1943年12月4日，梦溪乡曹兴伟发现敌寇在袁家港散行搜索时，杀毙徒手敌兵一名（摘自档案馆1945年第1590号卷）。

41. 1943年12月6日，澧兰镇少女吴泽贞随父逃避日寇，躲到道溪乡新桥村。这天该地被日寇占领，吴氏被敌寇捉住，欲行奸淫。吴不从，并骂敌寇惨无人道。敌寇将她缚于松树上，先用二木钉进双目，复以刺刀乱刺而死（摘自档案馆1945年第1590号卷）。

000009

吴肇贞 | 一七 | 女 | 津蘭鎮

卅三年敵寇二次犯津市該氏隨父逃避至縣之溪〻之新橋十二月六日該地亦被敵寇佔領該氏因之被獲敵欲行姦淫不從并罵敵寇之惨無人道敵寇乃縛於松樹上先用二木釘於目中後以刺刀亂刺而亡

42. 1943年12月18日，大新乡第13保农民王世相，在敌寇退却时，邀同国民兵刘正官等杀敌兵2名（摘自档案馆1945年第1590号卷）。

43. 1943年12月18日大新乡第13保李学金在大杨树与敌游击队战斗数次（摘自档案馆1945年第1590号卷）。

44. 1943年12月19日，大新乡第13保农民曹传玉，在敌寇游击时，与敌枪杀六七次，敌退乃止（摘自档案馆1945年第1590号卷）。

45. 1943年12月19日，大新乡第13保农民刘清炎，在敌寇游击时，邀同十余人与敌枪杀，杀死敌兵一名（摘自档案馆1945年第1590号卷）。

46. 1943年12月20日，大新乡第13保农民李学忠，在敌寇退却时，杀毙敌兵一名（摘自档案馆1945年第1590号卷）。

47. 1943年12月20日，大新乡第13保农民李道福，在该乡十字舖与李道炎参加国军便衣队，杀敌数次（摘自档案馆1945年第1590号卷）。

48. 1943年12月21日，大新乡第13保少女孟么秀，在当天拂晓敌寇破门入室时，乘敌不备，邀同嫂陈从孟杀敌寇一名（摘自档案馆1945年第1590号卷）。

49. 1943年12月21日，大新乡第11保农民周朝永，在敌骑兵黑夜搜索时，邀同周泽民、康光春等手执铁叉伤马一匹，毙敌一名（摘自档案馆1945年第1590号卷）。

50. 1943年12月23日，大新乡第11保农民胡士叶，发现敌骑兵一名在大新乡指挥滩游击时，与周绍海手执铁杆将敌击毙。（摘自档案馆1945年第1590号卷）

51. 1943年12月，大新乡指挥滩有敌骑士一名，黑夜搜索，该乡第11保周先杞同王振锐、杨大泉、周泽民、许安槐、周泽地、周泽泮、李廷生等8人手执挖锄，潜伏道左，适敌马经过，突击敌寇，将马打伤，将敌围击毙命（摘自档案馆1945年第1590号卷）。

52. 1943年12月，大新乡第12保赵厚家，当敌寇窜至该乡指挥滩时，冒入枪林弹雨，奋不顾身，与敌肉搏数次（摘自档案馆1945年第1590号卷）。

53. 1943年12月，澧县袁昌齐与王典介、曾昭乾在敌寇退却时破坏敌人电话线一华里，使敌人顿失联络（摘自档案馆1945年第1590号卷）。

000017

赵远鼎	三二	男	澧南乡	协助坚强一六军七九军廿部队上前线作战并先后发动民众击毙敌八名
张运坚	二八	男	澧南乡	协同坚强军十八军击毙敌七人损毁敌公路一段
彭云卿	三九	男	澧县	卅二年十一月三日在羊古山带十八军搜索连击毙敌三名
王沙海	五五	男	澧县	卅二年十一月一日在袁家巷被敌捉住因不愿与敌带路被杀
曹兴伟	三九	男	澧县	卅二年十一月四日在袁家巷有敌在该村搜索时杀毙徒手敌兵一名
胡春初	三〇	男	涔中乡	卅二年十一月十五日有敌一名在钟家湾蒋滨该民将敌人杀毙
杨泽协	二〇	男	澧县	该民素有见义勇为精神卅二年十一月廿八日在袁家冲撇该民见敌逼胡杨氏奸时遂因击毙敌徒手一名
刘洪武	三〇	男	道溪乡	卅二年十一月在小石子港掳得敌人之武器枪来的鬼子立正标甚死者即由报讨奖当经县长与廿八日所武器弹药缴送乡公所验收当给奖一二万元
陆坤轩	三八	男	澧县	卅二年十一月在望见岗带引国军卫一阵地杀敌数多
袁昌齐	一九	男	澧县	卅二年十一月该民于王典行带路骗乾於敌人的退却时破坏敌人电话线一条使敌人顿失联络

54. 1943年12月，汉景乡乡长陈拨萃带警士数名，杀入敌寇游击队，并夺获骑兵马匹（摘自档案馆1944年第1536号卷）。

55. 1943年12月，汉景乡农民夏业贤会同国军便衣队，追获敌寇步枪一支，子弹数十发，当即交国军（摘自档案馆1944年第1536号卷）。

56. 1943年12月，汉景乡警察所警长黄化世在本乡第15保三元磴大河口等地、率枪警数名，杀死敌军便衣游击队多名（摘自档案馆1944年第1536号卷）。

57. 1943年12月，汉景乡第3保保长毕仁义在涔中乡清泥谭，协助坚强部队便衣队，破坏敌军公路桥梁两处（摘自档案馆1944年第1536号卷）。

58. 1943年12月，汉景乡乡公所职员周用溪在本乡第8保车溪河会同国军便衣队，杀死敌寇兵一名（摘自档案馆1944年第1536号卷）。

59. 1943年12月，汉景乡第9保商人孙九金，在本乡第九保孙家庙后面，乘敌寇准备强奸一妇女机会，用菜刀杀伤敌军士兵两名（摘自档案馆1944年第1536号卷）。

60. 1943年12月12日，萤台乡乡长陈松柏率领枪警24人，在清赋乡黄土坡与日寇游击队10余人遭遇激战，击毙2名日寇，邹高照阵亡（见影印件。摘自档案馆1943年1278号卷）。

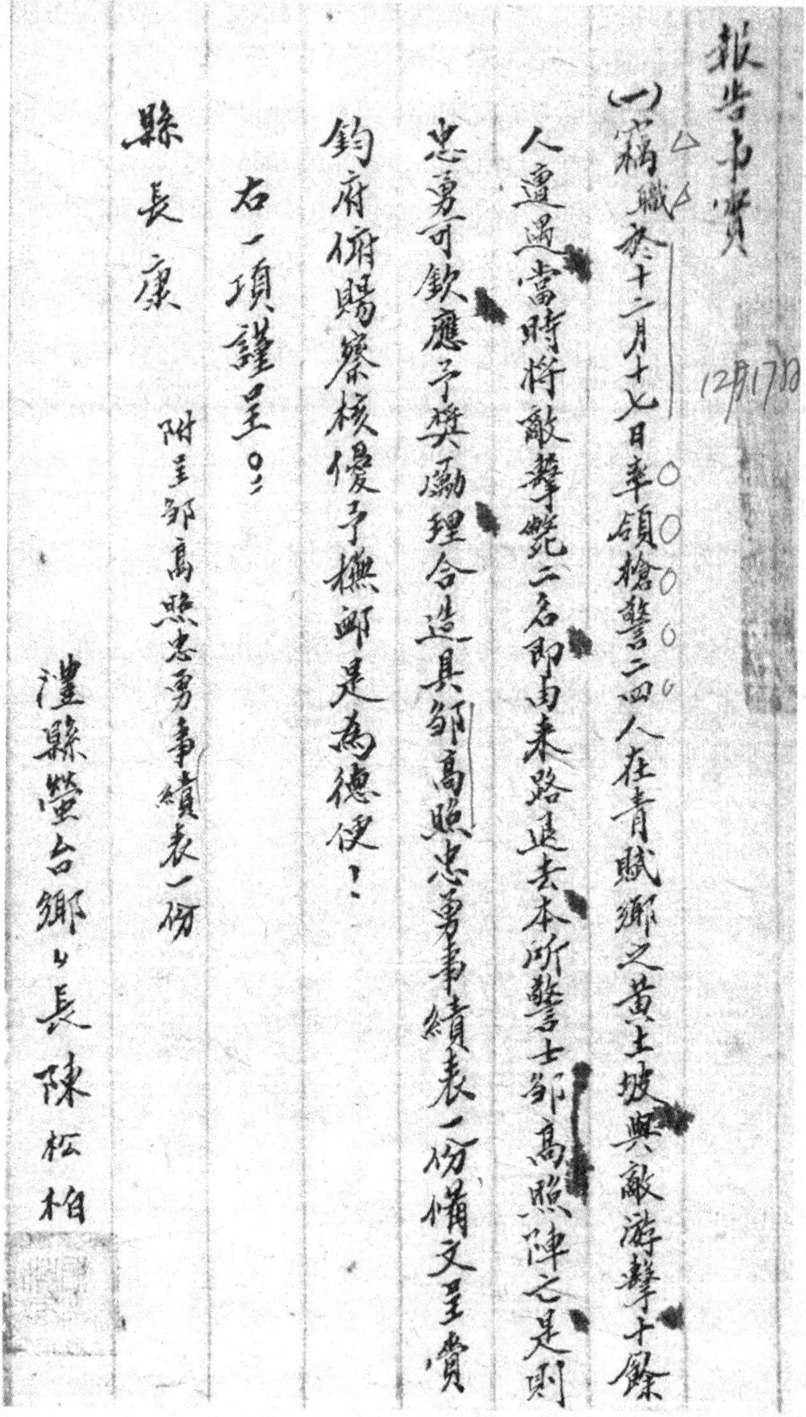
報告事實

(一)竊職於十二月十七日率領槍警二四人在青賦鄉之黃土坡與敵游擊十餘人遭遇當時將敵擊斃二名即由來路退去本所警士鄧高照陣亡是則忠勇可欽應予獎勵理合造具鄧高照忠勇事績表一份備文呈賫

鈞府俯賜察核優予撫卹是為德便！

右一項謹呈。

附呈鄧高照忠勇事績表一份

縣長康

澧縣螢台鄉鄉長陳松柏

12月17日

澧縣營台鄉第十保第二次應變忠勇事蹟調查表

姓名	性別	年齡	籍貫	住址	事實	備攷
鄒高照	男	三二	澧縣	十保十甲	於三十二年十二月十二日夜晚在青城鄉黃土坡突擊敵人陣亡	

61. 1943 年 11 月 13 日，日寇窜犯汉景乡第 10 保汉景乡中心学校附近（余家牌楼舖附近）。敌兵 4 名出扰，鸣枪示威，全村老幼纷纷逃避。高 4班学生周怀莲即邀同龄人 3 名，各持菜刀一把，隐匿村后竹林中，敌兵走散，其中一徒手敌兵向 10 保村走来，被周怀莲等擒获，见机将敌沉于池水中杀毙。后敌尸浮起，生又用钱雇人埋尸，杜绝后患。经学校逐级上报，省教育厅厅长王国士签令嘉奖（见影印件。摘自档案馆 1945 年 1715 号卷）（应补入烈士名录）。

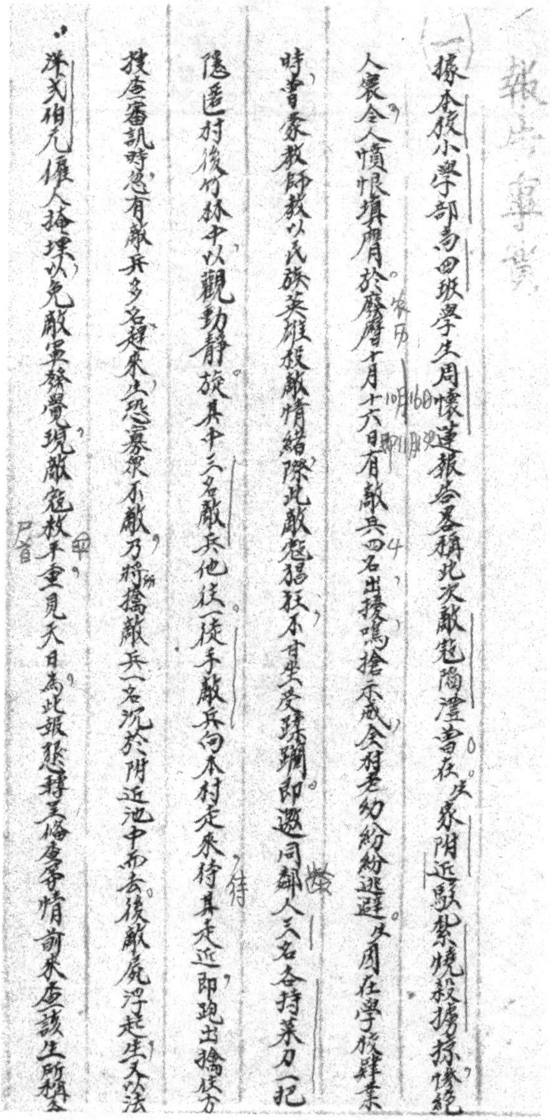
報告事實
一據本校小學部高四班學生周懷蓮報告略稱此次敵寇陷澧當夜，侵犯我校附近騷擾燒殺擄掠慘絕人寰，全人憤恨填膺，於陰曆十月十六日有敵兵四名出擾，鳴槍示威，全村老幼紛紛逃避。生因在學校肄業時，曾蒙教師教以民族英雄殺敵情緒，際此敵寇猖狂，不甘坐受蹂躪，即邀同鄰人三名各持菜刀一把，隱匿村後竹林中以觀動靜，旋其中三名敵兵他往，一徒手敵兵向本村走來，待其走近，即跑出擒獲，方擬交審訊時，忽有敵兵多名趕來，生恐寡衆不敵，乃將擒敵兵一名沉於附近池中而去，後敵屍浮起，生又設法將其屍首雇人掩埋，以免敵軍發覺，現敵寇救平，重見天日，為此報懇轉呈備案等情，前來查該生所為

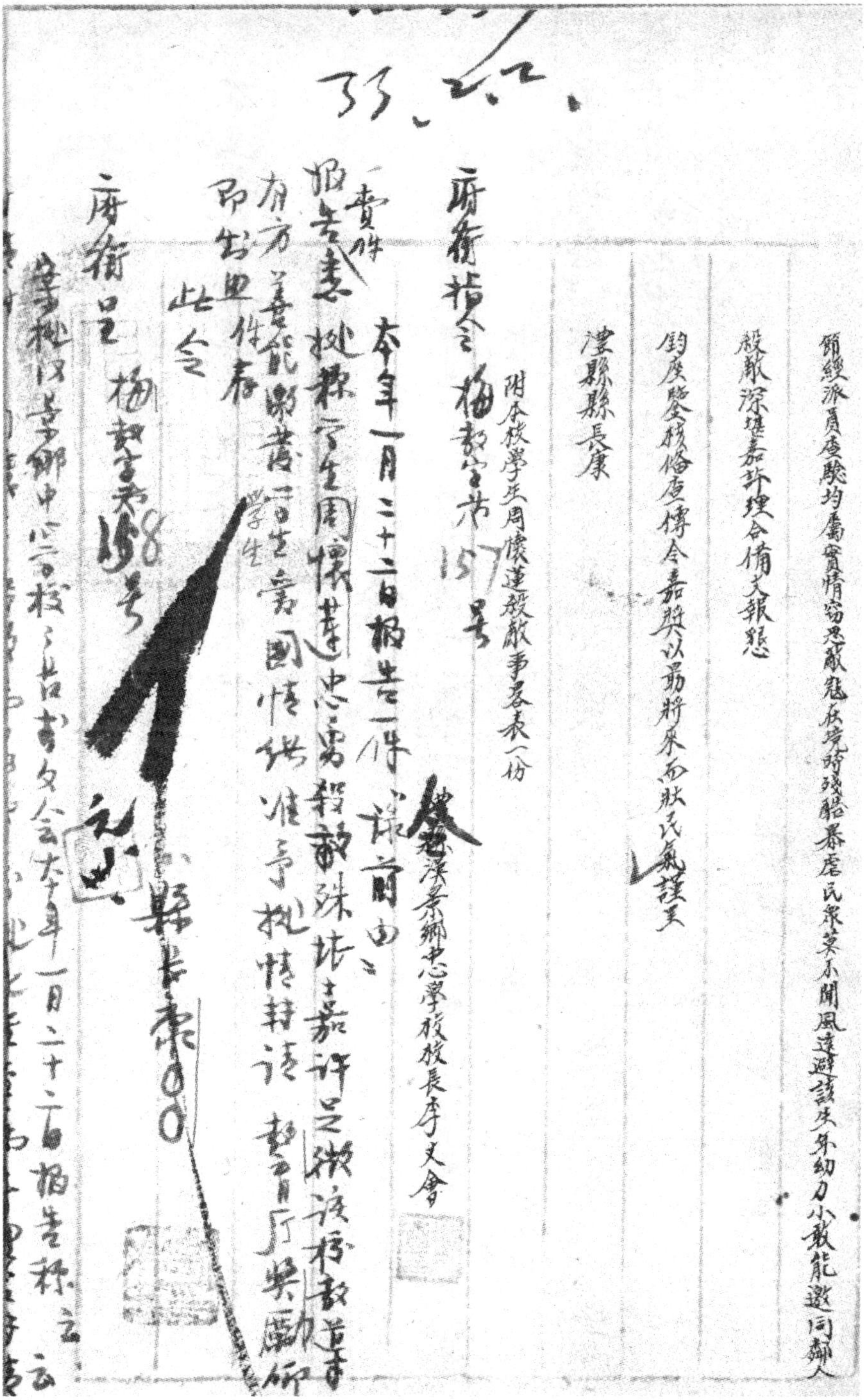

領經派員查驗均屬實情竊思敵寇在境殘酷暴虐民衆莫不聞風遠避該生年幼力小敢能邀同鄉人

殺敵深堪嘉許理合備文報懇

鈞座鑒核俯予傳令嘉獎以勵將來而壯民氣謹呈

澧縣縣長康

附本校學生周懷蓮殺敵事略表一份

澧縣涔濱鄉中心學校校長李文會

府衛指令 梅教字第157号

本年一月二十二日報告一件 據前由

報告悉 據稱學生周懷蓮忠勇殺敵殊堪嘉許足徵該校教導有方並能激發學生愛國情緒准予轉請 教育廳獎勵仰

即知照 件存

此令

府衛呈 梅教字第158号

縣長康

案據澧縣涔濱鄉中心學校校長李文會本年一月二十二日報告稱云云

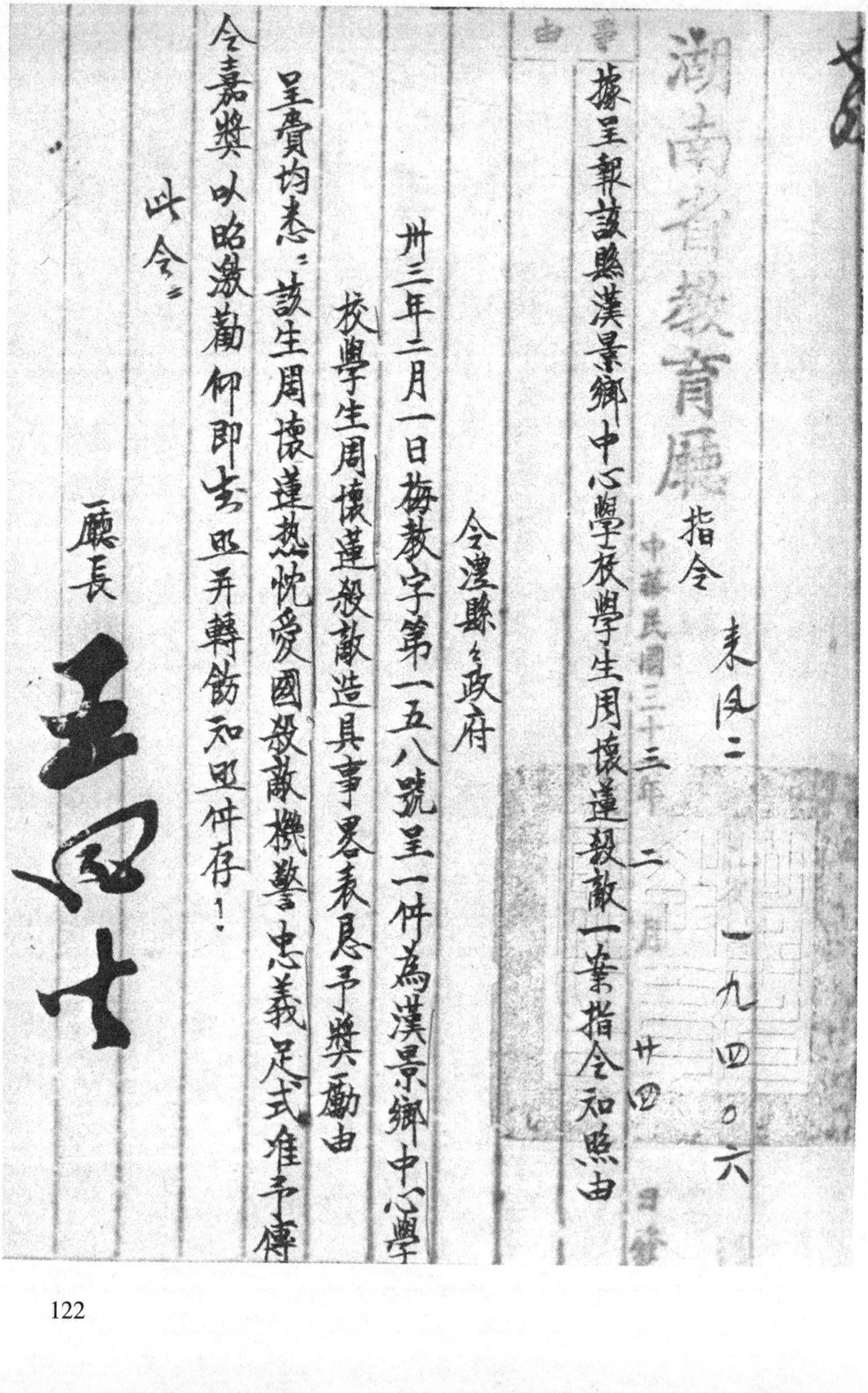
湖南省教育廳 指令 耒伋二 一九四〇六

中華民國三十三年 二 月 廿四 日發

事由：據呈報該縣漢景鄉中心學校學生周懷蓮殺敵一案指令知照由

令澧縣縣政府

卅三年二月一日梅教字第一五八號呈一件為漢景鄉中心學校學生周懷蓮殺敵造具事畧表恳予獎勵由

呈賫均悉。該生周懷蓮熱忱愛國殺敵機警忠義足式准予傳令嘉奬以昭激勸仰即去照并轉飭知照件存！

此令。

廳長 王鳳喈

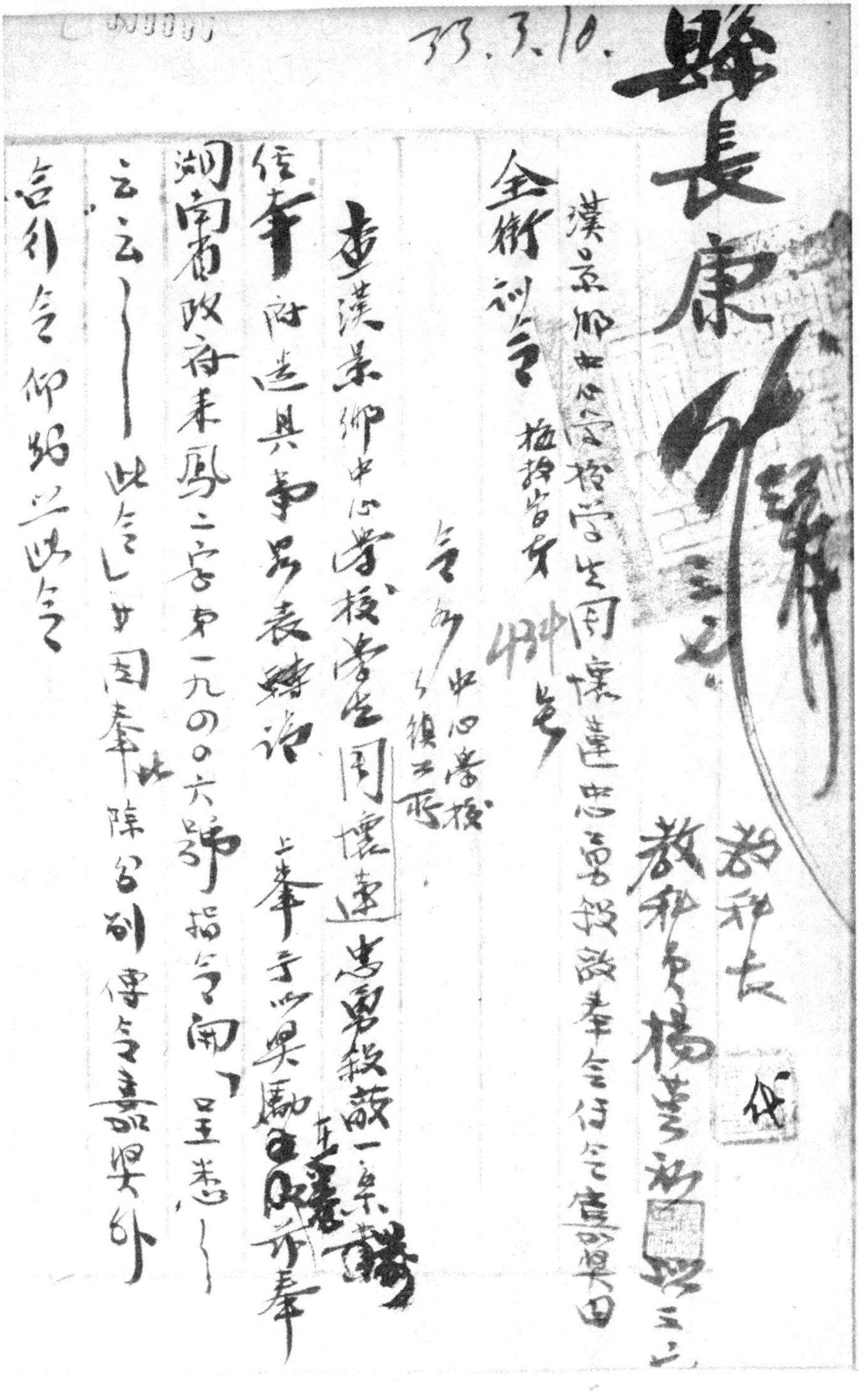
33.3.10.

縣長康

教育科長 代

教育科員楊

漢景鄉中心學校學生周懷蓮忠勇殺敵奉令傳令嘉獎由

全銜訓令 教字第　號

令漢景鄉中心學校

查漢景鄉中心學校學生周懷蓮忠勇殺敵一案業經

本府造具事略表轉請 上奉獎勵在案 旋奉

湖南省政府未寒二字第一九〇〇六號指令開：「呈悉……

云云」此令。」等因 奉此 除分別傳令嘉獎外

合行令仰遵照 此令。

62. 1944 年 2 月 12 日，三洲乡乡长杨少麟为本乡发生的忠义军民勇抗日请功（见影印件。摘自档案馆 1945 年 1715 号卷，应补为烈士名录）。

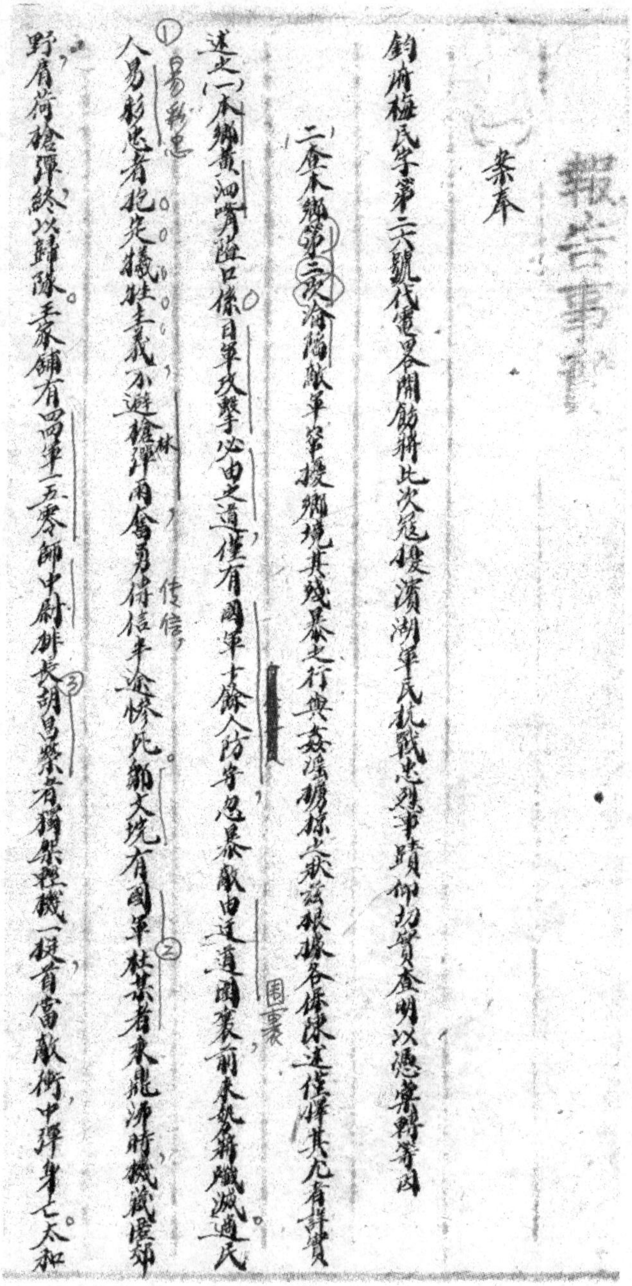
報告事由

条奉

鈞府梅民字第二六號代電略開飭將此次寇擾濱湖軍民抗戰忠烈事蹟仰切實查明以憑彙轉等因

二、查本鄉第二次淪陷敵軍竄擾鄉境其殘暴之行與姦淫擄掠之獸慾根據各條詳述俾其允有詳實

述之（一）本鄉黃泗嘴渡口係日軍攻擊必由之道，僅有國軍十餘人防守，忽暴敵由道道圍襲，前來勢將殲滅，遍民（圍襲）

①易彩忠

人易彩忠者抱定犧牲主義，不避槍林彈雨，奮勇傳信，半途慘死。鄉丈坑有國軍林某者，來鼎沸時機藏匿鄉（傳信）（林）

野，肩荷槍彈，終以歸隊。王家鋪有四軍一五零師中尉排長胡昌榮者，獨架輕機一挺，首當敵衝，中彈身亡。太和

坑有民人張明元者運輸彈藥努力直前，身被重傷。楊林湖有民人余某者窺伊妻被姦，乃持棒痛打該敵，竟遭毒手。

三、綜上忠烈事蹟，恍絕人寰，奉達前因，理合備文報請

鈞府察核備予采擇

謹呈

澧縣縣政府縣長康

澧縣三洲鄉鄉長楊少麟

（印：楊少麟印）

中華民國三十三年二月十二日

代電梅民字第503號

三洲鄉楊鄉長卅三年二月十二日請字第54號報告

查照……送此事……函至二月……日梅民字第328號呈

167

報告事實

案奉

鈞府復民字第一〇二號訓令略開：飭將抗敵忠烈事實分别搜集縷舉情形於本年七月十五日以前專案具報以憑編依法褒揚為要等因奉此 職將抗敵忠烈事實分别縷舉如下（一）查第一保隊兵羅德六張景春等兩名於古曆四月廿五日（即5/28/43）上午在彭家廠殺斃敵軍一人并獲步槍一隻子彈一百發（槍彈已繳本鄉備用）（二）第三保學生范運崗范運柏等兩名為偵查敵情即帶國軍殺敵後伊等竟被慘殺斃命（三）第九保忠勇

63. 涔中乡乡长汪子中1943年7月23日，为本乡罗德六、张景春、学生范运岗、范运柏二人及范世亮等忠勇抗日义士请功（影印件。摘自档案馆1944年1536号卷、其中罗德六、张景春应补为烈士）。

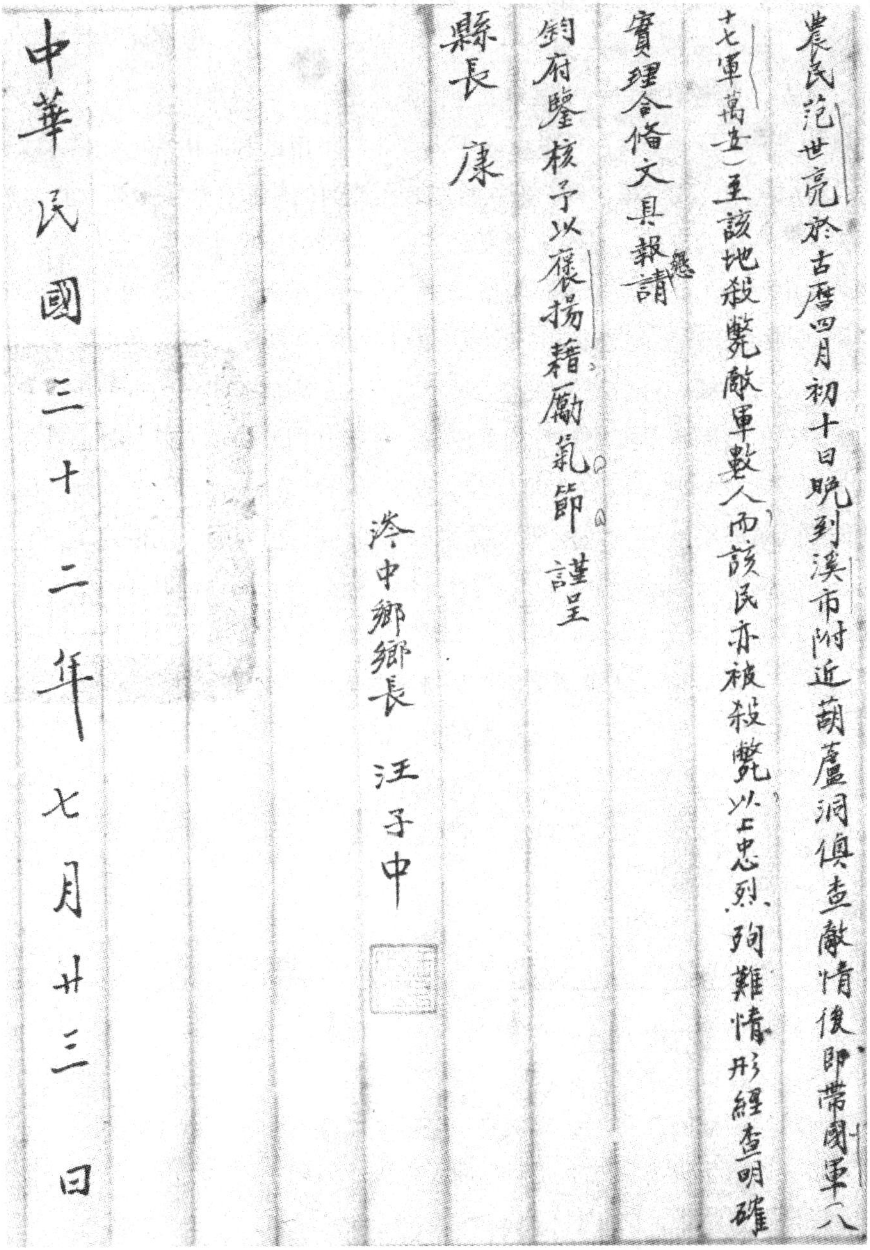

農民范世亮於古曆四月初十日晚到溪市附近葫蘆洞偵查敵情後即帶國軍(八十七軍萬去)至該地殺斃敵軍數人而該民亦被殺斃以上忠烈殉難情形經查明確實理合備文具報懇請

鈞府鑒核予以褒揚藉勵氣節 謹呈

縣長 康

涔中鄉鄉長 汪子中

中華民國三十二年七月廿三日

64. 1943年2月，第29集团军第44军接替53军防守荆江，军部设津市对河皇姑山上的不二庵，军长王泽浚。当年5月鄂西会战暴发后，第44军在南县、安乡一带与日军鏖战，日军多次派飞机轰炸皇姑山，企图摧毁44军军部。常德会战开始后，11月1日，日军主力部队第116师团从藕池向津市扑来，敌我双方于涔水、澹水鏖战甚激。11月8日，日军突破涔水白羊堤防线后，先后增加步炮千余人，直逼中渡口、小渡口，企图强渡澹水，直取津市。

11月15日下午3时，日军出动飞机轰炸津市市区和阳由垸，凭借水上舟桥优势，组织强攻。我空军出动，轰炸敌军企图渡河的船只，炸沉敌船8艘。入夜，我军失去了空军的支持，日军乘机发起进攻，抢滩登上澹水南岸。

防守中渡口（澹水河车家溪与伍公嘴之间的一个渡口）阵地的是周咏南率领的第44军女兵连。这女连长周咏南又名秋琼，有着传奇经历。她出生于湘南祁东县一个书香门第。自幼习文练武，身手不凡。结婚后生子黄天，儿子仅9个月大，丈夫病逝。周咏南矢志抚育儿子成人，在该县白地市中心学校教书数年。抗日战争爆发后，周咏南改变让儿子继续读书学习的安排，1938年带领高中毕业的黄天报考黄埔军校第16期。衡阳招生区负责人起初以她年已39岁为由，不给报名登记。周咏南据理力争，负责人为其精忠报国之志感动，破例登记，母子双双从军。1940年母子两人同时毕业，校长蒋介石签发嘉奖令说：“母子从军同学，共赴国难，夙世楷模，殊堪嘉奖。”周咏南毕业后，被分配到第44军任政治部中尉干事，驻守津市。后来，她不愿在办公室工作，要求下连队、上战场。并向该军政治部建议，除随军家眷外，广招流亡女青年组成女兵连参战，受到嘉许，并交付实施。1943年1月，女兵连正式成立，直属军部，周咏南被任命为连长，带领女兵连进行军事训练。

常德会战前，周咏南写信给黄天，说：“吾儿知悉，常德战争，一触即发，系我母子，既以身许国，勿以安危系念。母如马革裹尸，志所愿也，希继承吾保国之志，激励士卒奋勇杀敌，是所愿也”。

日寇在中渡口登岸后，女兵连与敌人短兵相接，展开肉搏战。周咏南冲锋在前，凭着自幼练成的武功，连杀5敌。不料被流弹击中大腿倒在地上。一个鬼子兵冲上来，连里年纪最小的女兵端枪迎了上去，以弱小之躯，与鬼子兵拼杀。不久，女兵倒在血泊中，当年她仅14岁。

中渡口阻击战，女兵连伤亡 3/4，女兵连一排长李克寒、三排长金妮阵亡，鲜血染红了清澈的澹水。周咏南被赶来的援军抢救出阵地，送到 129 兵站医院抢救。她醒来后赋诗云：“胡马纵横澧水边，倭头未尽懒升天。昨宵又得从军乐，戈枕沙场骷髅眠。”一位视死如归、抗战到底的巾帼英雄的不屈形象巍然挺立，一股精忠报国的浩然之气直冲云霄！（摘自黄天的《我母亲在澧津组建女兵连抗战的回忆》）

65. 1943 年 12 月 29 日，萤台乡乡长陈松柏向县长康庾梅报告日寇在常德会战失利后、溃退经过乡境情况（见影印件。摘自档案馆 1943 年 1363 号卷）。

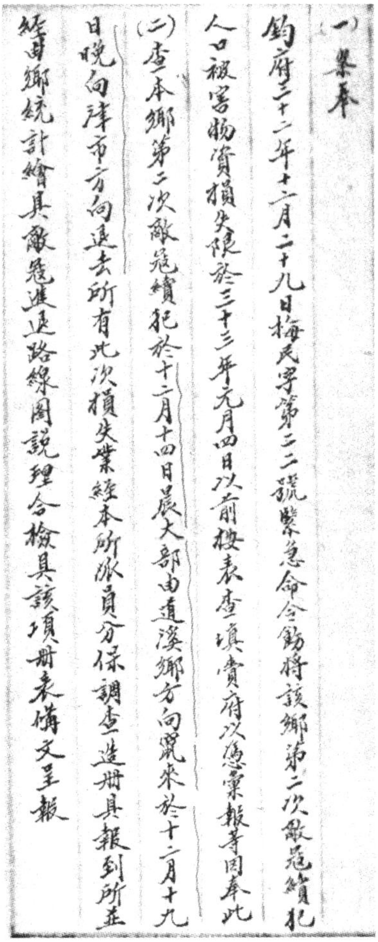
（一）案奉
鈞府三十二年十二月二十九日梅民字第三二號緊急命令飭將該鄉第二次敵寇竄犯
人口被害物資損失限於三十三年元月四日以前按表查填賫府以憑彙報等因奉此
（二）查本鄉第二次敵寇竄犯於十二月十四日晨大部由道溪鄉方向竄來於十二月十九
日晚向津市方向退去所有此次損失業經本所派員分保調查造冊具報到所並
經由鄉統計繪具敵寇進退路線圖說理合檢具該項冊表備文呈報

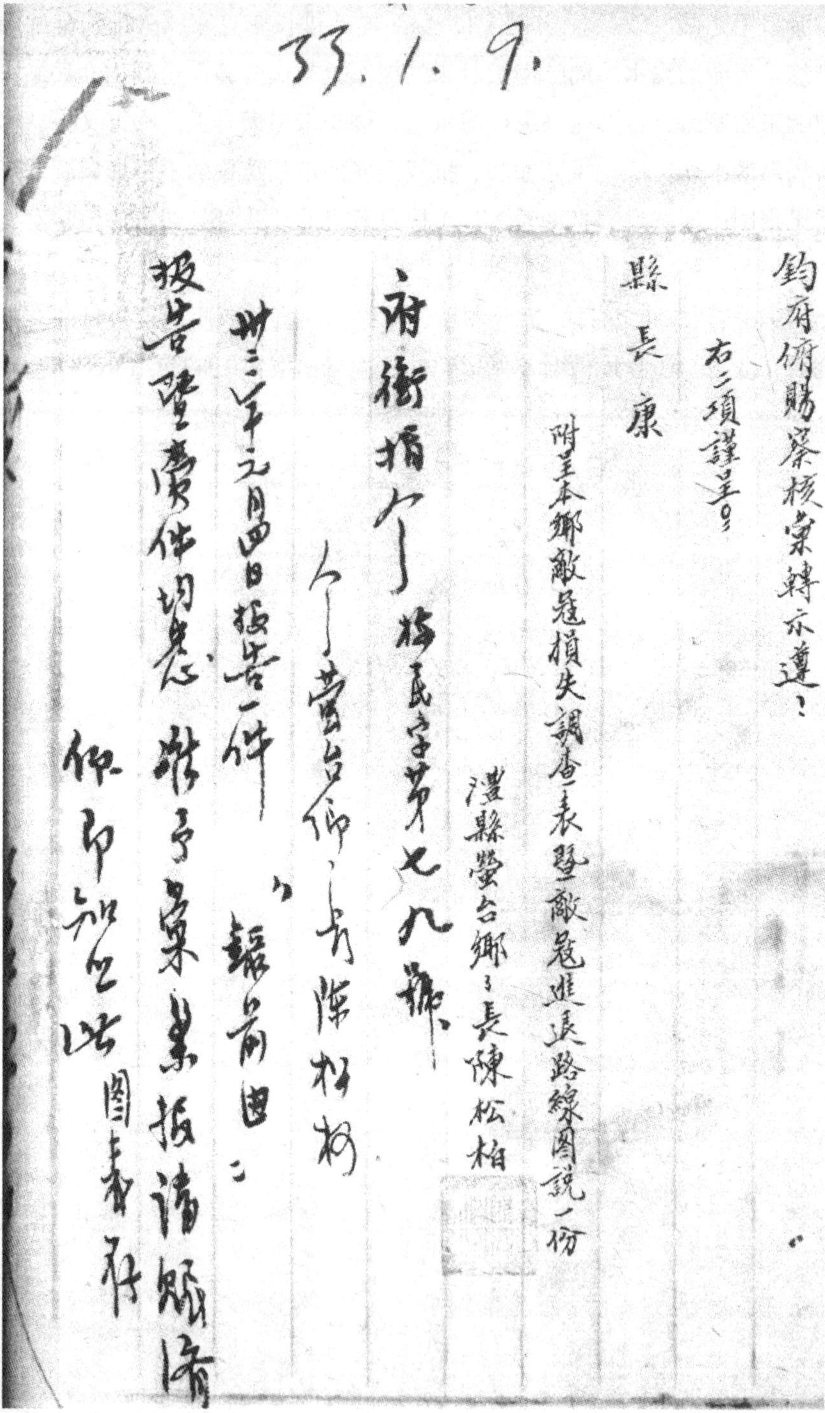

33.1.9.

鈞府俯賜察核彙轉示遵！

右二項謹呈。

縣長康

附呈本鄉敵寇損失調查表暨敵寇進退路線圖說一份

澧縣螢台鄉鄉長陳松柏

府衙指令 梅民字第七九號

令螢台鄉長陳松柏

卅三年元月四日報告一件，報前由。

報告暨表件均悉。准予彙案報請賑濟

仰即知照此 圖表存

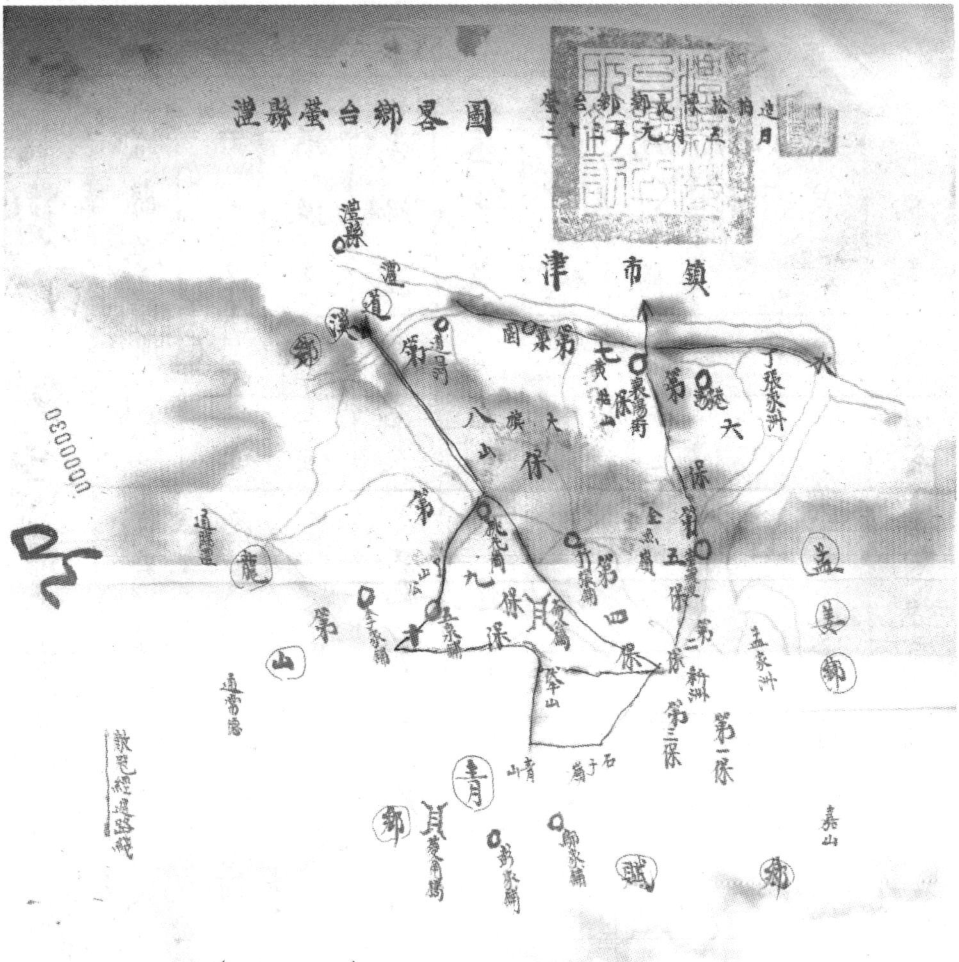

取自1943年第1363号卷 P29

該乡第二次敌寇侵犯，于1943年12月14日晨，大部由道溪方向竄来，于12月19日晚向津市方向退去。

66. 梦溪乡 1943 年 11 月沦陷期间忠勇义士、宁死不屈调查表（共 71 名男性）（见影印件。摘自档案馆 1946 年 1738 号卷）。

51 000053 77-00 梦溪乡

抗日期间的忠勇义迹共71

澧縣夢溪鄉淪陷忠勇義蹟調查表

姓名	性別	年齡	忠勇義蹟	備致
楊振達	男	四五	不聽偽命被殺	
李紹松	男	四八	不聽偽命被殺	
宋先敦	男	四三	被擄害命	
徐紹仁	男	五七	被擄害命	
鍾祖培	男	八〇	不聽偽命被殺	
鍾澤云	男	五〇	不聽偽命被殺	
鍾大科	男	三五	不聽偽命被殺	
龔倫勤	男	四五	不聽偽命被殺	

鄉長 任承榜

中華民國三十五年八月二十日

趙崇耀	男	五四	不聽偽命被殺	
齊之化	男	二〇	隨軍殺敵死於戰場	☆
趙超海	男	二四	隨軍殺敵死於戰場	☆
余學壽	男	六二	不聽偽命被殺	
譚吉梅	男	六〇	不聽偽命被殺	
譚紹坤	男	四〇	不聽偽命被殺	
彭啟貴	男	五六	不聽偽命被殺	
譚紹春	男	四八	不聽偽命被殺	
彭新治	男	三〇	不聽偽命被殺	
彭新光	男	二八	不聽偽命被殺	

趙緒登	男	二七	被擄害命
陸傳甫	男	四八	被擄害命
李道政	男	五〇	被擄害命
梅大珍	男	五一	被擄害命
梅明宙	男	二六	不聽偽命被殺
萬家福	男	三五	不聽偽命被殺
趙崇立	男	五一	不聽偽命被殺
譚吉貴	男	五二	不聽偽命被殺
李遠壽	男	三八	不聽偽命被殺
李清癸	男	四二	被擄害命

陳克祥	男	三二	被擄害命
李顯元	男	五八	被擄害命
易善權	男	五二	不聽僞命被殺
謝承恩	男	五八	不聽僞命被殺
王興齋	男	五五	不聽僞命被殺
李松濤	男	六〇	不聽僞命被殺
陸禮貴	男	七〇	不聽僞命被殺
江楚臣	男	四七	不聽僞命被殺
趙象卿	男	五〇	不聽僞命被殺
李賢林	男	二〇	不聽僞命被殺

龔明新	男	五五	被擄害命	
胡友貴	男	五八	被擄害命	
周先福	男	五六	不聽偽命被殺	
李紹福	男	六〇	不聽偽命被殺	
周澤治	男	六五	不聽偽命被殺	
胡定大	男	三〇	不聽偽命被殺	
楊濟生	男	六〇	不聽偽命被殺	
田遠照	男	六〇	不聽偽命被殺	
楊芝富	男	六〇	不聽偽命被殺	
謝代武	男	五〇	不聽偽命被殺	

彭啟来	男	二八	不聽偽命被殺
王澤禮	男	六〇	不聽偽命被殺
彭光海	男	四〇	不聽偽命被殺
楊震林	男	四〇	不聽偽命被殺
王章懷	男	五〇	不聽偽命被殺
陳學金	男	三六	不聽偽命被殺
漆德松	男	五三	不聽偽命被殺
楊日漢	男	五〇	不聽偽命被殺
唐理笑	男	一七	不聽偽命被殺
伍岳松	男	五〇	不聽偽命被殺

伍岳元	男	四七	被擄害命
何光木	男	三二	被擄害命
劉國銀	男	三四	不聽偽命被殺
彭啟康	男	四〇	不聽偽命被殺
周用貴	男	一八	不聽偽命被殺
張家四	男	五〇	不聽偽命被殺
張應廷	男	五〇	不聽偽命被殺
彭世玉	男	五八	不聽偽命被殺
伍岳福	男	五八	不聽偽命被殺
伍岳化	男	四九	不聽偽命被殺

伍岳林	男	六〇	不聽僞命被殺
劉家定	男	六〇	不聽僞命被殺
伍岳煥	男	四六	不聽僞命被殺
共七十一人			

67. 梦溪乡 1943 年 11 月沦陷期间妇女忠贞事迹调查表（共 29 名）（见影印件。摘自档案馆 1946 年 1738 号卷）。

澧縣華漢鄉淪陷婦女忠貞事蹟調查表

中華民國三十五年八月二十 日

鄉長 任承榜

姓名	年齡	忠貞事蹟	備攷
謝彭氏	五二	隨軍殺敵死於战場	
彭新秀	一三	不聽偽命被殺	
龔趙氏	五六	不聽偽命被殺	
余龔氏	六二	與敵潛鬥被殺	
余學英	一八	姦淫不從淹死	
周胡氏	三九	姦淫不從被傷	
易二姑	一八	與敵鬥殺受傷	
傅李氏	五〇	姦淫不從被殺	

趙么姑	一八	姦淫不從被殺
陳袁氏	一九	姦淫不從被殺
陸糜氏	七八	不听偽命被殺
譚鄭氏	四六	被擄殘殺
譚龔氏	三八	被擄殘殺
謝彭氏	六二	不聽偽命被殺
范余氏	三五	姦淫不從淹死
趙劉氏	四七	與敵搏鬥被殺
毛朱氏	四八	與敵搏鬥被殺
顏龔氏	三〇	姦淫不從被殺

周唐氏	二〇	姦淫不從被殺
陸周氏	二〇	姦淫不從被殺
石郭氏	二一	姦淫不從被殺
李公始	一八	姦淫不從被殺
楊唐氏	四〇	不聽偽命被殺
董李氏	四〇	不聽偽命被殺
沈劉氏	七〇	不聽偽命被殺
王李氏	三四	姦淫不從被殺
王周氏	二九	姦淫不從被殺
楊李氏	四七	姦淫不從被殺
余光甲	二〇	姦淫不從被殺

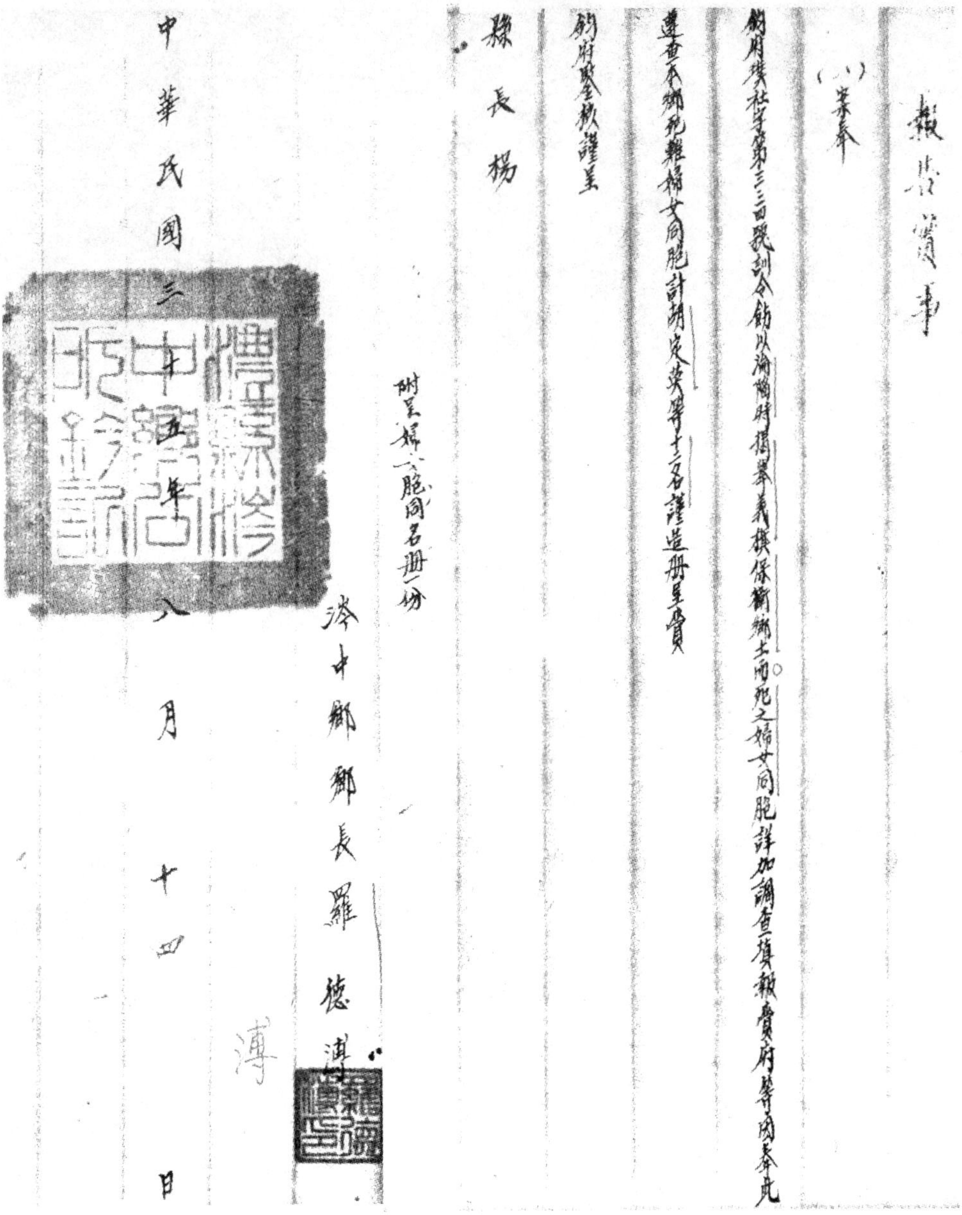
報告賫事
（一）案奉
鈞府建社字第三二四號訓令飭以淪陷時據舉義抗保衛鄉土而死之婦女同胞詳加調查填報賫府等因奉此
遵查本鄉死難婦女同胞計胡定英等十二名謹造冊呈賫
鈞府鑒核謹呈
縣長楊
附呈婦女胞同名冊一份
涔中鄉鄉長羅德溥
中華民國三十五年八月十四日

68. 涔中乡乡长罗德溥 1946 年 8 月 14 日报告本乡 1943 年 11 月沦陷期间的忠贞妇女名单（共 12 名）（见影印件。摘自档案馆 1946 年 1738 号卷）。

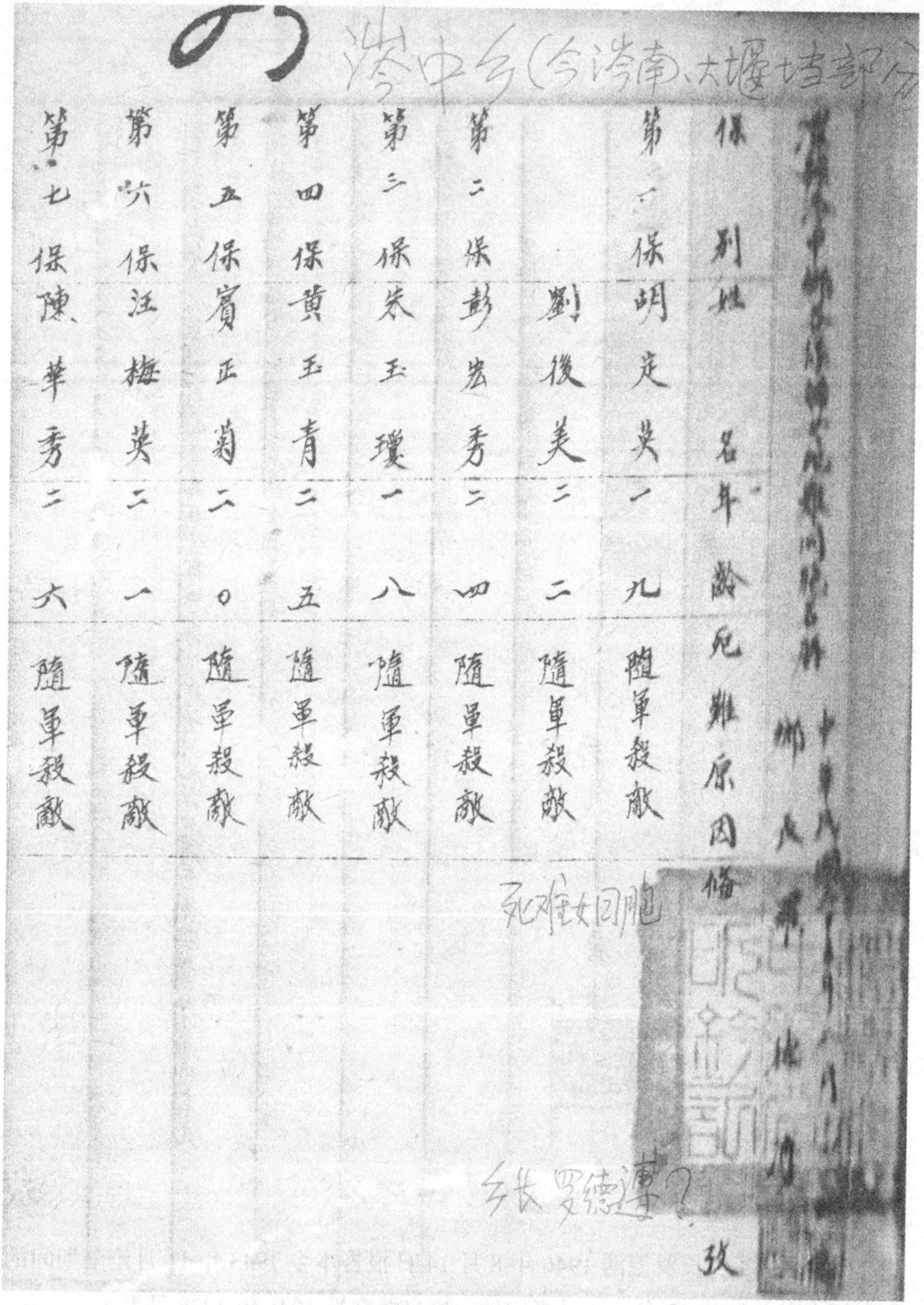

涔中乡(今涔南、大堰垱部分)

保别	姓名	年龄	死难原因	备考
第一保	胡定英	一九	随軍殺敵	
	劉復美	二二	随軍殺敵	
第二保	彭宏秀	二四	随軍殺敵	
第三保	朱玉璎	一八	随軍殺敵	
第四保	黄玉青	二五	随軍殺敵	
第五保	賓正菊	二〇	随軍殺敵	
第六保	汪梅英	二一	随軍殺敵	
第七保	陳華秀	二六	随軍殺敵	

死难女同胞

乡长 罗德溥?

致

第八保　劉玉芳　二五　隨單殺敵
第九保　賀家珍　二七　隨單殺敵
第十保　嚴瓊芳　二八　隨單殺敵
第十一保　李文芳　二一　隨單殺敵

69. 澧县籍人士在抗日战争期间为国捐躯的烈士除县民政局录的 269 名之外（名单附后），尚有下列各位也有文件证实系抗战烈士：

（1）骆仲藩等 7 人含三洲乡学生李子新、官垸乡学生李运春、三元乡校工游业清抗敌不屈，先后遇害。受湖南省教育厅厅长王国士褒奖，训令称其“志节均堪嘉尚”。“交政治部表扬”。当列入烈士名录（见影印件照片。摘自档案局 1947 年 2091 号）。

（2）陈梦雄，新洲下垸七里湖人，1911 年 5 月 22 日出生，系陆军第一师军官，参加过山东、河南抗日诸战斗以及淞沪会战、台儿庄通城抗战。历任上尉排长、营部中尉副官、师部上尉军械官（见照片，摘自档案馆第 45 号卷）。

（3）1945 年 4 月 20 日，澧县三青团分部前干事长王宗义于长沙战事转进时，在如意亭一役中与日寇激战，以众寡悬殊，弹尽援绝，壮烈殉国（见影印件，摘自档案馆第 45 号卷 P14）应补入烈士名录。

（4）杨岳端，澧县道溪乡人、抗日阵亡（见档案馆 1939 年 766 号卷）应补入烈士名录。

（5）1940 年 5 月 7 日，湖南省政府指令抚恤抗战兵员陈云芝等 4 人的家属（见影印件。档案馆 1940 年卷）。

（6）1942 年 1 月 8 日，纪纯武抗战阵亡，生前系陆军第 77 师第 23 团第 3 营第 8 连中尉排长，蛩台乡第 1、7 保长联名证明系抚恤家属对象。（见影印件）【档案馆资料 1943 年第 1391 号卷 P13——14】70、据澧县 1940 年 8 月抗属证明书登记，全县有 928 名户为抗日军人家属。累计抗日烈士在 278 名以上（摘自档案馆 1940 年第 825 卷）。

70. 据澧县 1940 年 8 月抗属证明书登记，全县有 928 户为抗日军人家属。累计抗日烈士在 278 名以上（摘自档案馆 1940 年第 825 卷）。

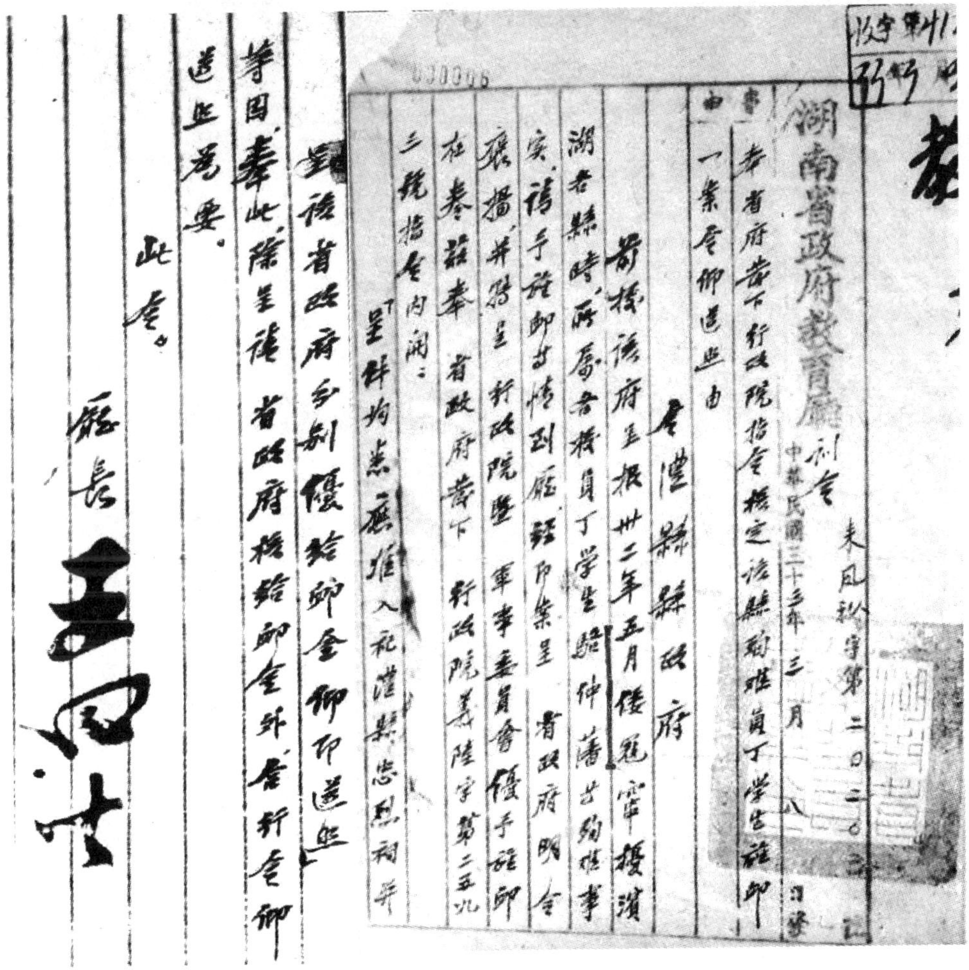
湖南省政府教育厅训令 未风秋字第二〇三二〇号

中华民国三十三年三月八日发

事由：奉省府转下行政院指令核定该县殉难员丁学生给恤一案令仰遵照由

令澧县县政府

前据该府呈报卅二年五月倭寇窜扰湖者县时，所属各机关员丁学生骆仲藩等殉难事实，请予给恤等情到厅，经印案呈

省政府明令褒扬，并转呈行政院暨军事委员会优予给恤在卷。兹奉

省政府转下行政院义陆字第二五九三号指令内开：

"呈件均悉。应准入祀澧县忠烈祠并呈请省政府分别优给恤金仰即遵照"等因。奉此，除呈复省政府转给恤金外，合行令仰遵照为要。

此令。

厅长 王凤喈

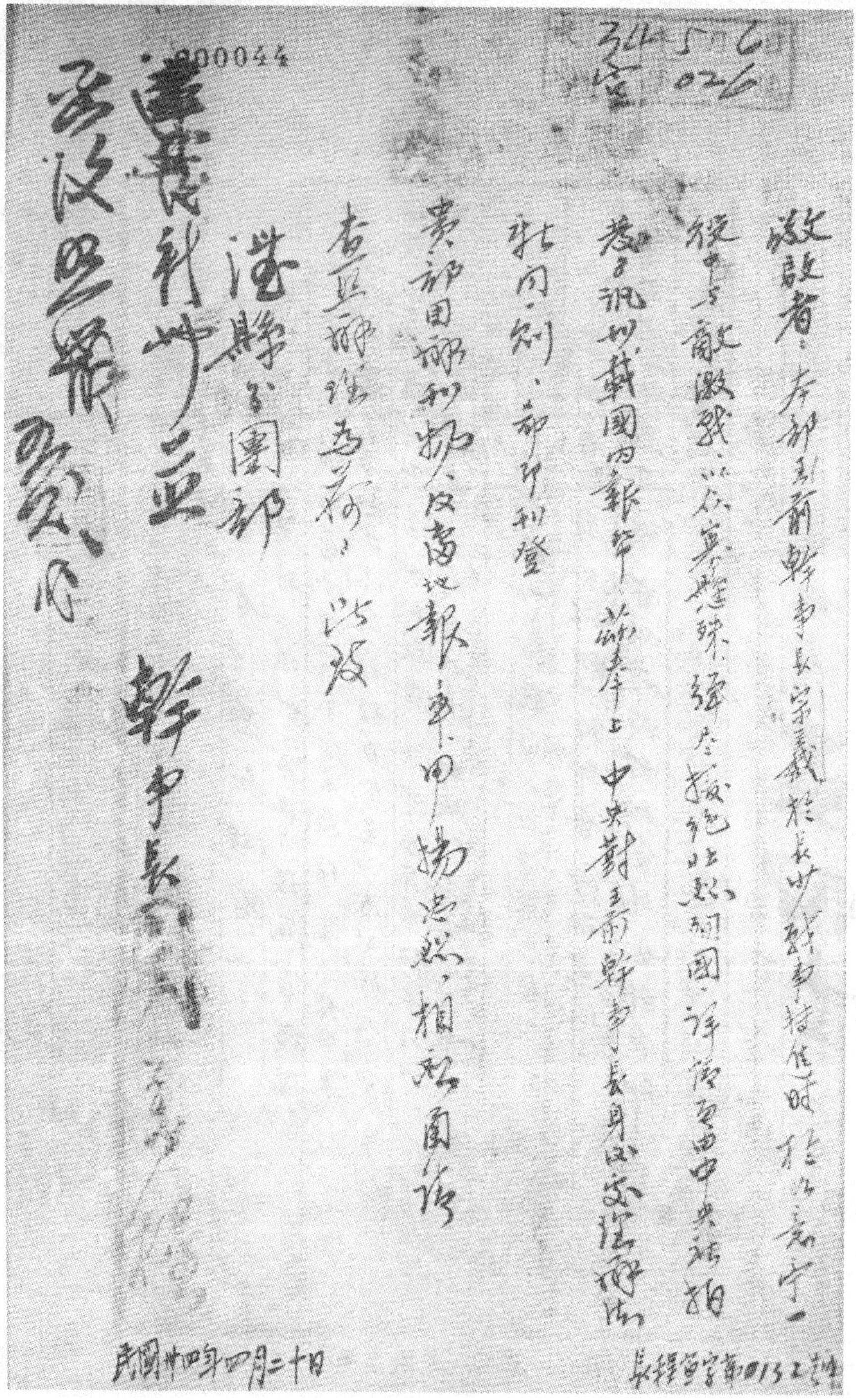

000044

34 5 6
026

敬啟者：本部副前幹事長宗義於長沙戰事持續時於[illegible]守一役中與敵激戰，以眾寡懸殊，彈盡援絕，壯烈殉國，詳情曾由中央社拍發電訊，刊載國內報紙，茲奉上中央對王前幹事長身後安置辦法抄同刊（?），部印刊登

貴部因鄉邦桑梓，及當地報界，用以揚忠烈，相應函請

查照辦理為荷！此致

澧縣分團部

幹事長

民國卅四年四月二十日

長程直字第0132號

訃聞一件

查本團團長湯紀團前任幹事長王宗堯，戰於本年五月長沙會戰之際，協助戰救團員戰地服務隊協助國軍作戰卓著功績，并迭受軍委會嘉獎。長沙戰局轉進時，王幹事長率領全体隊員由長撤退於永意亭，與敵遭遇，王幹事長指揮所部與敵奮勇衝殺，卒以彈盡援絕，壯烈殉國，隊員死傷者達三十餘人。此經長沙團電請中央聞，團長聞耗頗為慟悼，已專囑張書記長康屬長手業予以優卹，并將王生平事跡存付國史館云。

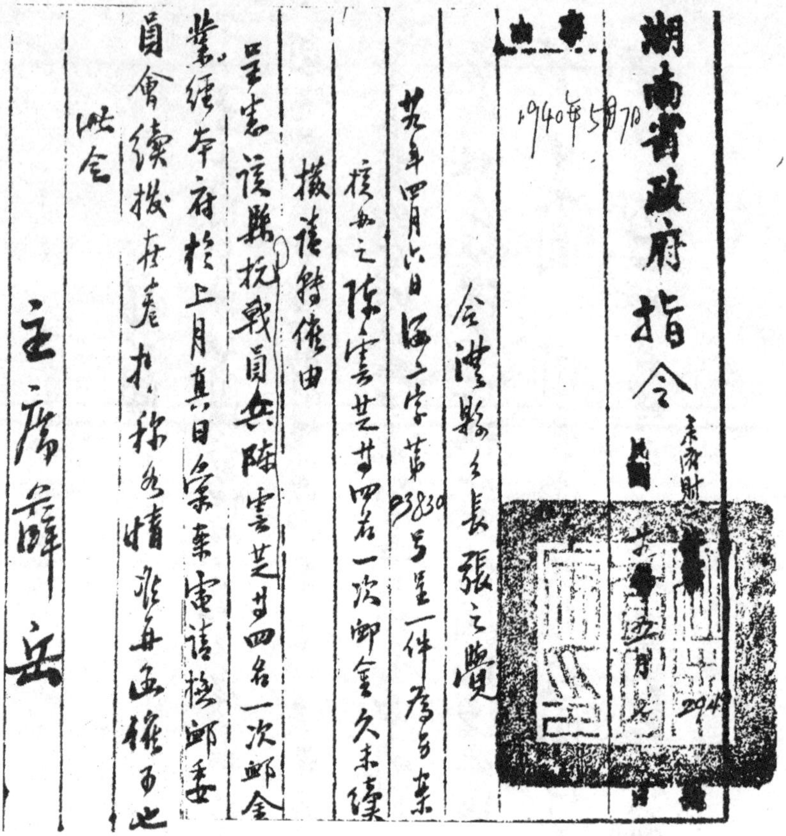

湖南省政府指令

1940年5月7日

令澧縣縣長張之覺

廿九年四月六日呈一字第23830號呈一件為據案核發之陳雲芝等四名一次卹金久未續撥請轉催由

呈悉。該縣抗戰員兵陳雲芝等四名一次卹金業經本府於上月真日以案電請撫卹委員會續撥在卷，據稱各情，准再函催可也。

此令

主席 薛岳

一九四一年县长张之觉签署文稿，在澧县民报上刊登广告寻找本县南溪乡阵亡士兵杨岳端等人遗属，其余3人均已列入民政局编的烈士名录，唯杨岳端未列入，应补录为宜。

000322

並送登民報
牌示財字

案奉
湖南省政府本年六月三日及六月六日未省秘二梅字第五五八七號及六一〇二號訓令檢發故兵楊岳諸楊恒卿楊新啟龍共倫喜等四名卹令各一件下府仰查明轉給具報等因查冊列各故兵遺族住址註載不詳本府無法調查合行牌示如有得知各該故兵遺族住址者仰即通知來府領取表結等件 依式填覆以憑給領而彰卹典此示

計開

楊岳瑞住澧縣南溪鄉三保八甲父名楊宜培

楊恒卿住澧縣吳家鄉三保六甲父名楊百里

楊新啟住澧縣西鄉二保三甲父名楊家玉

龔倫喜住澧縣西鄉二保一甲父名龔飛云

縣長張〇〇

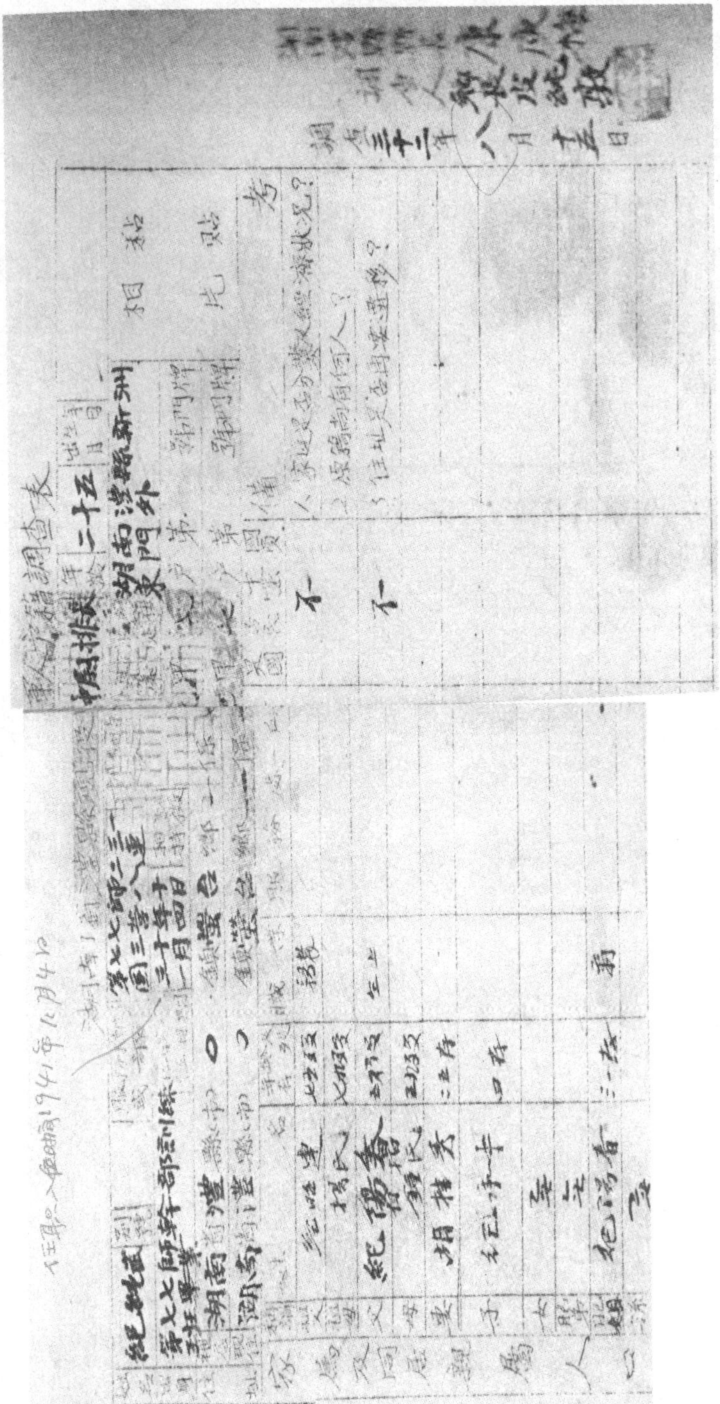

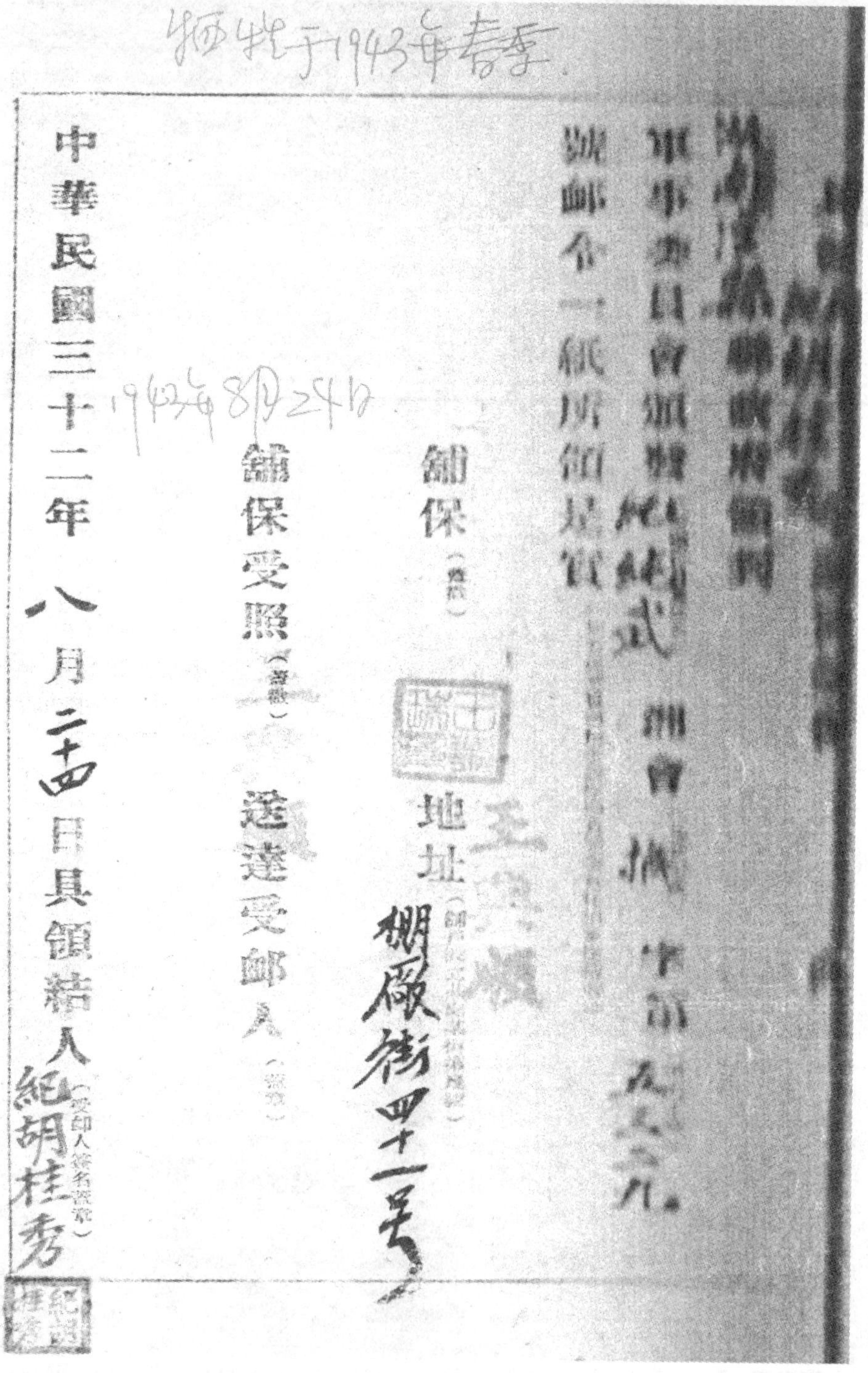

牺牲于1943年春季

軍事委員會頒……式　會執　字第五五六九

號郵至一紙所領是實

鋪保（簽章）

地址（……）　棚廠街四十一号

鋪保受照（簽章）　送達受郵人（簽章）

中華民國三十二年八月二十四日具領結人（受郵人簽名蓋章）紀胡桂秀

1943年8月24日

澧縣北溪鄉區域略圖
臨澧縣
澧縣

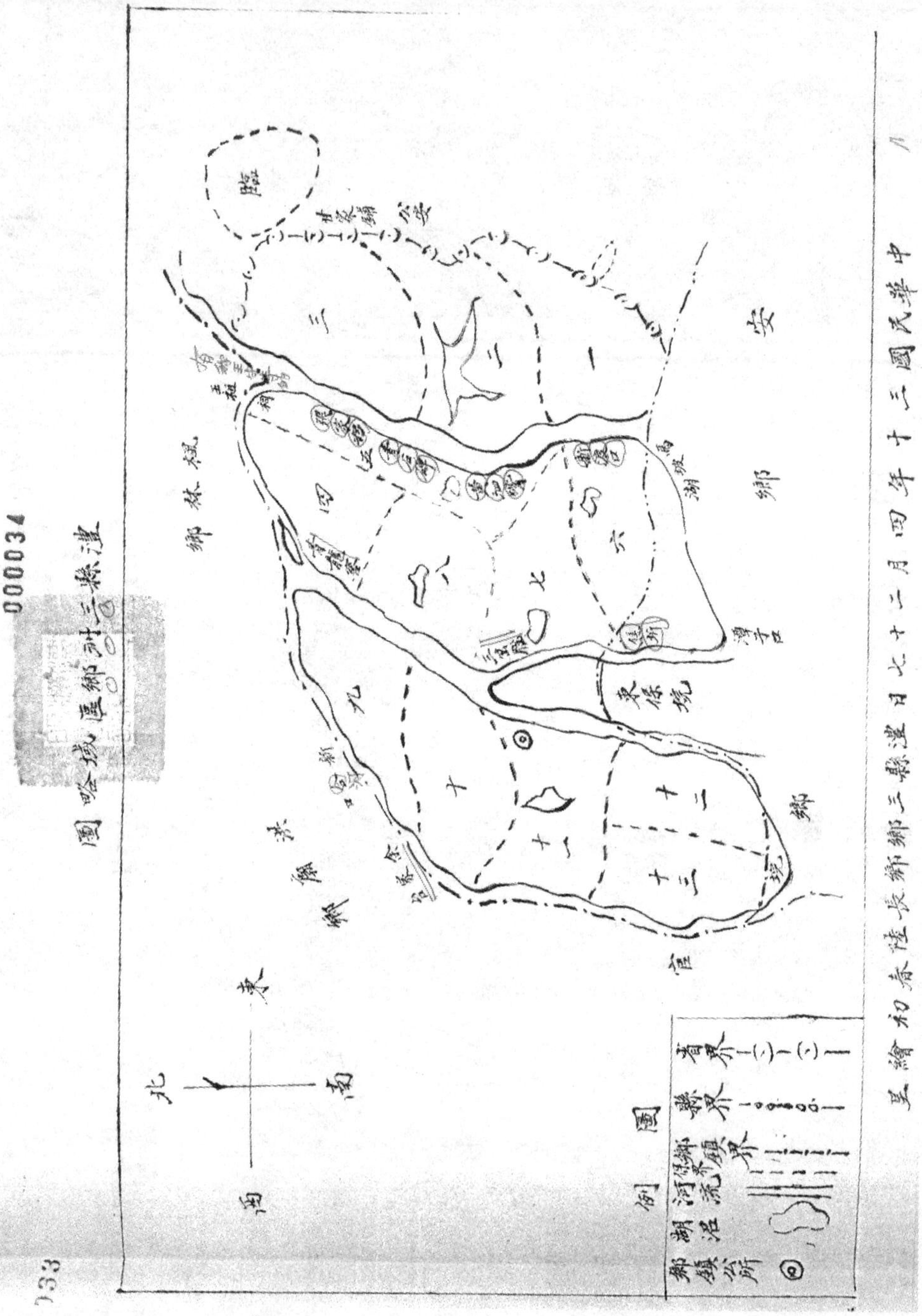
000034
澧縣三鄉區域略圖
北
南
東
西
圖例
鄉鎮公所
湖沼
河流
縣鄉保界
縣界
省界
中華民國三十四年十二月十七日澧縣三鄉鄉長陸和春繪呈

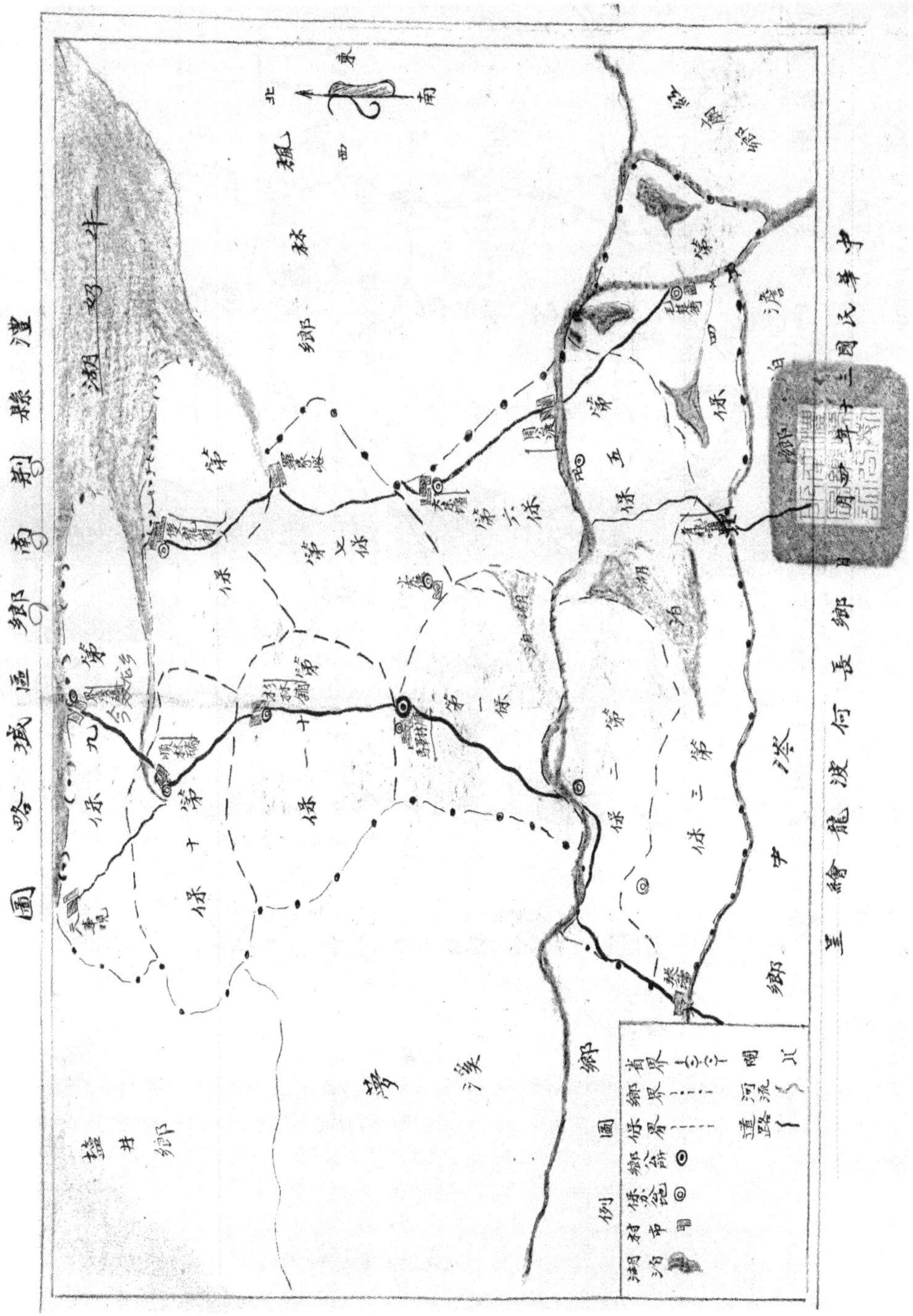
澧縣劉南鄉區域略圖
湖北
圖例
省界
鄉界
保界
鄉公所
保辦公處
河流
道路
湖沼

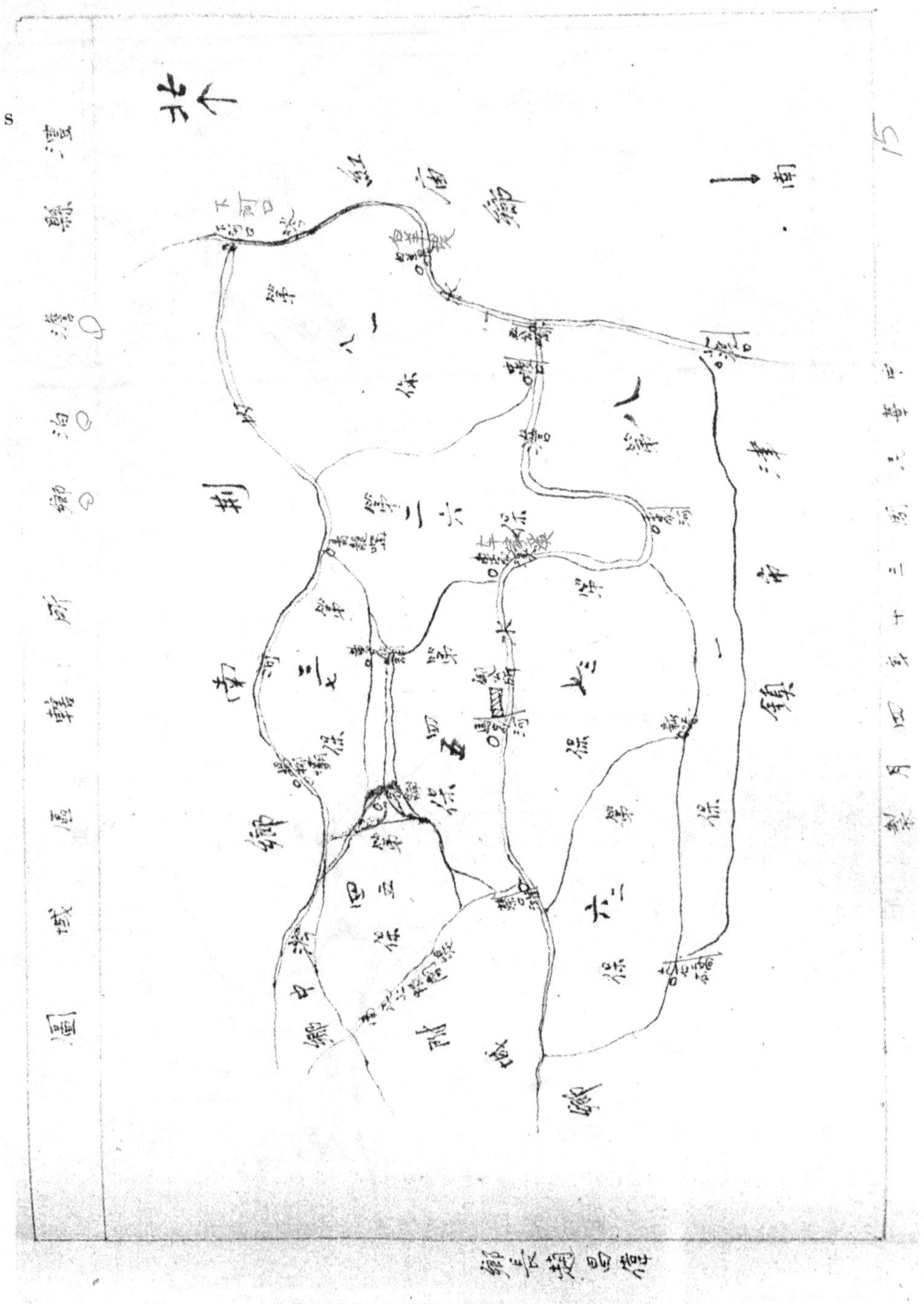

禽兽日寇 罪恶滔天

1943年春季鄂西会战、冬季常德会战期间，日寇两度犯澧，澧县人民惨遭蹂躏。如果说春季的龙卷风铺天盖地袭来，民众无法逃避，生命财产难保，那么冬季的海啸汹涌而至，澧县人民遭受的依然是灭顶之灾。水火无情，自然灾害固然让人心寒，最终是“天害人，草不生”。而日寇入侵是人祸，是兵燹，是倭寇妄图灭我中华民族，用心歹毒，无所不用其极，罪恶滔天。人说禽兽没有人性，日寇禽兽不如。中华语汇多如沧海，所有刻画坏人坏事的词汇用到日寇身上过犹不及。蛇蝎心肠、凶狠歹毒、狼心狗肺、丧心病狂、丧尽天良、无恶不作、罪大恶极，罄竹难书……这些入木三分、意境极致的话用来描述日寇在澧县犯下的罪行，仍然难解中华子孙对倭匪的深仇大根。打开尘封的澧县民国期间的历史档案，敌寇张牙舞爪、行凶作恶的场景历历在目，老百姓生命涂炭的史实镌刻在案。

1. 剖腹挖肝，惨无人道。1943年5月6日，日寇在三洲乡第6保新渡口外洲，将尚给人做雇工的年方59岁的萧正柏家财物搜索殆尽。见自家黄牛一条被日寇夺杀，萧号啕大哭，痛心疾首。日寇对他先剁腿，后砍手，又剖腹剜肝，抛进河里，沉入水中（见影印件。摘自档案馆1945年第1714号卷）。

2. 奸淫掳掠，无恶不作。1943年5月6日，日寇在三洲乡第1保六屋嘴易多姑家里，将她家财物掳掠如洗，接着尾追24岁的妇女易多姑，逼其投湖而溺死（见影印件。摘自档案馆1945年第1714号卷）。

(4)

日寇在華暴行調查表

暴行人	姓名					官職或職業				
	部隊或機關名稱									
	部隊或機關長官姓名					官職或職業				
被害人	姓名	蕭天枸	性別	男	年齡	五九	籍貫	澧縣		
	職業	傭工								
	住址	第六保新渡口								
暴行事實	日期	五月六日			地點	新渡口外洲				
	被害情形 身體	被敵寇因牛被食歎(民)嚎啕大罵即被先割(剮)腿摘放手割腹剖肝抛地而死								
	被害情形 財產	家中物資被焚毀殆盡								
證據	人證(目擊者) 姓名	陳天慶	性別	男	年齡	三六	籍貫	澧縣		
	人證(目擊者) 職業	農								
	人證(目擊者) 住址	第六保新渡口								
	物證									
備註										

調查者 本所情報[illegible]羅安華

調查日期 中華民國三十[illegible]年九月二日

日寇在華暴行調查表

暴行人	姓名				官職或職業			
	所屬部隊或機關	名稱						
		長官姓名			官職或職業			
被害人	姓名	易汨姑	性別	女	年齡	二四	籍貫	澧縣
	職業	紡						
	住址	第一保六屋嘴						
暴行事實	日期	五月六日			地點	湖濱堤湖中		
	被害情形	身體	尾追於湖投水而死					
		財產	家財概被擄洗					
證據	人證（目擊者）	姓名	易李氏	性別	女	年齡	二二	籍貫 澧縣
		職業	紡					
		住址	第一保六屋嘴					
	物證							
備考								

調查者 承辦情報羅安華

調查日期 中華民國三十二年九月二日

3. **魔鬼心肠，杀人为乐。**1943 年 5 月 12 日，日寇在三洲乡第 1 保黄泗嘴易友忠家掳掠财物，烧毁屋宇，抢走易身藏的数百元法币，接着在公安县马鞍乡刘家垸，对 45 岁的易友忠腹部、腰肋、胸等处上下乱刺致死（见影印件。摘自档案馆 1945 年第 1714 号卷）。

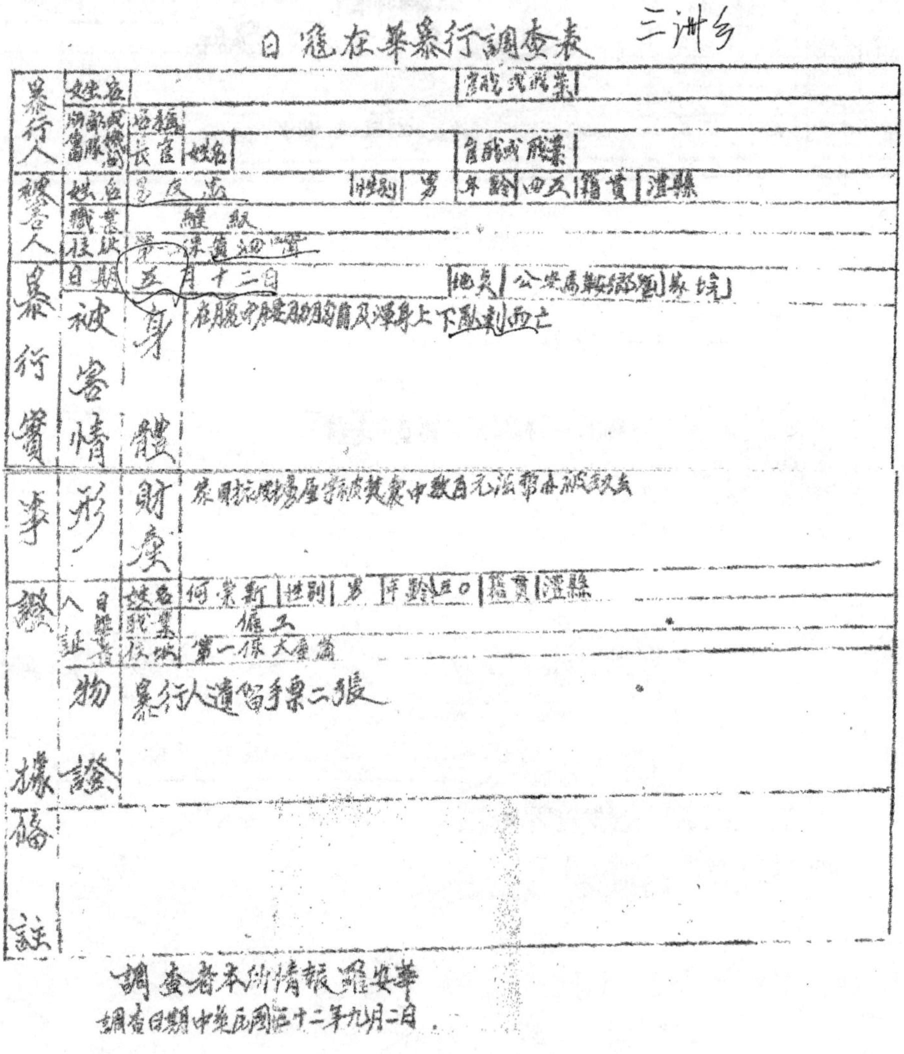

日寇在華暴行調查表　三洲乡

暴行人	姓名		官階或職業
	所屬部隊或機關	番號 / 長官姓名	官階或職業
被害人	姓名	易友忠　性別 男	年齡 四五　籍貫 澧縣
	職業	農	
	住址	第一保黃泗嘴	
暴行事實	日期	五月十二日	地點 公安馬鞍鄉劉家垸
	被害情形：身體	在腹部腰肋胸部及渾身上下亂刺而亡	
	被害情形：財產	家用物品及房屋等被焚毀家中數百元法幣亦被搶去	
證據	人證（目擊者）	姓名 何業新　性別 男　年齡 五〇　籍貫 澧縣	
		職業 傭工	
		住址 第一保大垸	
	物證	暴行人遺留手票二張	
備註			

調查者本鄉情報員羅安華
調查日期中華民國三十二年九月二日

4. 丧尽天良，滥杀无辜。1943 年 5 月 9 日，日寇入来部队的工兵营营长樱井在官垸乡第六保六甲（官垸码头）张修其家中施暴，抢劫现金 8000 元，3 钱 8 分重的金戒指一只，剖其腹（见影印件。摘自档案馆 1945 年第 1714 号卷）。

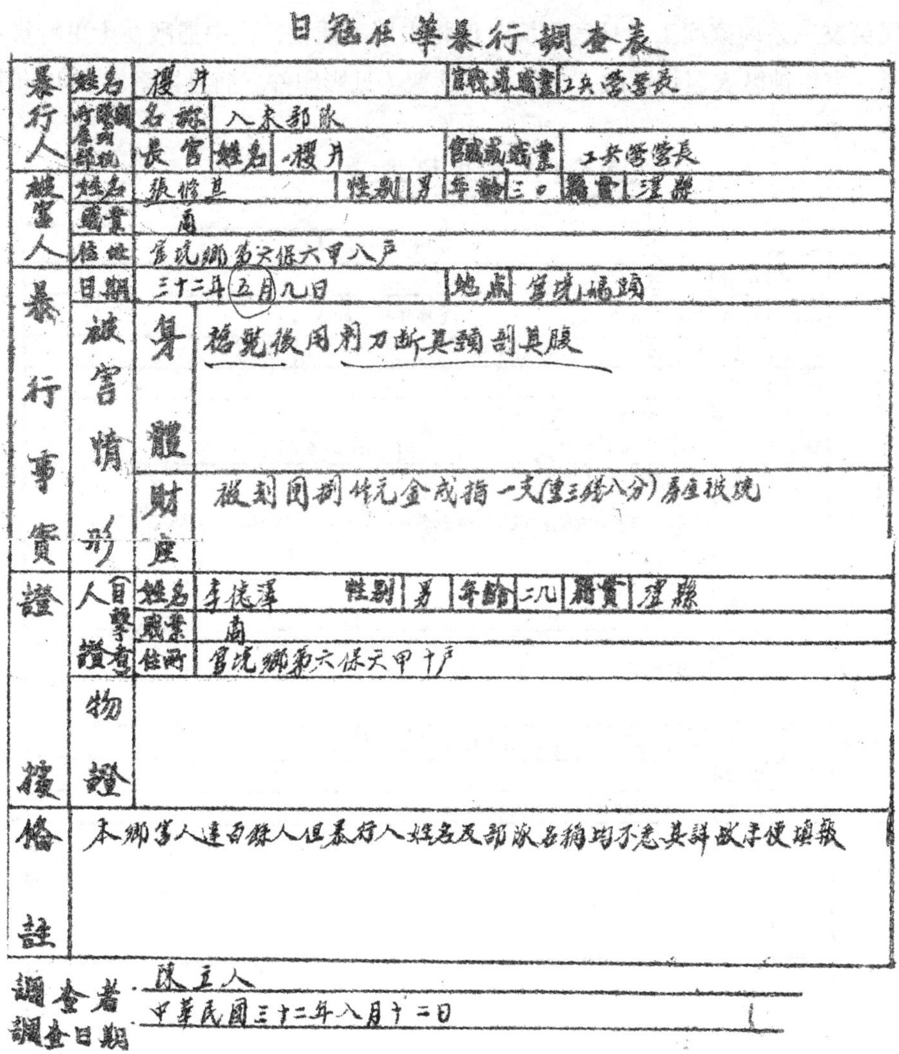

日寇在華暴行調查表

暴行人	姓名	櫻井					官職或職業	工兵營營長		
	所隸屬之部隊	名稱	入來部隊							
		長官	姓名	櫻井			官職或職業	工兵營營長		
被害人	姓名	張修其	性別	男	年齡	三〇	籍貫	澧縣		
	職業	商								
	住址	官垸鄉第六保六甲八戶								
暴行事實	日期	三十二年五月九日					地點	官垸碼頭		
	被害情形	身體	搶劫後用刺刀斷其頸剖其腹							
		財產	被劫國幣捌仟元金戒指一隻(重三錢八分)房屋被燒							
證據	人證(目擊者)	姓名	李德澤	性別	男	年齡	二九	籍貫	澧縣	
		職業	商							
		住所	官垸鄉第六保六甲十戶							
	物證									
備註	本鄉害人達百餘人但暴行人姓名及部隊名稱均不悉其詳故未便填報									

調查者　陳立人

調查日期　中華民國三十二年八月十二日

5. 随意宰割，无法无天。1943 年 5 月 17 日，三元乡第 1 保（暖水街）甲长陈自道正在与国军部队办理民扶事宜，没来得及知道日寇已窜至身边，，被日寇捉至陈家屋场，用刺刀将头及胸部刺杀数刀未死。该甲长家财被敌抢劫殆尽（见影印件。摘自档案馆 1943 年第 1278 号卷）。

6. 东洋大盗，谋财害命。1943 年 5 月 18 日，三元乡第一保（暖水街）50 岁农民吴友三系周家雇工，日寇临境时他将去周家插秧，途中遇敌在土里岭被敌枪杀。家里被卧衣服均被敌人拿作马匹卧絮（见影印件。摘自档案馆 1943 年第 1278 号卷）。

日寇在華暴行調查表

暴行人	姓名	敵人				官職或職業	不明		
	所屬部隊或機關	名稱	敵人部隊						
		長官	姓名	敵人		官職或職業	不明		
被害人	姓名	陳自道	性別	男	年齡	四八	籍貫	澧縣	
	職業	農							
	住所	澧縣三元鄉第一保（暖水街）							
暴行事實	日期	三十二年四月十四日 公历5月17日				地點	陳家屋場		
	被害情形	身體	該民為比甲長因敵臨境未曾得知尚在與國軍辦理民扶被敵擄至陳家屋場用刺刀將頭及胸部刺殺數刀未死						
		財產	該民家務完全被敵劫搶殆盡						
證據	人證（目睹者）	姓名	孫森林	性別	男	年齡	五三	籍貫	澧縣
		職業	農						
		住所	澧縣三元鄉第一保（暖水街）						
	物證								
備註									

調查者 孫春初

調查日期 中華民國三十二年八月十五日

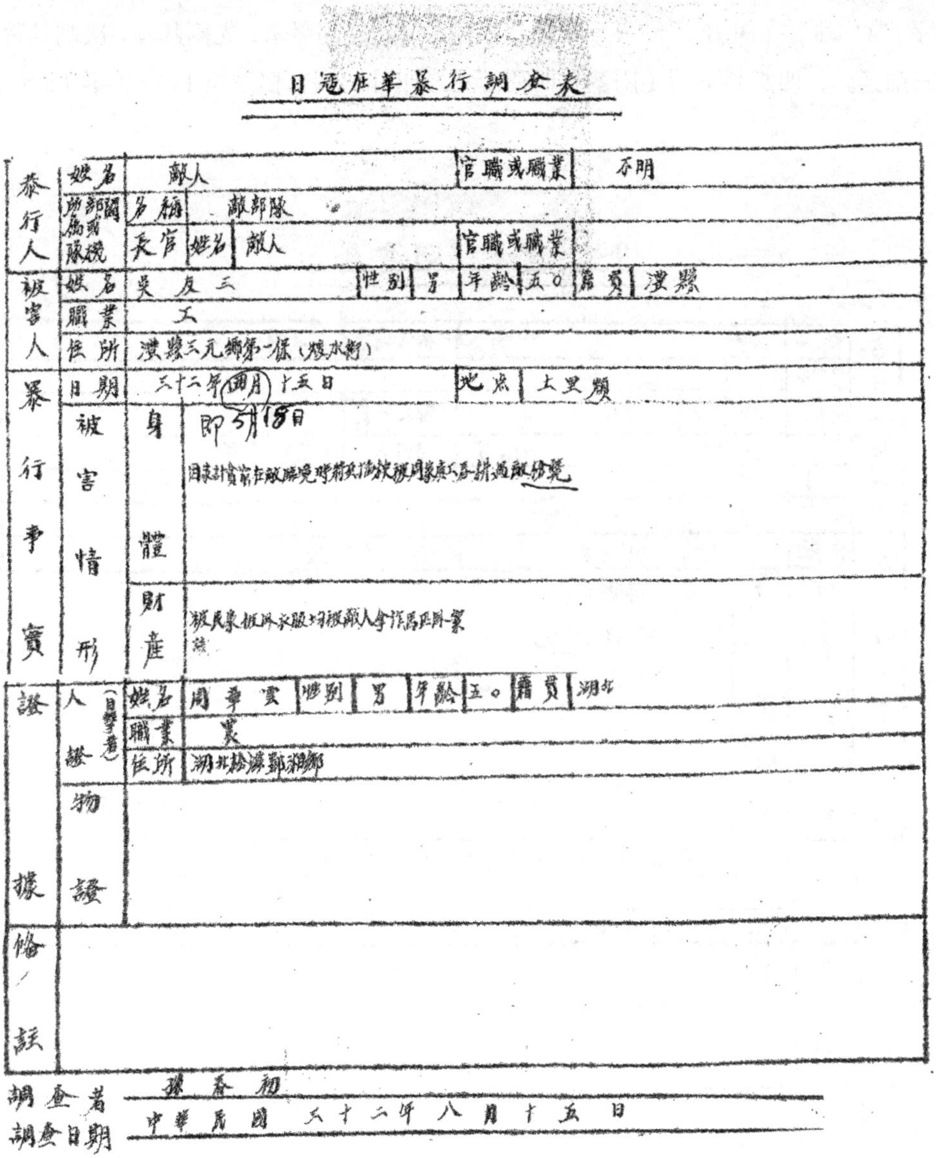

日寇在華暴行調查表

暴行人	姓名	敵人
	官職或職業	不明
	所屬部隊或機關：名稱	敵部隊
	長官姓名	敵人
	長官官職或職業	
被害人	姓名	吴友三
	性別	男
	年齡	五〇
	籍貫	澧縣
	職業	工
	住所	澧縣三元鄉第一保（煖水街）
暴行事實	日期	三十二年四月十五日 即5月18日
	地點	土里嶺
	被害情形：身體	[illegible]
	被害情形：財產	[illegible]
證據	人證（目擊者）：姓名	周争雲
	性別	男
	年齡	五〇
	籍貫	湖北
	職業	農
	住所	湖北[illegible]鄉
	物證	
備註		

調查者 孫吞初

調查日期 中華民國三十二年八月十五日

7. 东瀛孽种，为所欲为。1943年5月18日，三元乡第1保（暖水街）农民孙成清见日寇进犯，肩挑衣服逃避。走至土里岭被日军劫获，并将52岁的孙成清杀害（见影印件。摘自档案馆1943年第1278号卷）。

8. 割舌断阴，残酷致极。1943 年 5 月 20 日，日寇窜至三元乡第二保（澧阳坪）常门垭，捉住 18 岁的青年农民赵兴述，带到连部屠杀，先割其耳，次割其舌，三割其鼻，四割其下阴（阴茎）而死（见影印件。摘自档案馆 1943 年第 1278 号卷）。

日寇在華暴行調查表

叅行人	姓名	不明				官職或職業	不明		
	所屬部隊或機關	名稱	敵人						
		長官	姓名	敵人		官職或職業	不明		
被害人	姓名	孫威清	性別	男		年齡	五二	籍貫	澧縣
	職業	農							
	住所	澧縣三元鄉第一保（[illegible]水街）							
暴行事實	日期	三十二年四月十五日				地點	[illegible]		
	被害情形	身體	即5月[illegible]日 因[illegible]						
		財產	[illegible]						
證據	人證（目擊者）	姓名	孫[illegible]	性別	男	年齡	四五	籍貫	澧縣
		職業	工						
		住所	澧縣三元鄉第一保						
	物證								
備註									

調查者　中華民國三十二年八月十五日

調查日期　孫春[illegible]

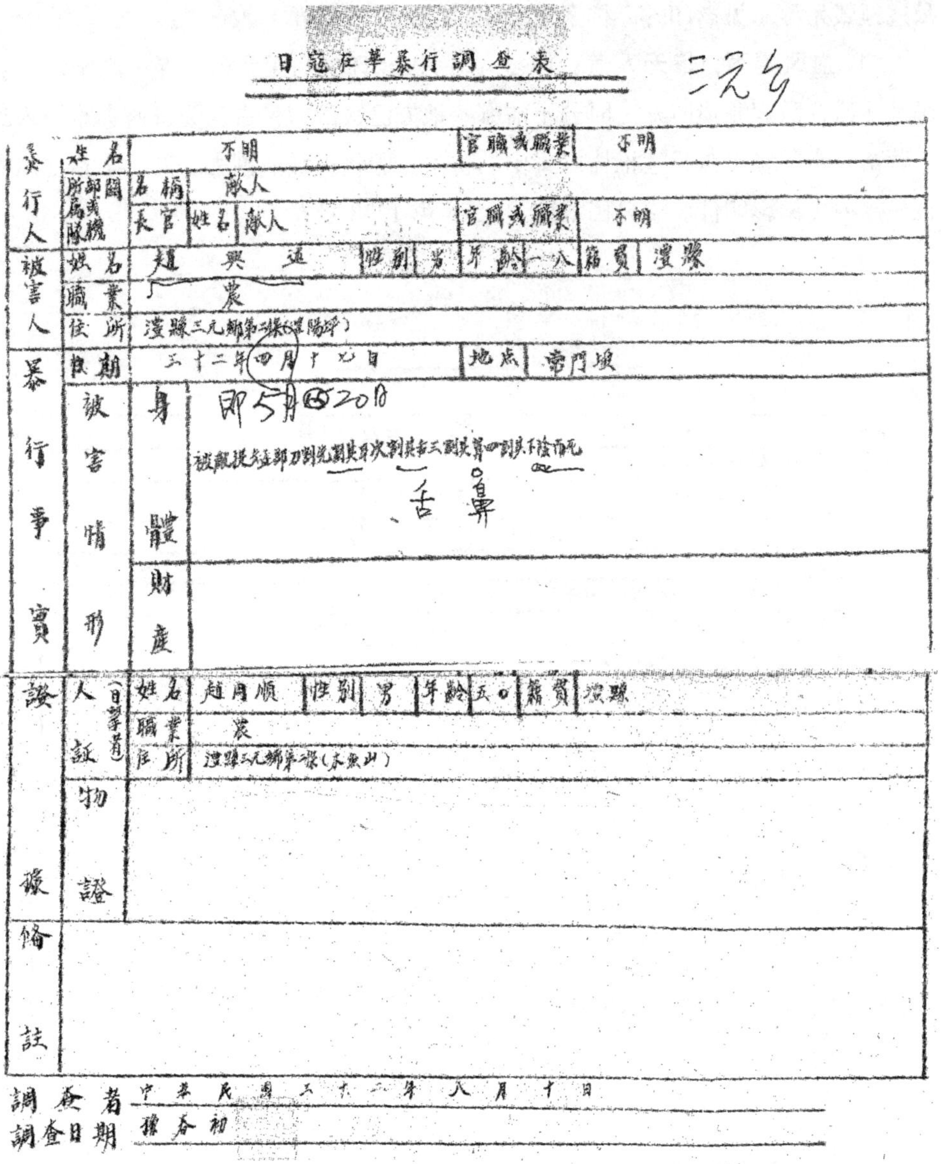

日寇在華暴行調查表　三元乡

暴行人	姓名	不明					官職或職業	不明		
	所屬部隊或機關	名稱	敵人							
		長官	姓名	敵人			官職或職業	不明		
被害人	姓名	趙興道		性別	男	年齡	一八	籍貫	澧縣	
	職業	農								
	住所	澧縣三元鄉第二保（澧陽坪）								
暴行事實	日期	三十二年四月十九日					地点	帝門坡		
	被害情形	身體	即5月20日 被敵捉去五郎刀割先割其耳次割其舌三割其鼻四割其下陰而死 舌　鼻							
		財產								
證據	人證（目擊者）	姓名	趙月順	性別	男	年齡	五〇	籍貫	澧縣	
		職業	農							
		住所	澧縣三元鄉第二保（太眾山）							
	物證									
備註										

調查者　中華民國三十二年八月十日

調查日期　孫吞初

9. 杀人如麻，天昏地暗。1943 年 5 月 18 日，三元乡第二保（澧阳坪）农民周文初，被日寇捉到土里垭，被捆绑到桐子树上用乱刀刺死（见影印件。摘自档案馆 1943 年第 1278 号卷）。

10. 杀人毁物，人财两空。1943 年 5 月 18 日，三元乡第三保（芦毛冲）农民皮修还在田插秧，不知日寇犯境，被敌寇用乱刀杀死，在孙家湾，家囊财物被敌寇锤毁殆尽（见影印件。档案馆 1943 年第 1278 号卷）。

11. 血风腥雨，惨无人道。1943 年 5 月 18 日，三元乡第二保（澧阳坪）农民孙逢盛在敌寇犯境时，一时分不清哪些地方已被敌寇侵占，为逃避灾难撞入敌人营寨（常门垭）被日寇枪毙。家中的耕牛、肥猪被敌寇割去臀部，牛猪均痛死在栏栅内（见影印件。摘自档案馆 1943 年第 1278 号卷）。

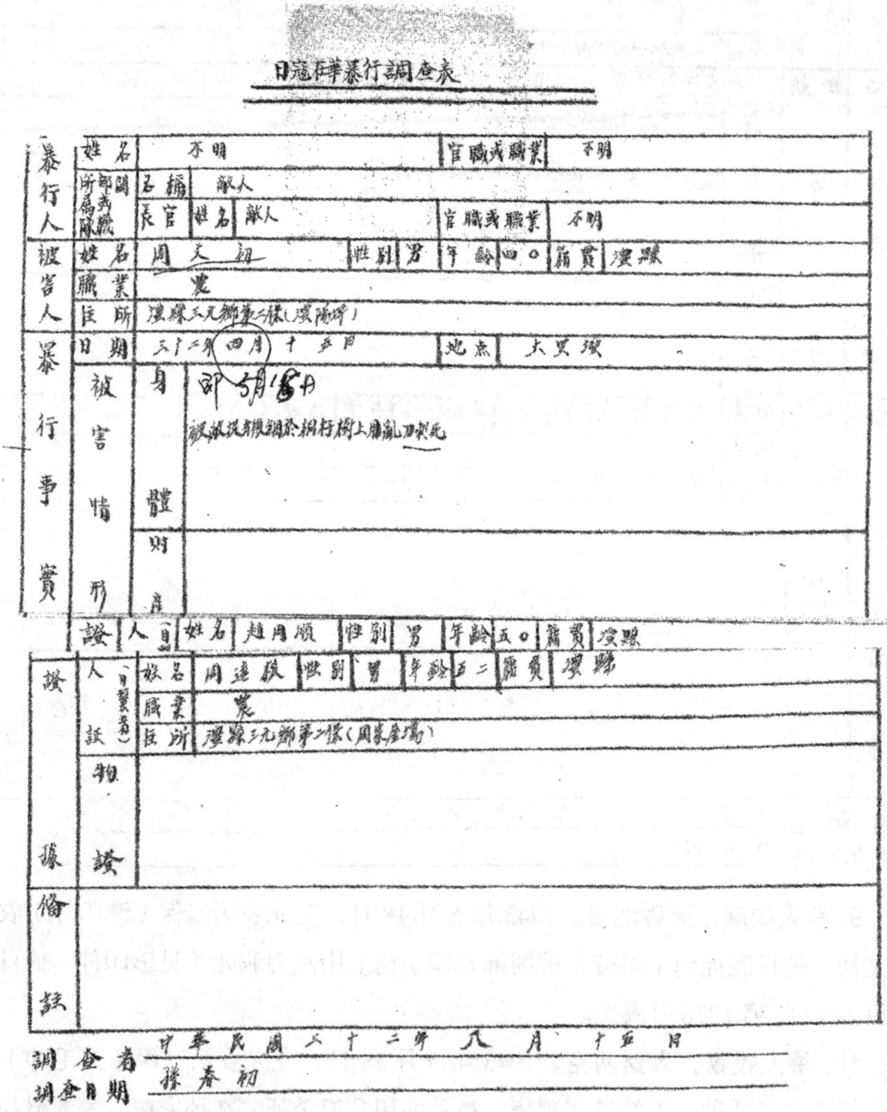

日寇在華暴行調查表

暴行人	姓名	不明		官職或職業	不明				
	所屬部隊或機關 名稱	敵人							
	長官 姓名	敵人		官職或職業	不明				
被害人	姓名	周文初	性別	男	年齡	四〇	籍貫	澧縣	
	職業	農							
	住所	澧縣三元鄉第二保（澧陽坪）							
暴行事實	日期	三十二年四月十五日		地點	大貝壩				
	被害情形 身體	即5月18日 被敵以刺刀綑於桐籽樹上用亂刀刺死							
	被害情形 財產								
證人（自）	姓名	趙用順	性別	男	年齡	五〇	籍貫	澧縣	
證據 人證（目覩者）	姓名	周達發	性別	男	年齡	五二	籍貫	澧縣	
	職業	農							
	住所	澧縣三元鄉第二保（周家屋場）							
	物證								
備註									

調查者　孫春初

調查日期　中華民國三十二年八月十五日

日寇在華暴行調查表

暴行人	姓名	不明				官職或職業	不明		
	所屬部隊或機關	名稱	敵人						
		長官	姓名	敵人		官職或職業	不明		
被害人	姓名	皮修運	性別	男	年齡	四五	籍貫	澧縣	
	職業	農							
	住所	澧縣三元鄉第三保（盧毛冲）							
暴行事實	日期	三十二年四月十五日 即5月18日				地点	孫家灣		
	被害情形	身體	該民[illegible]敵犯境[illegible]被敵亂刀殺死						
		財產	家業財物皆被敵人損毀殆盡						
證據	人證（目擊者）	姓名	皮修芝	性別	男	年齡	五〇	籍貫	澧縣
		職業	農						
		住所	澧縣三元鄉第三保（芦毛冲）						
	物證								
備註									

調查者　中華民國三十二年九月十五日

調查日期　孫春初

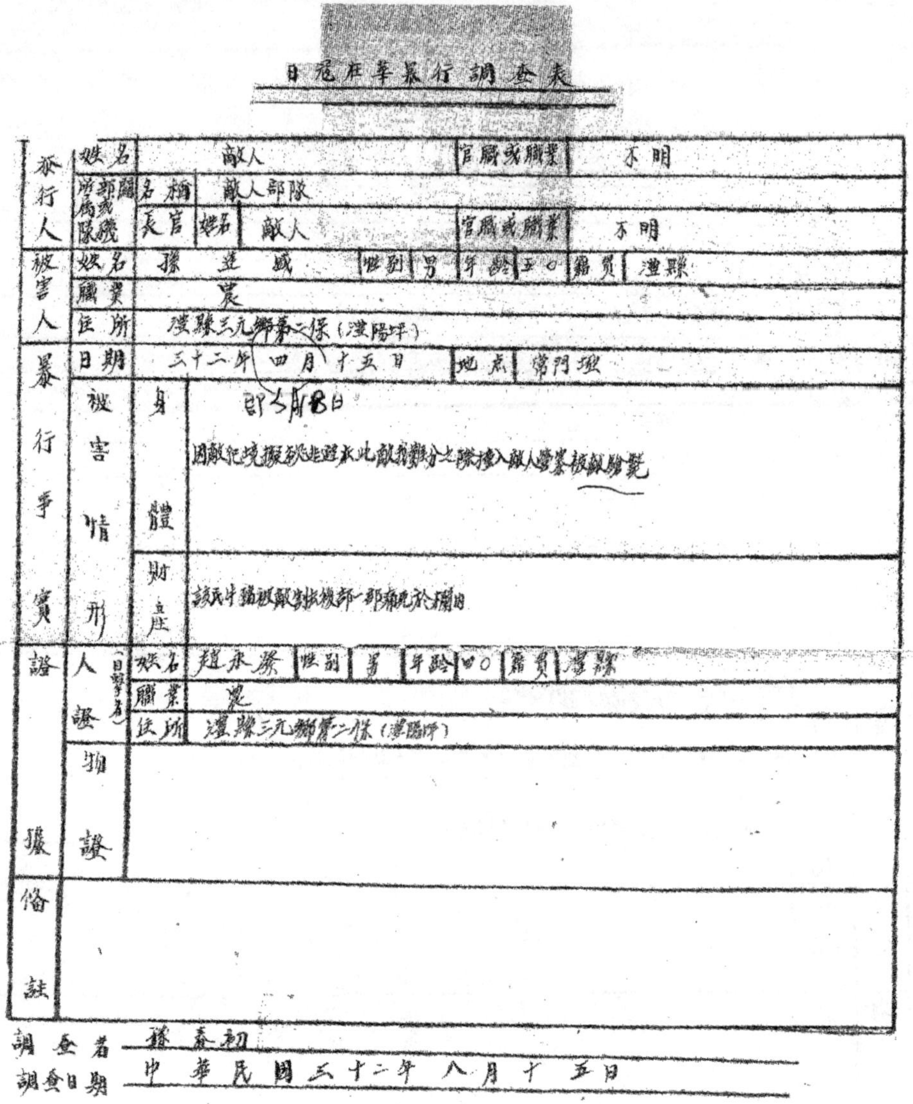

日寇在華暴行調查表

暴行人	姓名	敵人	官職或職業：不明
	所屬部隊或機關 名稱	敵人部隊	
	長官 姓名	敵人	官職或職業：不明
被害人	姓名	孫達威　性别：男　年齡：五〇　籍貫：澧縣	
	職業	農	
	住所	澧縣三元鄉第二保（澧陽坪）	
暴行事實	日期	三十二年四月十五日（即五月十九日）	地點：常門堖
	被害情形 身體	因敵犯境撤退逃避不及敵移動分之際擄入敵人營寨被敵槍斃	
	被害情形 財產	該民牛豬被敵劫掠[illegible]一部[illegible]於欄内	
證據	人證（目擊者） 姓名	趙永發　性别：男　年齡：四〇　籍貫：澧縣	
	職業	農	
	住所	澧縣三元鄉第二保（澧陽坪）	
	物證		
備註			

調查者：孫壽初

調查日期：中華民國三十二年八月十五日

12. 伤天害理，家破人亡。1943 年 5 月 19 日，三元乡第二保（澧阳坪）60 岁农民周传友在家照顾孙侄子女生活及安全。当日寇临境时，自己逃避不及，被敌寇捉去捆在树上将其枪毙，逼使他家东逃西散（见影印件。摘自档案馆 1945 年第 1714 号卷）。

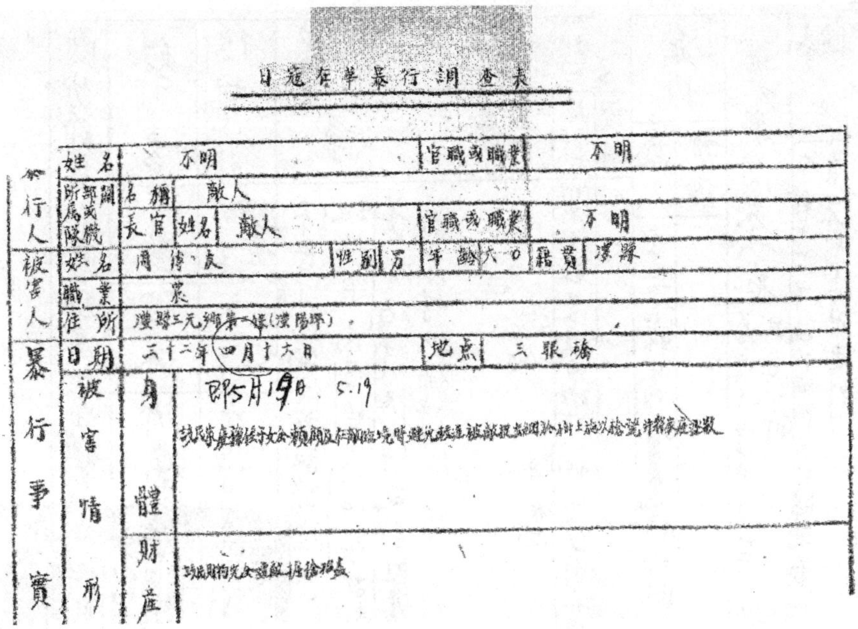

日寇在華暴行調查表

加害人	姓名	不明			官職或職業	不明			
	所屬部隊或機關	名稱	敵人						
		長官	姓名	敵人	官職或職業	不明			
被害人	姓名	周湾友	性別	男	年齡	六〇	籍貫	澧縣	
	職業	農							
	住所	澧縣三元鄉第一保（澧陽坪）							
暴行事實	日期	三十二年四月十六日			地點	三眼橋			
	被害情形	身體	民32年5月19日　5.19 [illegible]						
		財産	[illegible]						

13. 人面兽心，豹狼本性。日寇罪魁捣村八郎 1943 年 5 月，带兵进驻澧县梦溪、盐井、涔中等乡，大肆屠杀、奸淫放火劫掠，有乡民李祖金、骆仲藩等数十人被屠杀；张秀姑、赵么姑等数十女子被奸死。梦溪寺、萧家桥、清泥潭等十数处屋宇被焚，洪明学等数十人财物被掠，甚至遭杀。行为万恶情况极惨（见影印件．摘自档案馆 1943 年第 1278 号卷）。

國防部戰犯處理委員會[illegible]嫌疑[illegible]

姓名	槝村八郎
年齡	不詳 1944年4月
階級	不詳
所屬部隊	望備日[illegible]
罪行概況 事實	三十二年四月湖南澧縣敵陷，槝村八郎迫駐縣屬夢溪[illegible]井浮中[illegible]乡大肆虐殺，姦淫，[illegible]。敌搶有人民李祖全、熊仲藩等數十人被虐殺，張秀姑、趙公姑等數十女子被姦死，夢溪[illegible]蕭家橋[illegible]泥潭等數處[illegible]被焚，[illegible]等數十人財物被搶，甚至遭殺，[illegible]萬農情況極慘。
地點	湖南澧縣夢溪市班竹山胡家垱蕭家橋引水嘴[illegible]合龍鋪[illegible]泥潭鄧家[illegible]
證明	證人
罪證 證人	李[illegible]氏、熊[illegible]氏、[redacted]何[illegible]、[illegible]方[illegible]、胡[illegible]、[illegible]胡、宜舊胡、[illegible]安、謝志[illegible]祖國
罪證 證物	
檢舉機關或姓名	夢溪[illegible]浮中[illegible]乡[illegible]
備致	本縣三十二年兩次淪陷，全縣[illegible]，有罪行[illegible]被[illegible]。[illegible]據八[illegible]校[illegible]及地點[illegible]任承楨、李[illegible]、何[illegible]等均在夢溪[illegible]，[illegible]殺，姦淫，放火，劫掠情況極慘，惟此四村人姓名不詳。

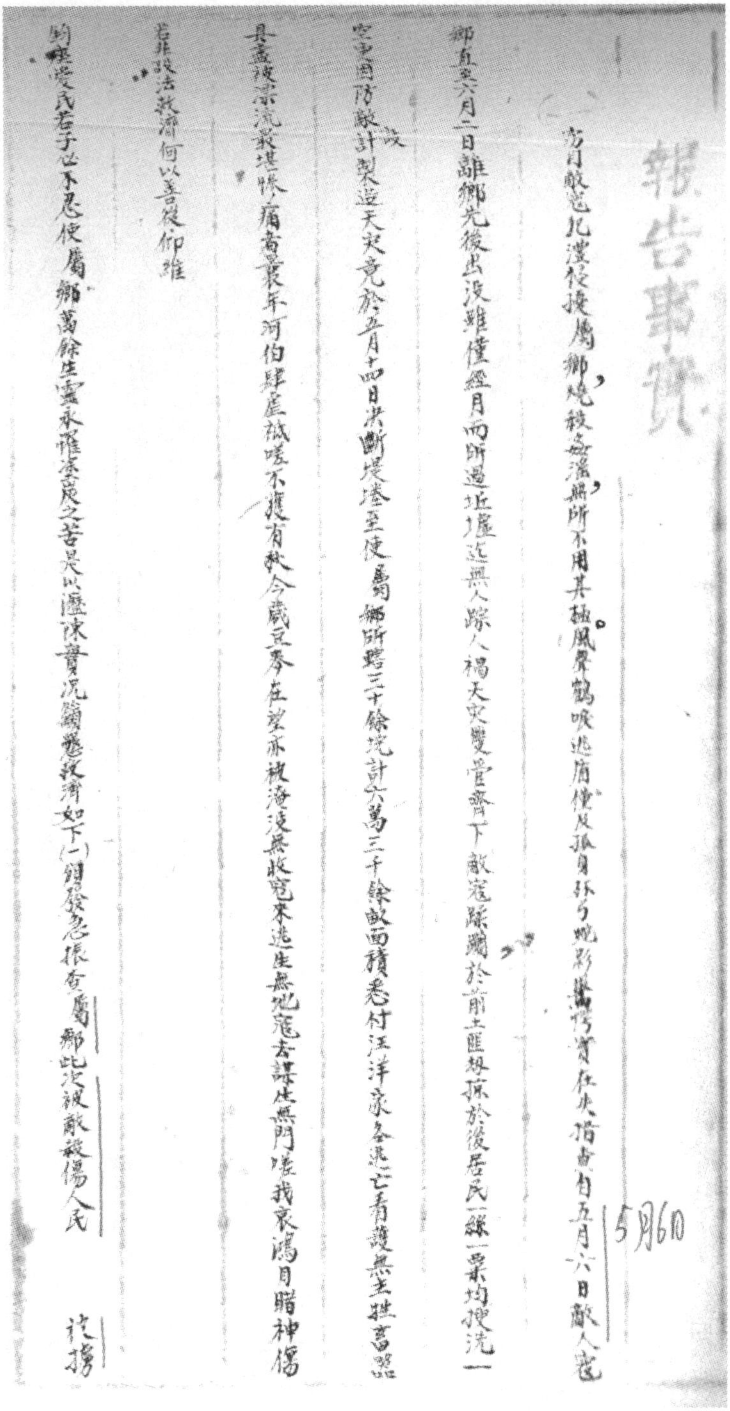

報告事實

竊日敵寇凡濃侵掠屬鄉，燒殺姦淫，無所不用其極。風聲鶴唳，逃避僅及孤身，杯弓蛇影，繪猶實在。杳自五月六日敵人寇

鄉直至六月二日離鄉先後出沒雖僅經月而所過邱墟迄無人跡人禍天灾雙管齊下敵寇蹂躪於前土匪搜採於後居民一絲一粟均搜洗一

空更因防敵計設製造天灾竟於五月十四日決斷堤塍至使屬鄉所轄三十餘垸計畝六萬三千餘畝面積悉付汪洋家各逃亡看護無主牲畜器

具盡被漂流最堪慘痛者農年河伯肆虐殃嗟不獲有秋今歲豆麥在望亦被淹沒無收寇來逃生無地寇去謀生無門嗟我哀鴻目睹神傷

若非設法救濟何以善後仰維

鈞座愛民若子必不忍使屬鄉萬餘生靈永罹塗炭之苦是以瀝陳實況籲懇救濟如下(一)頒發急振查屬鄉此次被敵殺傷人民

詳擄

5月6日

14. 1943年6月，孟姜乡乡长谈运钊向县政府报告日军5月6日至6月2日犯境罪行及损失情况（见影印件。档案馆1945年1714号卷）。

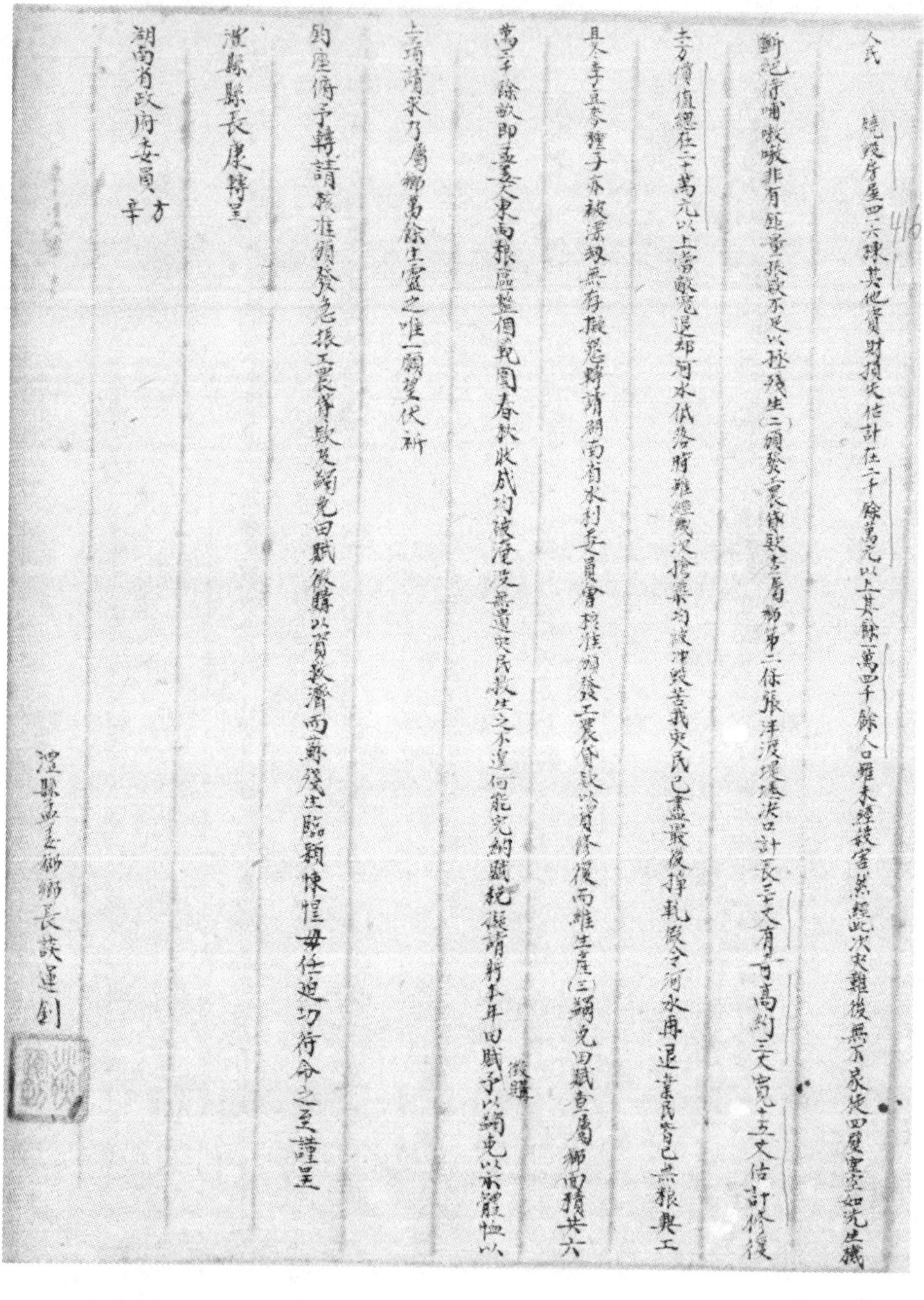
人民
燒毀房屋四六棟其他資財損失估計在二千餘萬元以上其餘一萬四千餘人口雖未經被害然經此次災難後無不家徒四壁室如洗且織
斷炊待哺嗷嗷非有鉅量振款不足以拯殘生（二）頒發急賑貸款查屬鄉第二保張洋渡堤垸決口計長二十丈有一百高約三丈寬十五丈估計修復
土方價值總在二十萬元以上當敵寇退却河水仍然暴漲雖經搶築均被沖毀苦我吏民已盡最後掙扎假令河水再退業民皆已無糧興工
且今年且參種子亦被漂搬無存擬懇轉請湖南省水利委員會核准頒發工賑貸款以資修復而維生產（三）豁免田賦查屬鄉面積共六
萬餘畝即畫入東南線區整個既圖春秋收成均被淹沒無遺吏民求生之不遑何能完納賦稅擬請將本年田賦徵購予以豁免以示體恤以
上項請求乃屬鄉萬餘生靈之唯一願望伏祈
鈞座俯予轉請核准頒發急振工賑貸款及豁免田賦徵購以資救濟而蘇殘生臨穎竦惶毋任迫切待命之至謹呈
澧縣縣長康 轉呈
湖南省政府委員 辛方
澧縣孟姜鄉鄉長談運釗

15. 1943 年 7 月 18 日，三元乡乡长周亚新向县长报告日寇 5 月 13 日进犯乡境后的情况（见影印件。摘自档案馆 1945 年 1714 号卷）。

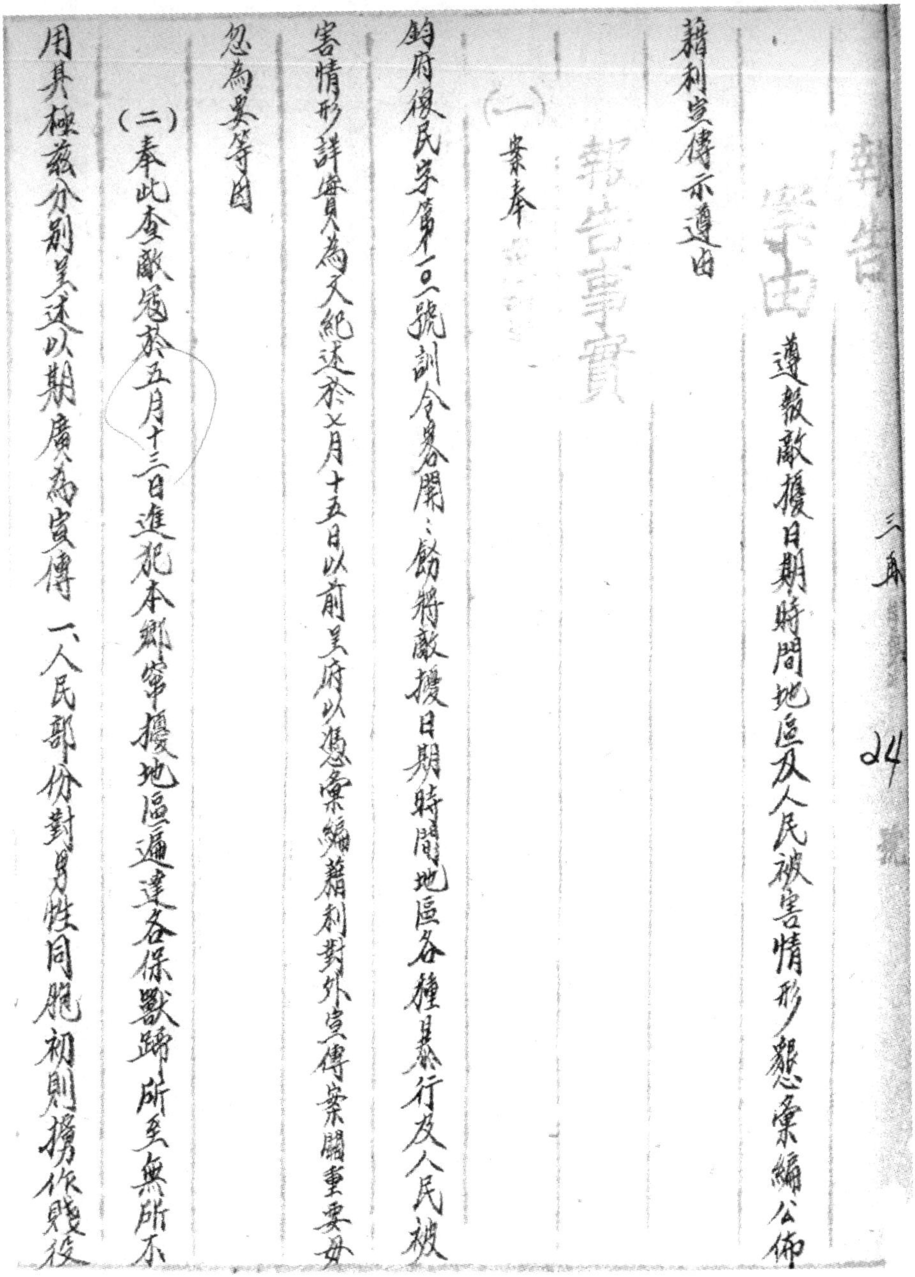
報告

三元 24

案由　遵報敵擾日期時間地區及人民被害情形懇彙編公佈藉利宣傳示遵由

報告事實

（一）案奉

鈞府復民字第一〇一號訓令暨各開：飭將敵擾日期時間地區各種暴行及人民被害情形詳實為之紀述於七月十五日以前呈府以憑彙編藉利對外宣傳案關重要毋忽為要等因

（二）奉此查敵寇於五月十三日進犯本鄉竄擾地區遍達各保獸蹄所至無所不用其極爰分別呈述以期廣為宣傳　一、人民部份對男性同胞初則擄作賤役次則充作長途苦力或令卸衣長跪地埃槍斃者有之刀刺者有之或高懸樹上細肆宰割剖腹斃命者亦有之以及種種殘暴酷刑不一而足至於女性同胞姦之擇地區之明暗淫不分老幼之妍媸始而獸行輪姦繼而迫令子姦其母父姦其女老姦其幼強姦其弱或兄弟姦其姊妹其間因姦過度而致斃命者為數不少甚或使其裸體環行以供欣賞或刀破陰戶以水澆洗以及其他慘無人道之舉獸行暴為之事徒筆墨言語不能形容者難以枚舉 二、雜畜部份到處則儘量屠殺有僅割一部充食者有僅屠殺置之不取者亦有殺斃而裹以衣物藏於篋中使之霉爛者甚或活割一部越數日尚有氣息奄奄者也 三、房舍什物及生產器具部份首則儘量破壞次則付之一炬總之敵跡所至廬舍為墟殘極慘極亘古罕有

奉令前因理合備述大致具報

鈞府懇予彙編公佈藉利宣傳示遵

右二項謹呈

縣長康

澧縣三元鄉鄉長周受新

中華民國二十七年七月十八日

16. 1943 年 8 月 8 日双泉乡乡长庹文治报告日寇暴行实事（见影印件。摘自档案馆 1945 年 1714 号卷）。

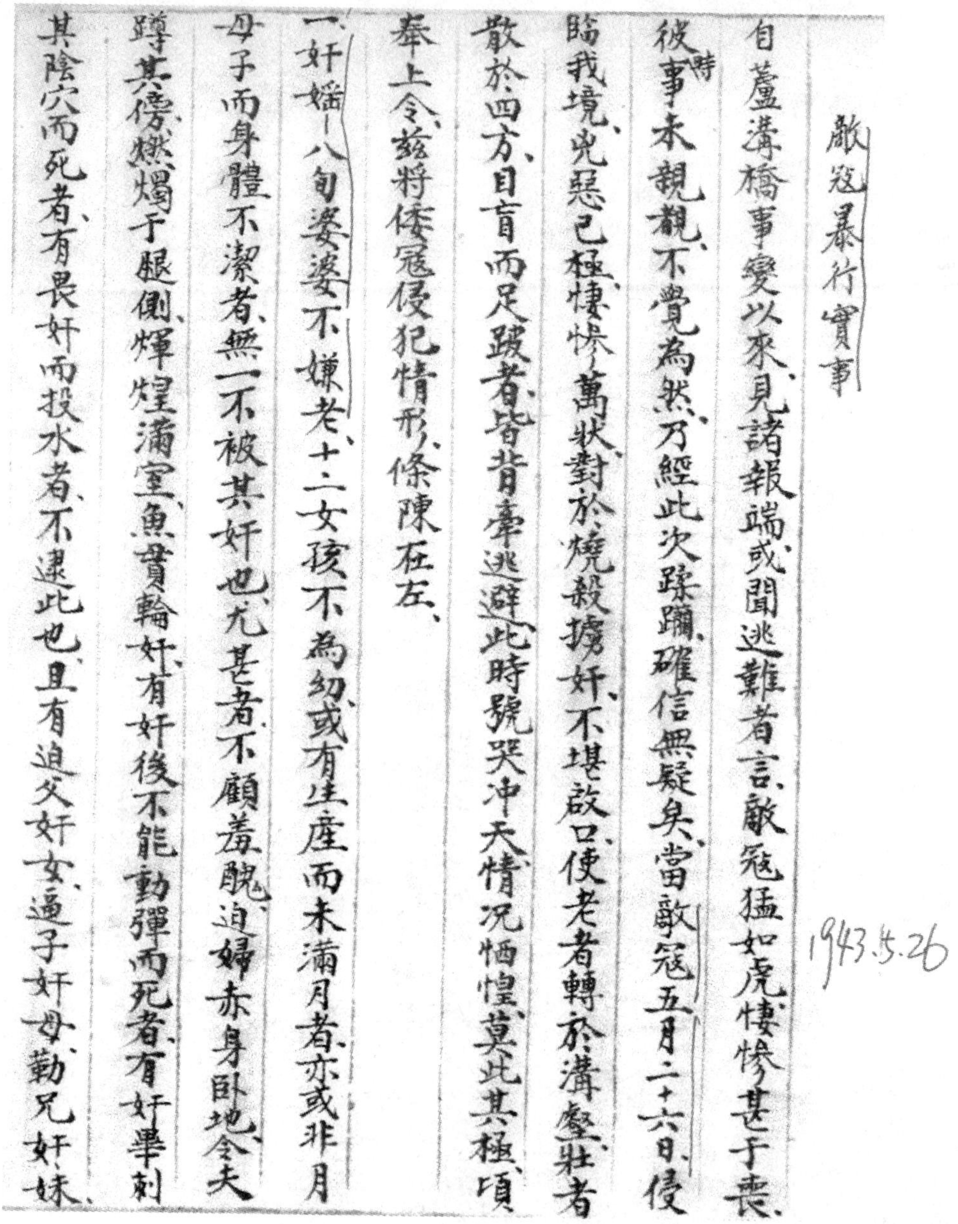

敵寇暴行實事

自蘆溝橋事變以來、見諸報端、或聞逃難者言、敵寇猛如虎、悽慘甚于表、彼時事未親覩、不覺為然、乃經此次蹂躪、確信無疑矣、當敵寇五月二十六日、侵臨我境、兇惡已極、悽慘萬狀、對於燒殺擄奸、不堪啟口、使老者轉於溝壑、壯者散於四方、目盲而足跛者、皆背牽逃避、此時號哭冲天、情況恓惶、莫此其極、頃奉上令、茲將倭寇侵犯情形、條陳在左、

一、奸婦八旬婆婆、不嫌老、十二女孩、不為幼、或有生產而未滿月者、亦或非月母子、而身體不潔者、無一不被其奸也、尤甚者、不顧羞醜、迫婦赤身卧地、令夫蹲其傍、燃燭于腿側、輝煌滿室、魚貫輪奸、有奸後不能動彈而死者、有奸畢刺其陰穴而死者、有畏奸而投水者、不逮此也、且有迫父奸女、逼子奸母、勸兄奸妹、

1943.5.26

斯此人類獸行、人倫顛倒、莫此為甚、

二、擄掠—當敵寇逼臨本地、不論貧富、俱皆撞門入室、將所有錢財衣服、最好者、捲帶無餘、稍次者、扯壞不留、至于油鹽粮食、餐餔有餘、拋棄滿地、並且碼盆碗盪、一掃擊碎、尤其宰殺豬牛羊雞、僅割臂肉而食、餘皆棄之、迨敵寇退境、歸而視之、即有屋存者、總是擄得百無一有、猶如懸磬、令人號哭無淚矣、

三、殺人—凡有逃難被捕者、有殺無赦、有刺胸棒擊而死、有綁樹而先割耳鼻繼斬手足而亡、甚至剜小便而破肚、斃者比比皆是、以致父哭子、妻哭夫、子哭父、弟哭兄、並且有尸難尋、既尋難認、即有幸而未殺者、必迫令運担駄馬、並且玩弄奚落、如對嬰孩、加以終日不給食、終夜不許寢、苟潛逃難脫、即亂刀零砍、敵寇所演之慘狀、不但耳目不堪聽觀、即心口亦不忍言矣、

四放火、倭寇到處[illegible]
食物、一概燒得土焦石碎、令人無家可居、衣食兩絕、此種暴行、有甚洪水、
以上陳述確切、並無虛空謬言、從此各速覺悟、在殷實者助貲、而強壯者
努力、殺倭寇于槍彈、挽國家于危亂、若是何難期磐石之安、金湯之固哉、
否則、皮之不存、毛將焉傅、特此援筆詳述、俾衆銘刻不忘也、

17. 1943 年 6 月，澧县政府职员叶文柏报告日寇在涔南乡、涔北乡、三元乡、桐山乡、垱市杀人放火罪行（图示）（见影印件见影印件。摘自档案馆 1945 年 1714 号卷）。

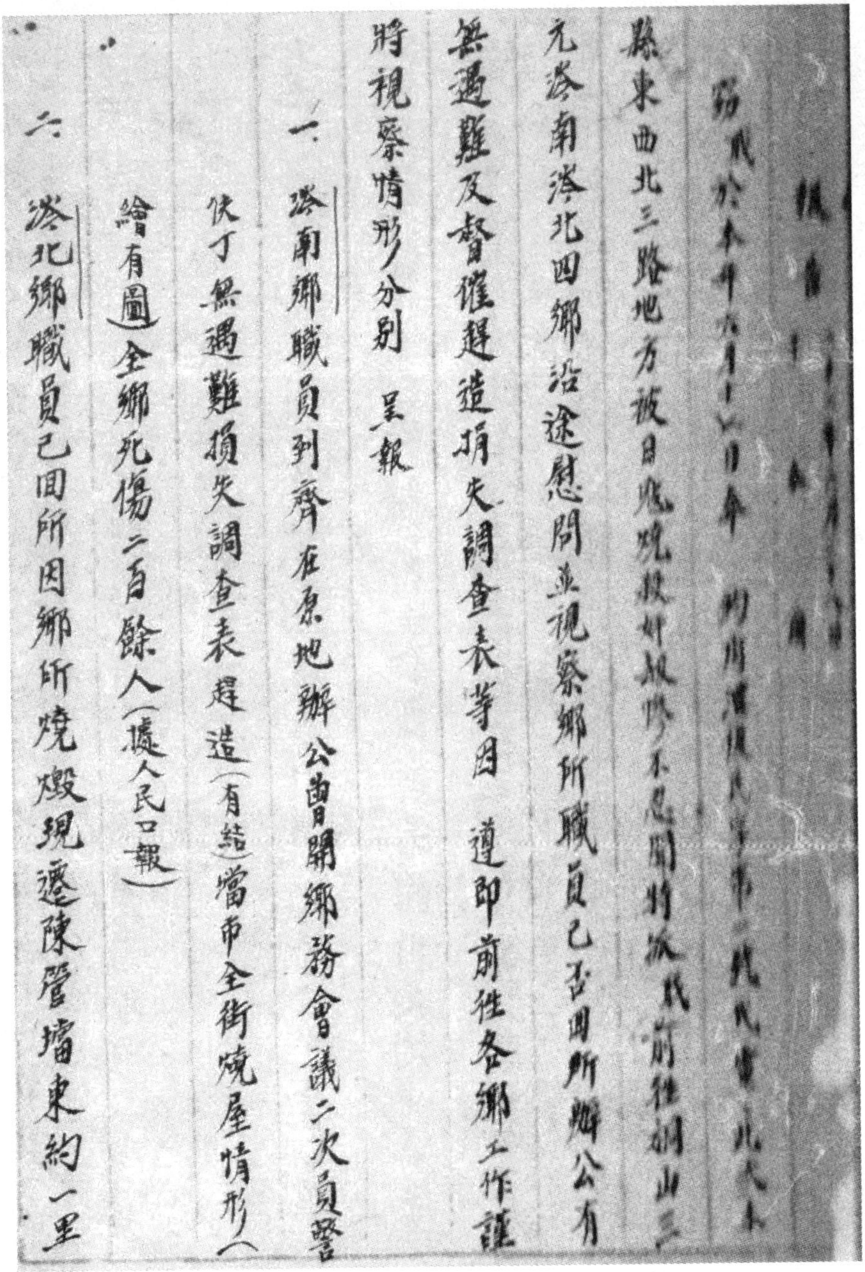
縣東西北三路地方被日寇燒殺姦擄慘不忍聞，飭派民前往桐山三
元、涔南、涔北四鄉沿途慰問並視察鄉所職員已否回所辦公有
無遇難及督催趕造損失調查表等因。遵即前往各鄉工作，謹
將視察情形分別呈報：
一、涔南鄉職員到齊，在原地辦公，曾開鄉務會議二次，員警
伕丁無遇難，損失調查表趕造（有結），當市全街燒屋情形（
繪有圖），全鄉死傷二百餘人（據人民口報）
二、涔北鄉職員已回所，因鄉所燒燬，現遷陳營墻東約一里

遣熊家大屋内辦公曾開鄉務會議一次員丁無遇難損失表
在趕造（有結）高荷堰燒茅屋三十四户楊文尚燒房子五十八户鄉
村約燒瓦屋千餘户全鄉死傷一百餘人

三　三元鄉職員久已到齊在本地辦公周鄉長努力工作緊張
文卷頗有頭緒曾開鄉務會二次員丁無遇難損失調查表正在
趕造（有結）煖水街燒屋三十一棟瑞昌鹽号起至太昌布号止閘口炸燒房
子五户鄉村燒屋五家全鄉死傷百餘人（死五十餘人）

四　洞山鄉職員多數因匪風猖獗遊動辦公員丁無遇難損失表
開始繕造敵人僅經過皮家冲該冲燒房子四户死傷五六人

第四頁

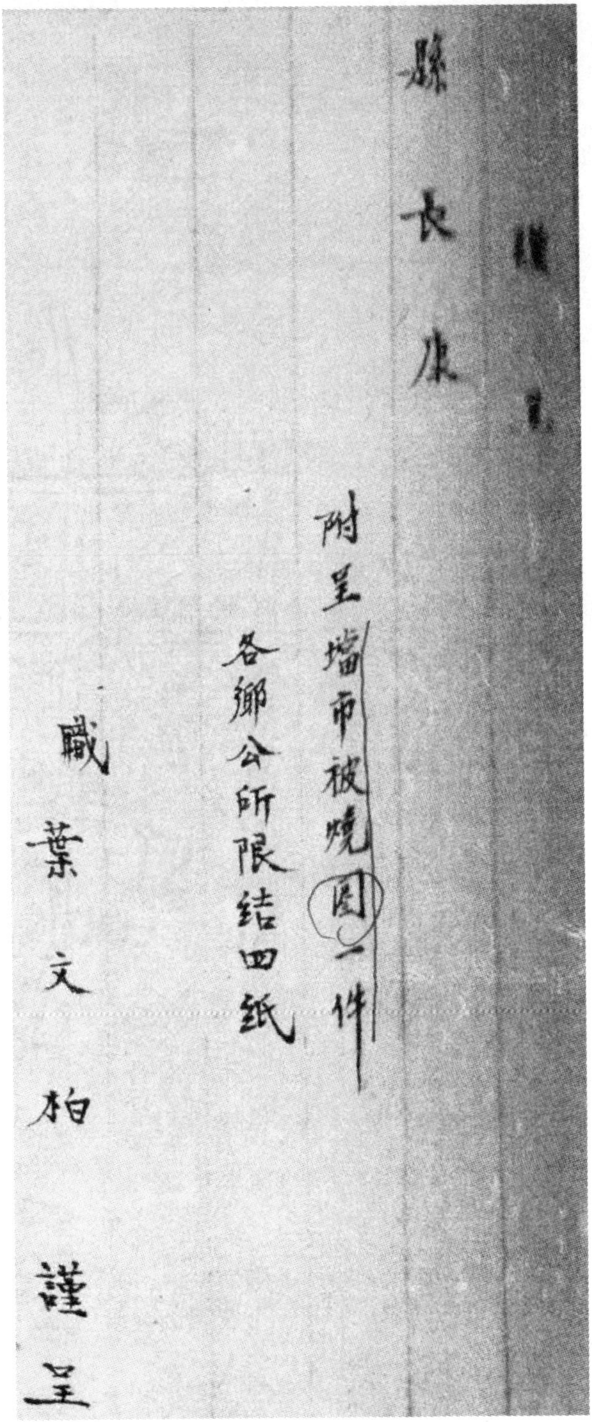
縣長康

附呈墻市被燒圖一件
各鄉公所限結四紙

職 葉文柏 謹呈

日寇罪行

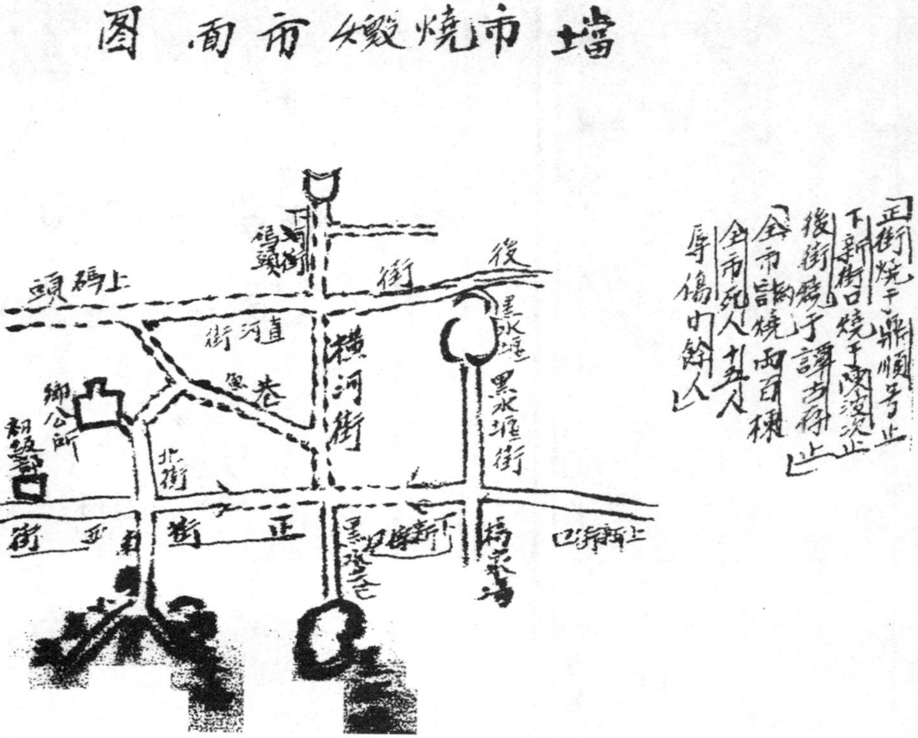

1943年5月

18. 1943 年 11 月，梦溪市商会主席胡友信报告日寇 1943 年 11 月 5 日进犯梦溪市的罪行（见影印件。摘自档案馆 1945 年 1714 号卷）。

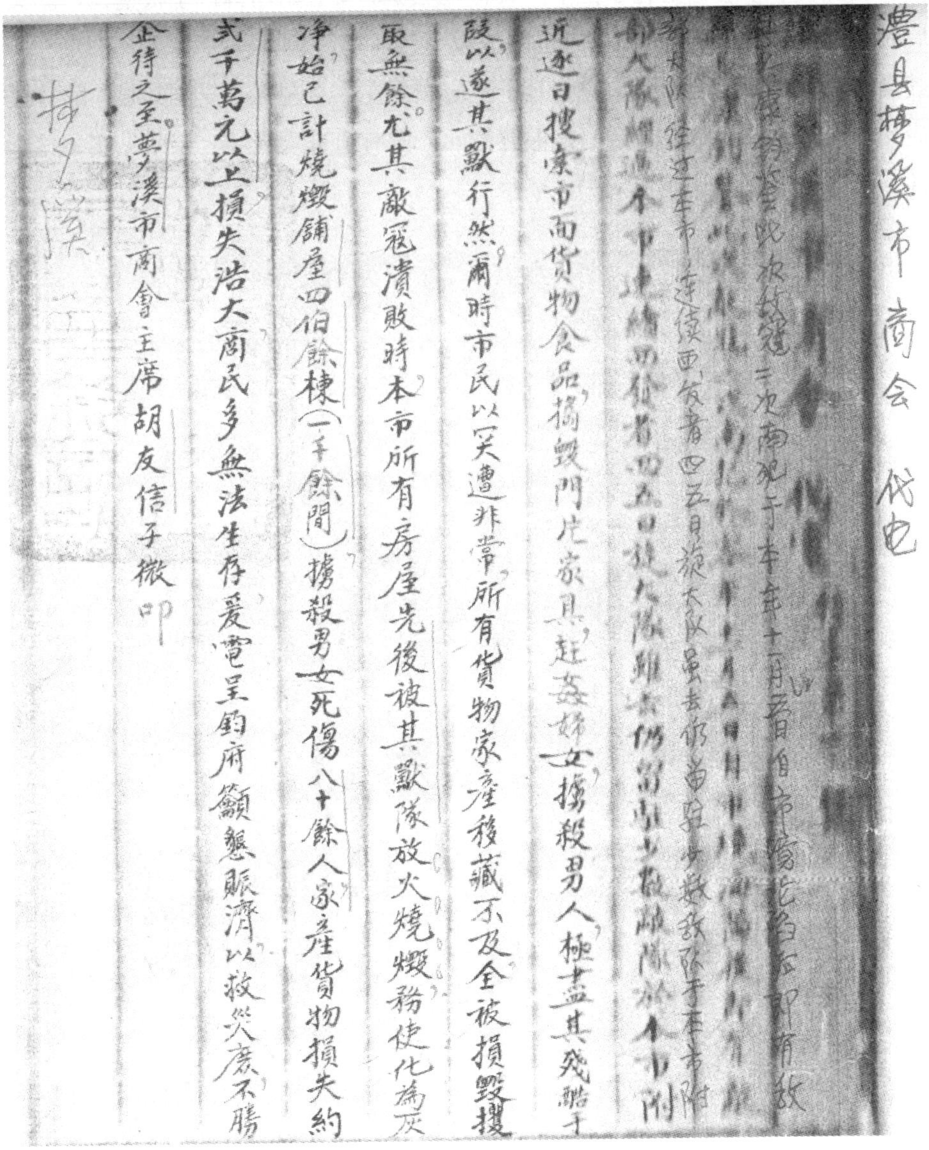

澧县梦溪市商会代电

[illegible]此次敵寇二次南犯于本年十一月五日自[illegible]即有敵

[illegible]

[illegible]大隊經过本市連續西竄者四五日旋大隊雖去仍留少數敵隊于本市附

[illegible]

近逐日搜索市面貨物食品，搗毀門户家具，赶姦婦女，擄殺男人，極盡其殘酷之

能，以遂其獸行。然爾時市民以突遭非常，所有貨物家產移藏不及，全被損毀擄

取無餘。尤其敵寇潰敗時，本市所有房屋先後被其獸隊放火燒燬，務使化為灰

燼始已。計燒燬鋪屋四伯餘棟（一千餘間），擄殺男女死傷八十餘人，家產貨物損失約

式千萬元以上，損失浩大，商民多無法生存，爰電呈鈞府，籲懇賑濟，以救災黎，不勝

企待之至。夢溪市商會主席胡友信子微印

夢溪

19. **绝灭人性，屠杀满门。**1943年11月2日，日寇佐置部队侵入汉景乡第九保，奸淫掳杀，无所不为。11月3日早，日寇将曹德元之女三姐轮奸毙命。复将其子立山强拉壮丁未遂，枪毙于庭中。又将其三岁幼女五姐用钉钉于板壁死亡。又在后村李友道家掳劫财物，被乡游击队击毙一名日军。11月4日忽来敌军20余人，将其妻掳获，用刀凌迟割死。并将其子星应先割左手、左腿，复剜其眼，隔日缓慢痛死。同月5日敌军退走后，该保曹德元，罗有道进入现场，亲眼见实（见影印件。摘自档案馆1945年第1714号卷）。

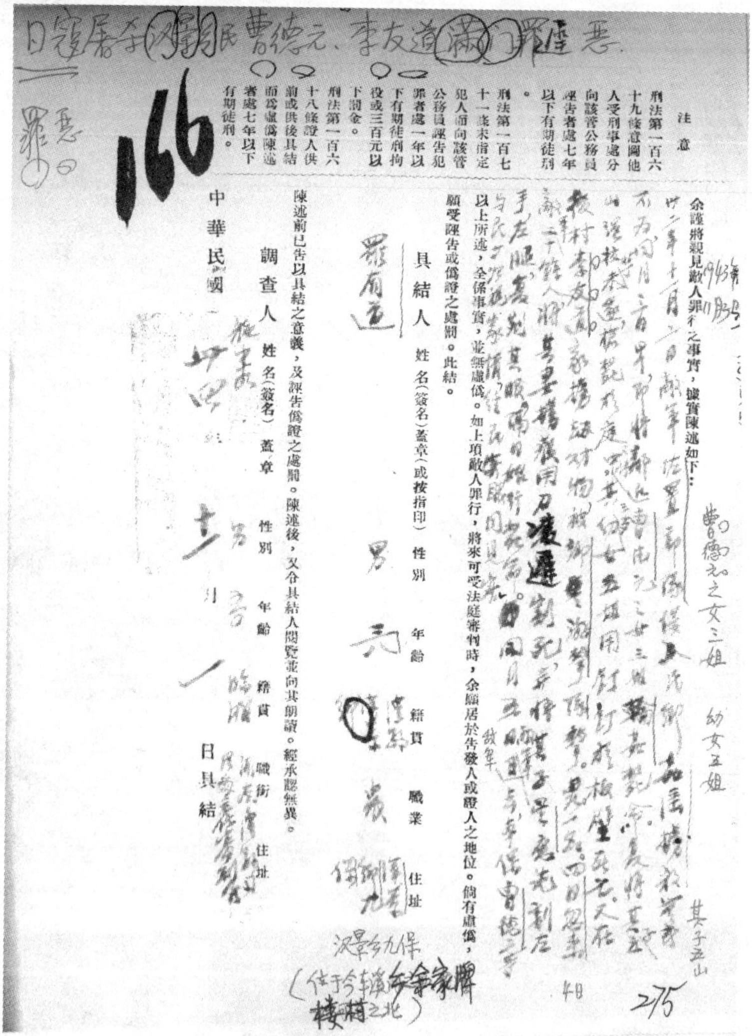
166

注意

刑法第一百六十九條意圖他人受刑事處分向該管公務員誣告者處七年以下有期徒刑。

刑法第一百七十一條未指定犯人而向該管公務員誣告犯罪者處一年以下有期徒刑拘役或三百元以下罰金。

刑法第一百六十八條證人供前或供後具結而為虛偽陳述者處七年以下有期徒刑。

余謹將親見敵人罪行之事實，據實陳述如下：

以上所述，全係事實，並無虛偽。如上項敵人罪行，將來可受法庭審判時，余願居於告發人或證人之地位。倘有虛偽，願受誣告或偽證之處罰。此結。

具結人 姓名（簽名）蓋章（或按指印） 性別 年齡 籍貫 職業 住址

羅有道 男

陳述前已告以具結之意義，及誣告偽證之處罰。陳述後，又令具結人閱覽並向其朗讀。經承認無異。

調查人 姓名（簽名）蓋章 性別 年齡 籍貫 職銜 住址

中華民國 年 月 日具結

曹德元之女三姐

幼女五姐

其子立山

汉景乡九保

275

20. 衣冠禽兽，狼心狗肺。1943 年 11 月 8 日，敌军小山笃司部队侵入道溪乡七保（今彭山附近）李子清家，李子清从自家屋后逃到山中躲藏。家小均未来得及逃避，被日军将其女儿轮奸杀死。次子新奇亦被割足后刺腹死亡。11 月 10 日日军撤退时，又将李子清近邻陈敦普的房屋放火烧尽。李家什物亦被掠夺一空，损失在百十万元以上。种种凶恶，惨不忍言（见影印件。摘自档案馆 1945 年 1714 号卷）。

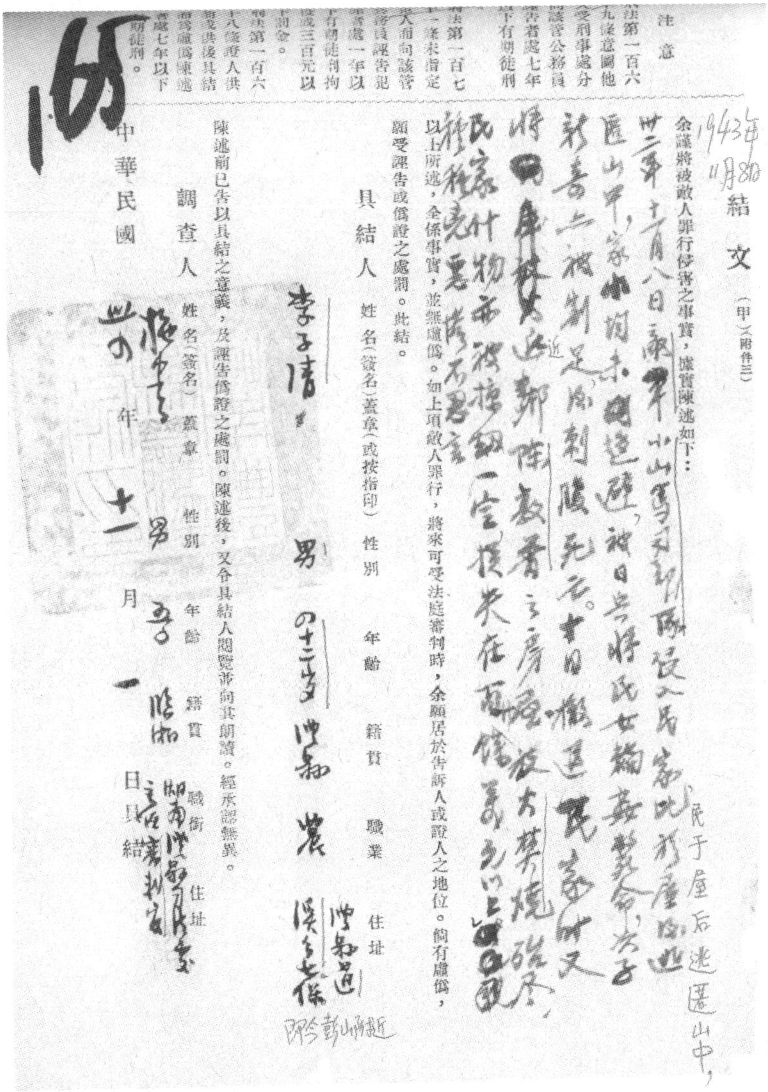
結文（甲）（附件三）

余謹將被敵人罪行侵害之事實，據實陳述如下：

1943年11月8日

卅二年十一月八日敵軍小山篤司部隊侵入民家，比將民于屋后逃匿山中，家小均未及逃避，被日兵將民女輪姦斃命，次子新奇亦被割足后剌腹死亡。十日撤退，又將民近鄰陳敦普之房屋放火焚燒殆盡，民家什物亦被掠劫一空，損失在百十萬元以上，種種兇惡，慘不忍言。

以上所述，全係事實，並無虛偽。如上項敵人罪行，將來可受法庭審判時，余願居於告訴人或證人之地位。倘有虛偽，願受誣告或偽證之處罰。此結。

具結人 姓名（簽名）蓋章（或按指印） 李子清 性別 男 年齡 四十三歲 籍貫 澧縣 職業 農 住址 澧縣道溪乡七保（即今彭山附近）

陳述前已告以具結之意義，及誣告偽證之處罰。陳述後，又令具結人閱覽並向其朗讀。經承認無異。

調查人 姓名（簽名）蓋章 [illegible] 性別 男 年齡 [illegible] 籍貫 澧縣 職銜 湖南澧縣[illegible] 住址 [illegible]

中華民國 卅四 年 十二 月 一 日具結

注意

刑法第一百六十九條意圖他人受刑事處分向該管公務員誣告者處七年以下有期徒刑

刑法第一百七十一條未指定犯人而向該管公務員誣告犯罪者處一年以下有期徒刑拘役或三百元以下罰金

刑法第一百六十八條證人供前或供後具結而為虛偽陳述者處七年以下有期徒刑。

21. 东洋盗匪，罪大恶极。1943 年 11 月，日寇笠置佐木，片刚部队在长官小山笃司、山竹夫等带领下，进犯澧县，日夜在附城乡强奸抢劫、杀人放火，无所不为。被害者不可数计。11 月 11 日侵入澧阳桥农民李发芝家住宅，将其所有锁藏仓中之贵重什物掳劫一空，并将子母黄牛牵去杀吃。仓中食谷百余担，日寇纵马吃食。后溃退时尚存一部分搬运不及，连屋放火焚烧殆尽（见影印件。摘自档案馆 1945 年第 1945 年 1714 号卷）。

敵人罪行調查表

調查者及填表人須先閱填表須知

在澧阳桥李发芝家

罪行人	姓名	未詳			官職或職業			
	所屬部隊或機關 名稱	笠置佐木尾岡步部隊						
	長官姓名	小山篤司 山竹夫等			官職或職業	未詳		
被害人	姓名	李發芝	性別	男	年齡	四九歲	籍貫	湖南澧縣
	被害時職業	農			現在職業	農		
	被害時住所	澧縣附城鄉		現在住所	澧縣附城鄉			
罪行事實	日期	32年11月11日	地點	澧縣附城鄉里陽橋				
	罪行種類	强姦放火擄掠						
	被害詳情	卅二年十一月敵軍笠置佐木尾岡步部隊[illegible]小山篤司山竹夫之部隊進犯澧縣，日夜在鄉[illegible]擄掠殺人放火[illegible]不可數計。同月十一日侵入里陽橋李發芝住宅，將其所有稻藏倉中之黃谷什物擄劫一空，[illegible]去殺吃，[illegible]中食谷百[illegible]縱放其[illegible]吃，[illegible]部搬運不及連屋放火焚燬殆盡。食谷子余石，纵放其马吃食，所有锁藏仓中。放火焚毁殆尽。将子母黄牛牵去杀吃。						
證據	人證	甲種結文	（見附件）李發芝					
		乙種結文						
	物證							
備考								

1943年11月

調查者：湖南澧縣國民兵團[illegible]00 調查日期 34年8月7日

填表須知

(一)填表以確實為主，事實不明者，勿庸填寫。

(二)罪行人姓名須詳寫，不可只填「松井」或「太田」等字有姓而無名；如係集團犯罪，可將罪行人填入備考欄。如罪行人姓名無法查考時，則填明「不知」二字，但須將罪行發生日期，地點及部隊番號等儘量詳填，以便另行設法調查。

(三)罪行事實欄，應先參照敵人罪行種類表(附件一)，將罪行人所犯之罪填入罪行種類欄，再詳細填明被害情形。

(四)證據欄

(甲)人證：包括本國人與外國人，須由被害人。或目睹者具結，詳敍罪行事實，簽名蓋章(或按指印)隨表附送。見具結須知(附件二)及結文(甲)(乙)兩種(附件三及四)。

(乙)物證：須注明(1)罪行人遺留物件，(2)有關敵國屠殺計劃文件，(3)罪行照片，(4)其他證據等。

(五)本表各欄不敷填寫時，可另紙書明併送。

(六)調查者須簽名蓋章，如係機關，則須加蓋印信。

108

注意

刑法第一百六十九條意圖他人受刑事處分向該管公務員誣告者處七年以下有期徒刑。

刑法第一百七十一條未指定犯人而向該管公務員誣告犯罪者處一年以下有期徒刑拘役或三百元以下罰金。

刑法第一百六十八條證人供前或供後具結而為虛偽陳述者處七年以下有期徒刑。

余謹將被敵人罪行侵害之事實，據實陳述如下：

卅二年十一月敵軍[illegible]佐木尼剛等部隊首准小山窎口山竹夫之部隊進犯澧縣日夜在鄉張森擄掠殺人放火無所不為鄰近被害者不可數計民於是逃避附近山中同月十日侵入民宅將民所有鐵藏房中之壹仟肆佰叁拾伍斤將子母黃牛壹頭殺吃家中傢私不能拆散者焚燒後潰退時尚存一部撤退不及者遂焚燬房屋大樊燬殆盡損失已在百萬元以上現在貧窮無所[illegible]殊堪痛恨

以上所述，全係事實，並無虛偽。如上項敵人罪行，將來可受法庭審判時，余願居於告訴人或證人之地位。倘有虛偽，願受誣告或偽證之處罰。此結。

具結人 姓名（簽名）蓋章（或按指印） 李[illegible] 性別 男 年齡 四九 籍貫 澧縣 職業 農 住址 澧縣[illegible]

陳述前已告以具結之意義，及誣告偽證之處罰。陳述後，又令具結人閱覽並向其朗讀。經承認無異。

調查人 姓名（簽名）蓋章 孫中文 性別 男 年齡 [illegible] 籍貫 [illegible] 職衔 湖南澧縣[illegible] 住址 [illegible]

中華民國 卅四 年 八 月 九 日具結

22. 血雨腥风，暗无天日。1943 年 11 月，日寇紫田、早木、幸长等部队由其罪魁失野贯一带领侵入澧城，其部属在城内杀人放火、强奸掳劫，强拉壮丁，无所不为。附近人民因强拉趋避不及，被杀者计有饶万源、李正光等二人，强奸不从被刺者计有曹李氏、王周氏、刘建秀等三名，房屋被焚者计有张应山、李正余、曾有和等数栋，贵重什物均被劫空破坏。12 月 15 日，日寇追捕胡德明，胡侥幸脱险。12 月 17 日溃退时，日军将城内外稍贵重什物、强拉民伕、耕牛先行搬运北去，复将东门外之房屋百余栋用油引火焚烧成焦土（见影印件。档案馆 1945 年第 1714 号卷）。

日寇1944年11月 **敵人罪行調查表** 在县城东门外

調查者及填表人須先閱填表須知

罪行人	姓名	未详		官職或職業			
	所屬部隊或機關 名稱	柴田 早木 幸荒多部队					
	長官姓名	矢野贯一		官職或職業	未详		
被害人	姓名	饶高原等百余家	性別 不一	年齡	不一	籍貫	澧县
	被害時職業	农商		現在職業	农商		
	被害時住所	澧县东门外		現在住所	现因家屋流离失所		
罪	日期	32年12月15日	地點 澧县东门外				
	罪行種類	杀人放火强奸掳劫强拉壮丁					
被害事實詳情	1944年11月 卅二年十一月间敌人柴田早木幸荒等部队侵入澧城其长官矢野贯一之部队在城杀人放火强奸掳劫强拉壮丁，当时不知敌人突然进城逃避不及被杀者计有饶高原李正先等二名，强奸不从被刺死者计有曹李氏王周氏刘建秀等三名，房屋被焚者计有张左山李正全曹有和等数栋，其余什物均被劫一空，十二月十五日逃城前日将城内外住户什物强拉民伕耕牛先行搬运北去复将东门外之房屋百余栋用油引火焚烧成为焦土 曹有和等数栋 余栋 逃避不及，被杀者有饶万源、李正先等2名，强奸不从被刺死者有曹李氏、王周氏、刘建秀等3名						
證據	人證 甲種結文	胡德明					
	人證 乙種結文	（見附件）一张					
	物證						
備考							

282

CC000035

105

調查者 湖南澧县司法处主任审判官[illegible] 調查日期 34年8月7日

填表須知

（一）填表以確實爲主，事實不明者，勿庸填寫。

（二）罪行人姓名須詳寫，不可只填「松井」或「太田」等字有姓而無名；如係集體犯罪，可將罪行人填入備考欄。如罪行人姓名無法查考時，則填明「不知」二字，但須將罪行發生日期，地點及部隊番號等儘量詳填，以便另行設法調查。

（三）罪行事實欄，應先參照敵人罪行種類表（附件一），將罪行人所犯之罪填入罪行種類欄，再詳細填明被害情形。

（四）證據欄

（甲）人證：包括本國人與外國人，須由被害人。或目睹者具結，詳敘罪行事實，簽名蓋章（或按指印）隨表附送。見具結須知（附件二）及結文（甲）（乙）兩種（附件三及四）。

（乙）物證：[illegible]

[illegible]

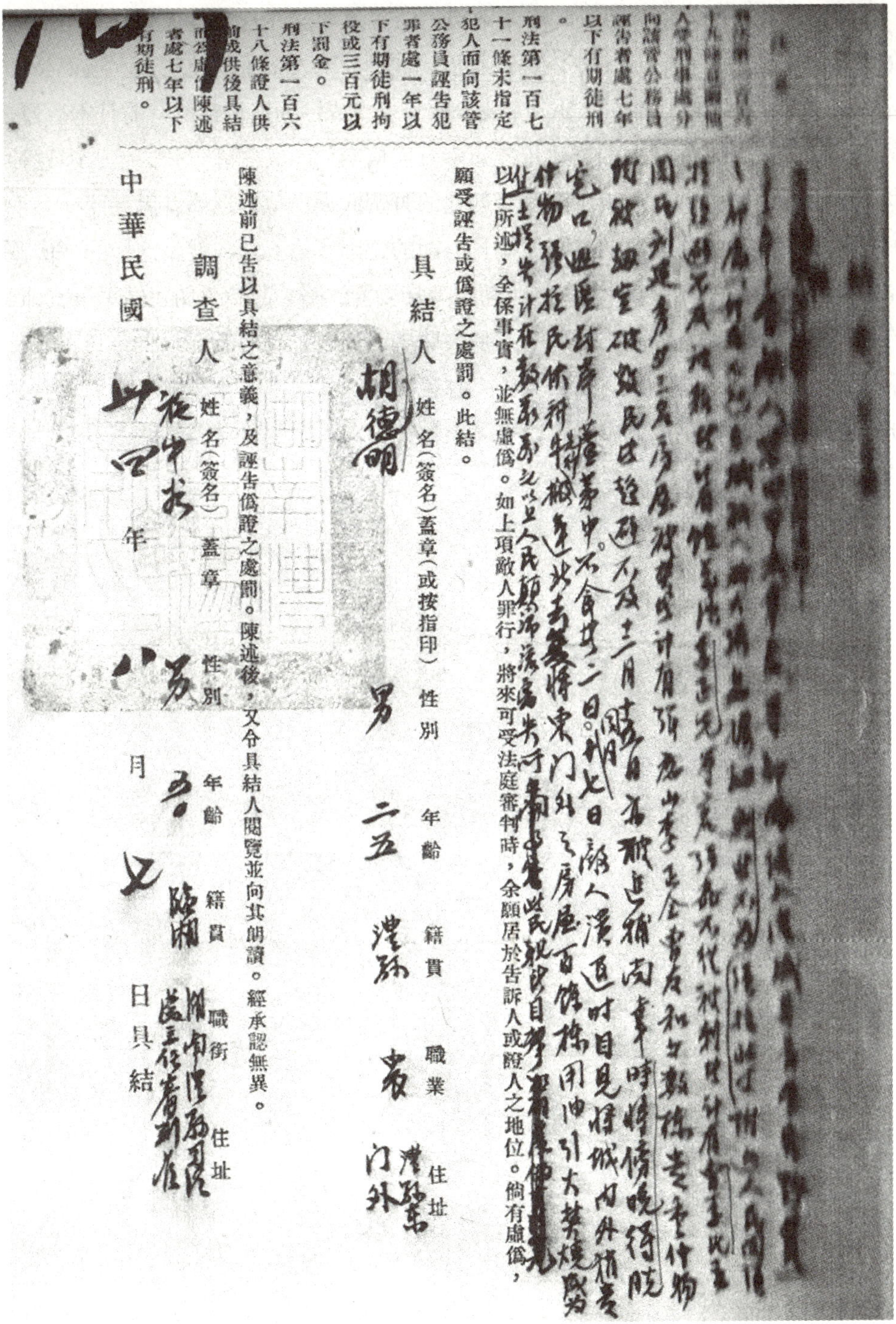

……向該管公務員誣告者處七年以下有期徒刑。

刑法第一百七十一條未指定犯人而向該管公務員誣告犯罪者處一年以下有期徒刑拘役或三百元以下罰金。

刑法第一百六十八條證人供前或供後具結而於案情有重要關係之事項供述虛偽陳述者處七年以下有期徒刑。

以上所述，全係事實，並無虛僞。如上項敵人罪行，將來可受法庭審判時，余願居於告訴人或證人之地位。倘有虛僞，願受誣告或僞證之處罰。此結。

具結人 姓名（簽名）蓋章（或按指印） 胡德明 性別 男 年齡 二五 籍貫 澧縣 職業 農 住址 澧縣[illegible]門外

陳述前已告以具結之意義，及誣告僞證之處罰。陳述後，又令具結人閱覽並向其朗讀。經承認無異。

調查人 姓名（簽名）蓋章 [illegible] 性別 男 年齡 [illegible] 籍貫 湖南 職銜 [illegible] 住址 [illegible]

中華民國 卅四 年 八 月 [illegible] 日具結

23. 为虎作伥，傍火打劫，中华败类，遗臭万年。在这个世界上，人类种族的基因是有遗传性的，这主要体现在肤色、体型、毛发等生理技能上。道德品行是不分种族的，不因日本军国主义、战争贩子杀人成性而遗传给所有的日本后裔。同样，中华民族具有优良的文化传统，多数人信奉仁、义、理、智、信，但这种美德并非所有华人共有。极少数未经教化的野蛮武夫，他们近墨者黑，照样会干日本鬼子一样的丧尽天良的坏事。抗日时期的建国军第五师，就是这样的一伙狐群狗党、杀人魔王。1943 年 10 月，湖南澧县再度沦陷，敌骑（伪建国军第五师）在古师长带领下，他们进驻县属盐井乡大肆屠杀劫财。有刘老五、唐春和等十多名老百姓被劫财杀害，盐井乡张家厂、缸窖群众对其恨之入骨。国民党军阀控制的一些部属在这类祸根的影响下，声名狼藉，走向人民的对立面（见影印件。摘自档案馆 1945 年 1714 号卷）。

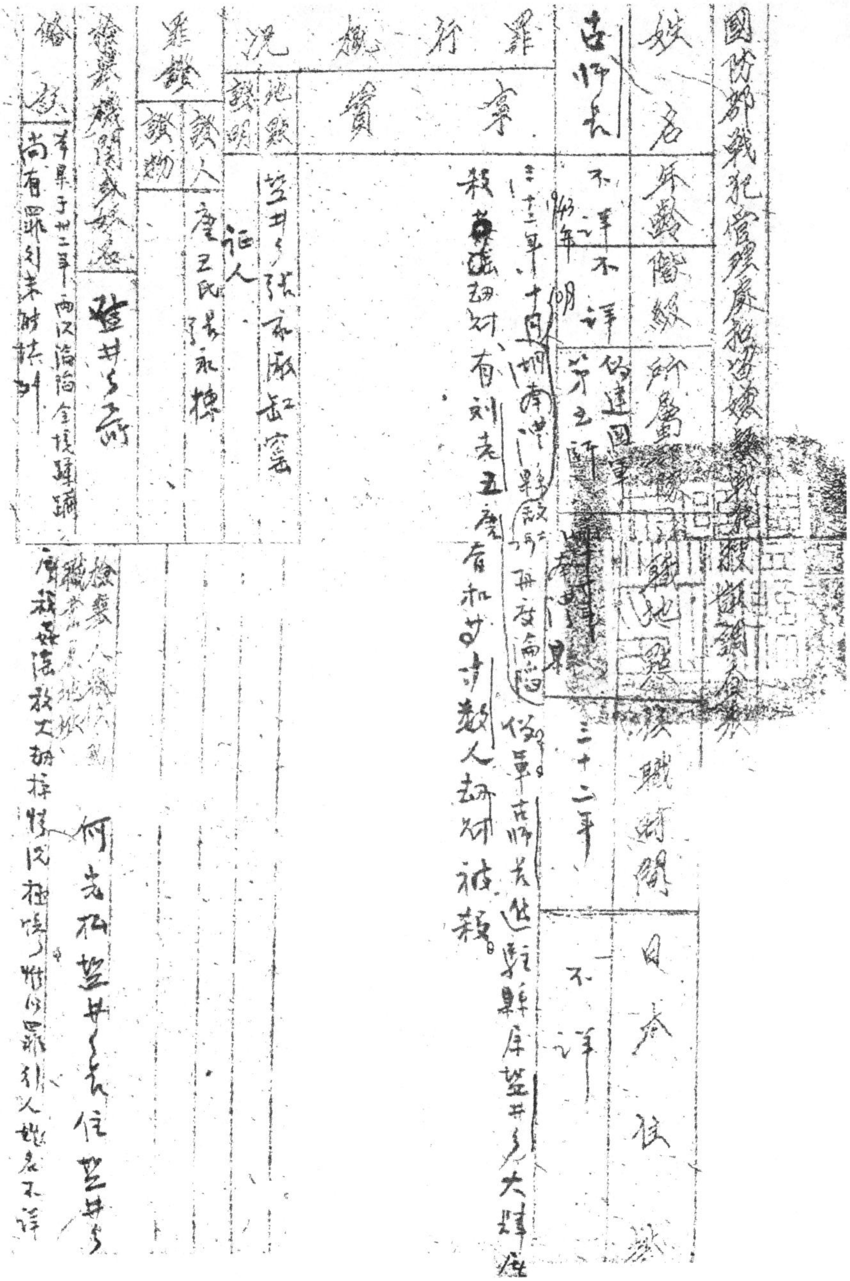

24. 澧县第八区新店乡第 6 分队群众为联名公诉日本侵华战犯中崎嘉明犯罪事实，签字画押，转呈联合国安全理事会（见影印件。摘自档案馆）。

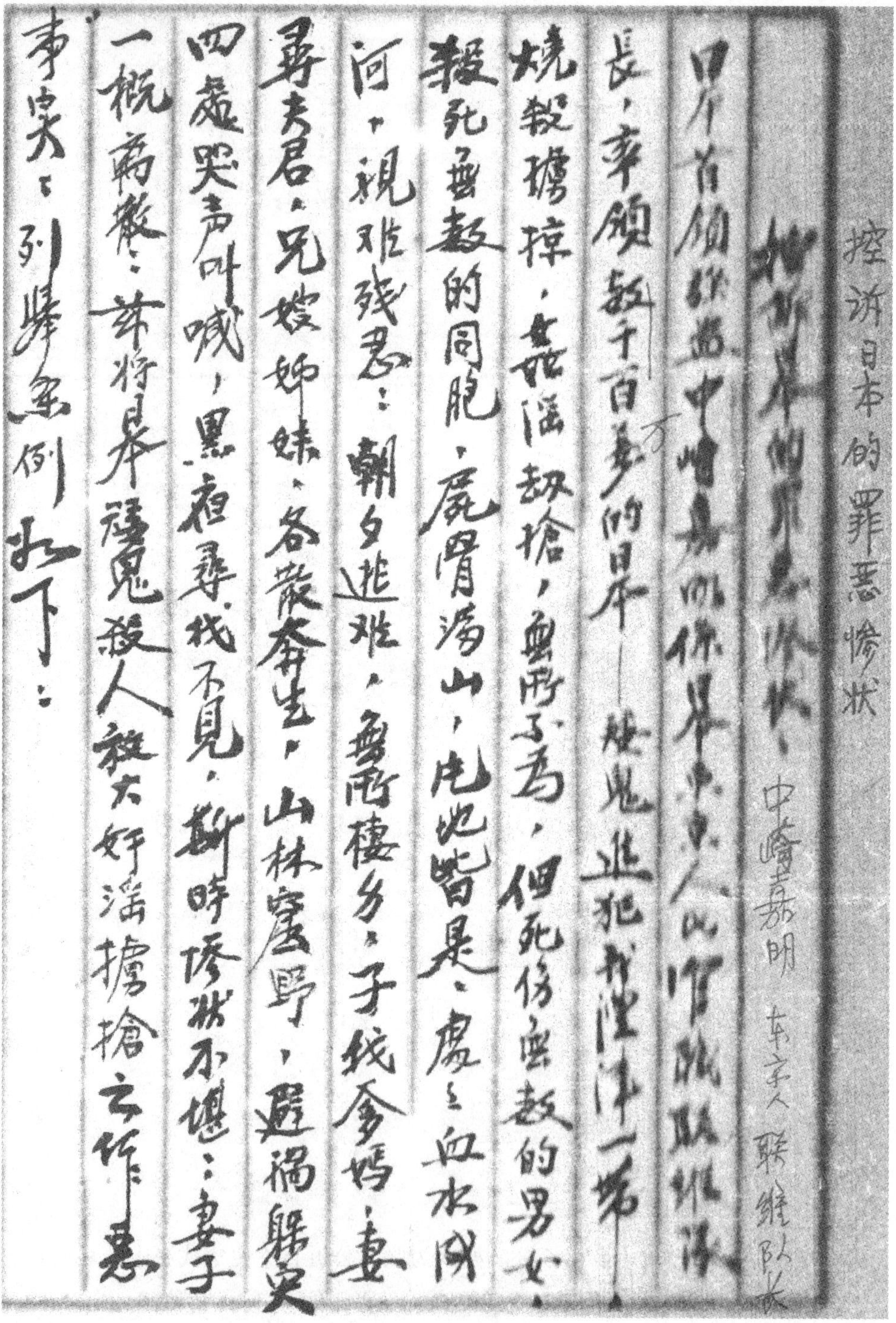
控訴日本的罪惡慘狀
中崎嘉明 [illegible]

[illegible]

長，率領數千百(万)多的日本[illegible]

燒殺擄掠，姦淫劫搶，無所不為，但死傷無數的男女，

殺死無數的同胞，屍骨遍山，比比皆是，處處血水成

河，視非殘忍；朝夕逃難，無所棲身，子找爹媽，妻

尋夫君，兄嫂姊妹，各散奔生，山林曠野，避禍躲哭，

四處哭声叫喊，黑夜尋找不見，斯時慘狀不堪；妻子

一概病故，並將日本鬼子殺人放火奸淫擄搶之作惡

事實，列舉實例如下：

人。日本的残酷暴行：该部驻扎我澧县地域一带多天四乡游击：三三两两：四五成群：处处搜找妇女及把猪鸡牛：逼得团团围捆：无所脱逃：加以焚烧李家村之房屋数十余栋：禾草谷蔬千百余堆：逼得人们无栖所，民不聊生，使黎民更受残忍难受：真罪大恶极：有犯条件之一也。

人。奸淫掳掠的实事：不分年幼的妇女及逼得些老婆们插翅难飞，铁地不入，把一些脚小寸步难移的姑娘老婆们：横分上下的衣服脱光：并用雪亮的刺刀及粗大的木棒：在他们的两腿蓬门下不停

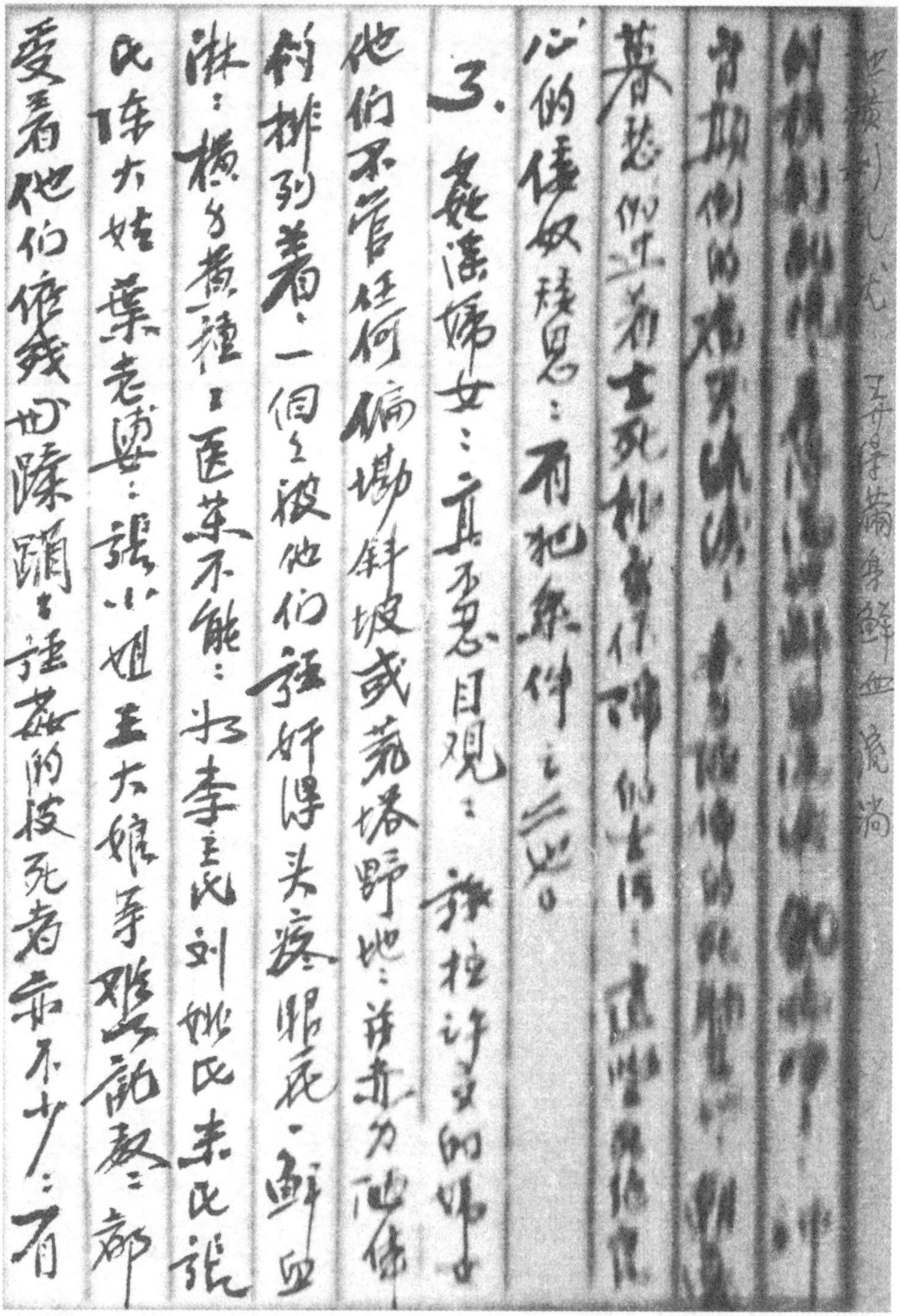

心的傷女孩兒：有把條件：之
3. 姦淫婦女：真不忍目覩：強拉許多的婦女
他們不管任何偏𠌫斜坡或荒塔野地：並強力逼你
斜排列着，一個個被他們強奸得头疼腳疼，鮮血
淋淋：横身横種：医藥不能：如李王氏、劉姚氏、朱氏、張
氏、陳大姑、葉老姨婆：張小姐、王大娘等，难以記數：郝
受着他們像殘的蹂躪：往強姦的被死者亦不少：有

逼奸难抵，为数甚多，此种暴行实属有违条例者三也。

五、杀人放火及抢掠财物：敌到澧时及我境内，所被杀的老百姓，有的抛在荒郊野外，有的丢在水坑内，也常有的将人来泡在油缸里，或用衣物被褥滚在禾草及脚在床上，不能去葬；有的被刺半死不能行也有不少，这些惨酷毒辣的暴行真有犯人间条例者四也。

以上四条等情，均系实在，所欠我等群众血债原难洗净，是以联名缕情呈请

上奉 钱呈

联合国安全理事会 将以上罪恶实际情况 依

聯合國[illegible]

法執行，并要[illegible]

蹂躪、毋殘酷；更不應受那年[illegible]

要踏平三島 解放台灣 更立我毛主席領導之下

勇往邁進 抱着不屈不撓的精神 蹂躪四光反

與之暴敵倭寇；洗雪八年抗戰血債的國恥；

更識國賊日本的美帝走狗盜匪帝國主義反反

人民的蔣匪邦；使我大東亞中華人民共和國

永遠飄揚於世界。 此上

澧縣人民政府 轉呈

聯合國安全理事會

澧縣八区新店鄉葉大家群众呈

葉和淑　和玉　和倩　和棟　和進

江世良　葉彭　正甲　葉和鴻　和發

葉圃信　圃桂　和敏　馬開春　開結

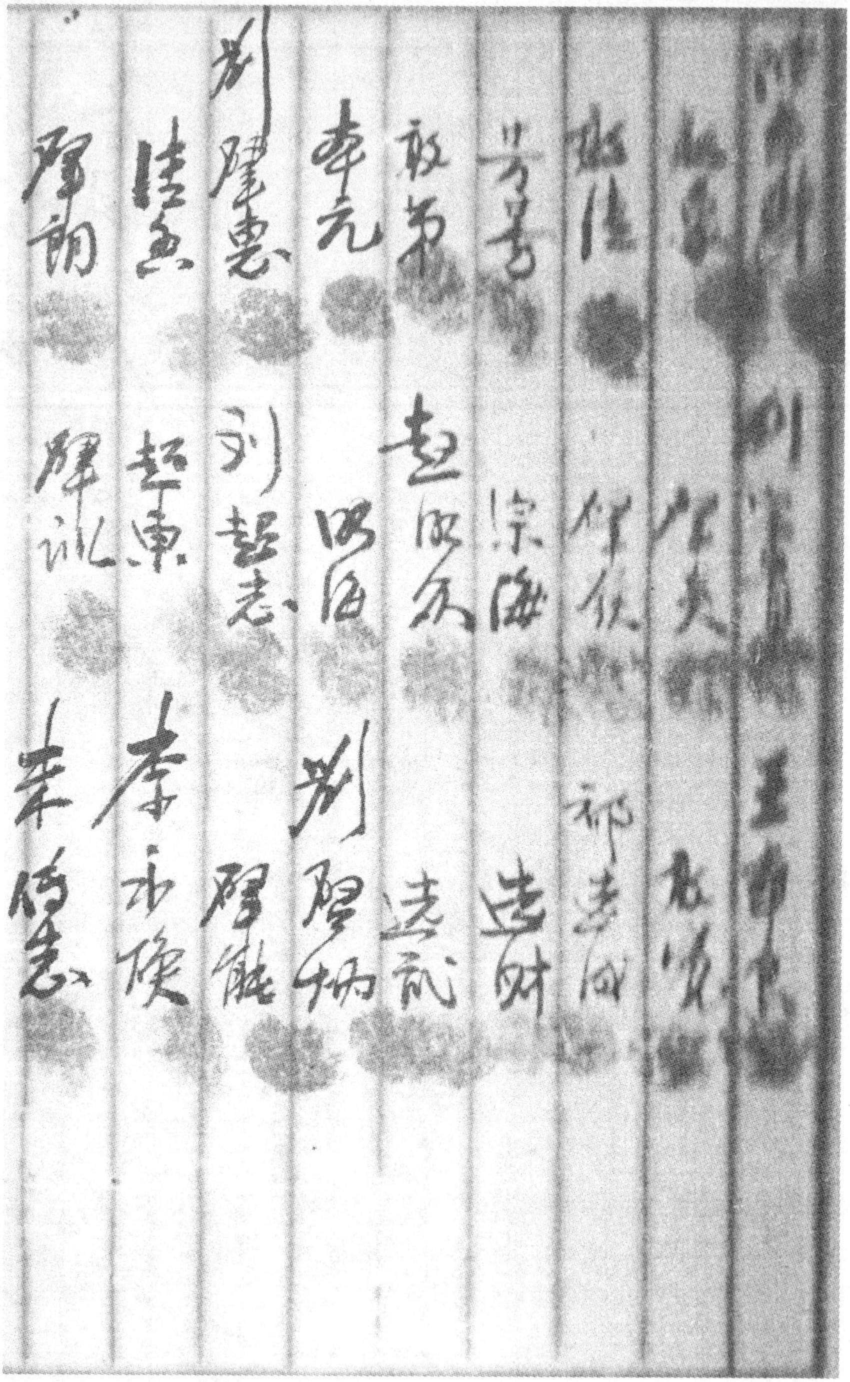

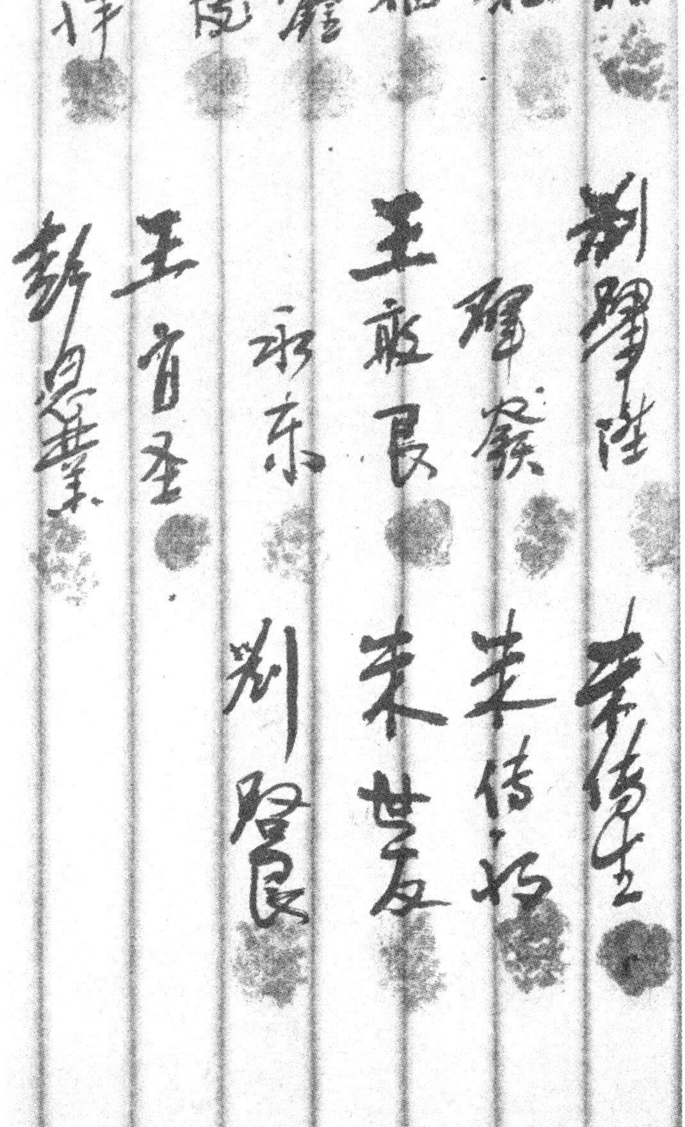

25. 贞武乡第三组胡家祐组长 1951 年 10 月 30 日报告（见影印件。摘自档案馆）。

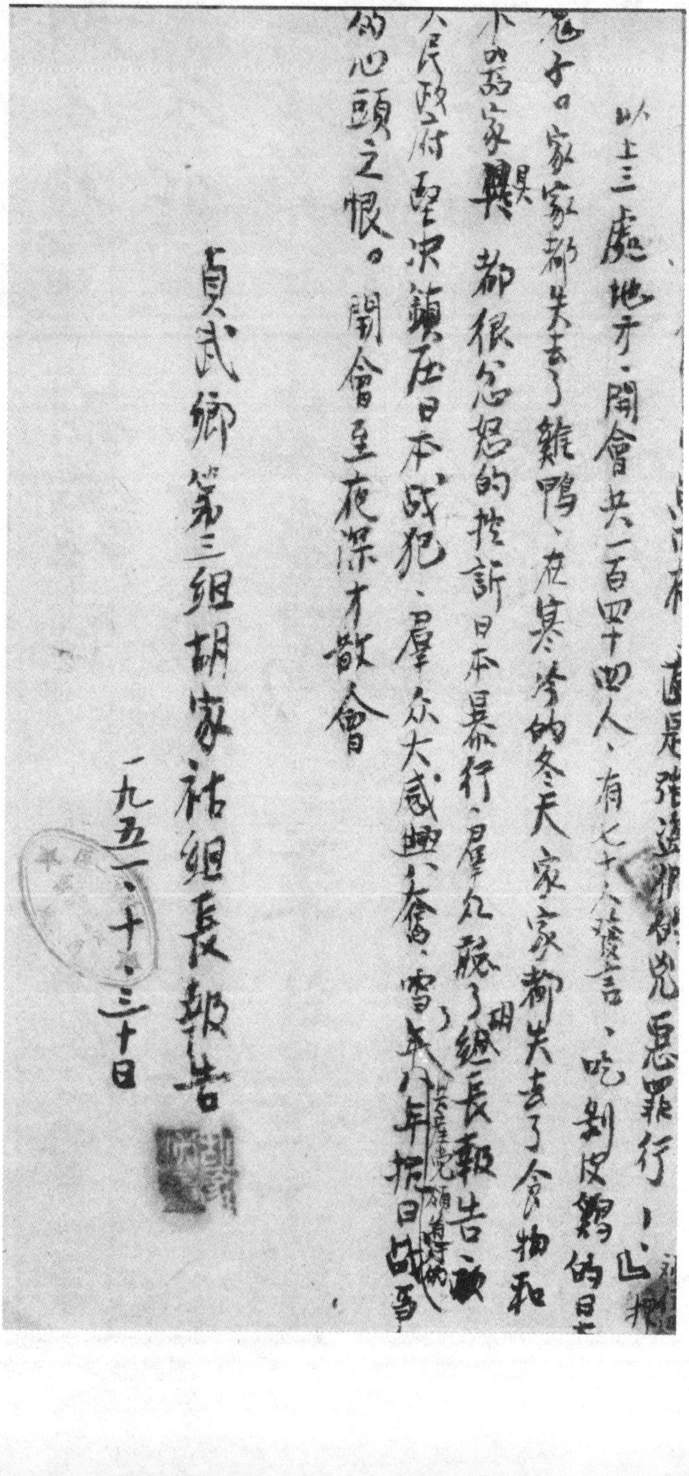
……村，直是强盗們的兇恶罪行，以……
以上三處地方，開會共一百四十四人，有七十六人发言，吃剝皮雞的日本……
鬼子口家家都失去了雞鴨，在某冷的冬天家家都失去了食物和
不露家具 都很忿怒的控訴日本暴行，群众聽了組長報告……
人民政府堅决鎮压日本戰犯，群众大感興奮，當年八年抗日戰……
的心頭之恨。開會至夜深才散會
貞武鄉第三組胡家祐組長報告
一九五一、十、三十日

貞武鄉第三組对日暴行控訴會記（續）

周良和說：「日本強盜來了，於冬月二十搜洗我家，劫去我的米、鷄鴨。真是可惡！」

周良和押

劉位廷說：「日本強盜來了，他的過山炮彈，幾乎打在我的身邊，成千的群众没命的奔跑。（我家的乃子掃在外邊奔跑的痛苦）我家被強盜搶劫，損失了一隻大豬、兩件毛絨子衣服和其他衣服。而石拳和廚房

號供、空悪于日

14

0000314

26. 1943 年 7 月 21 日，永乐乡乡长况英向县政府报告（见影印件。摘自档案馆 1943 年 1283 号卷）。

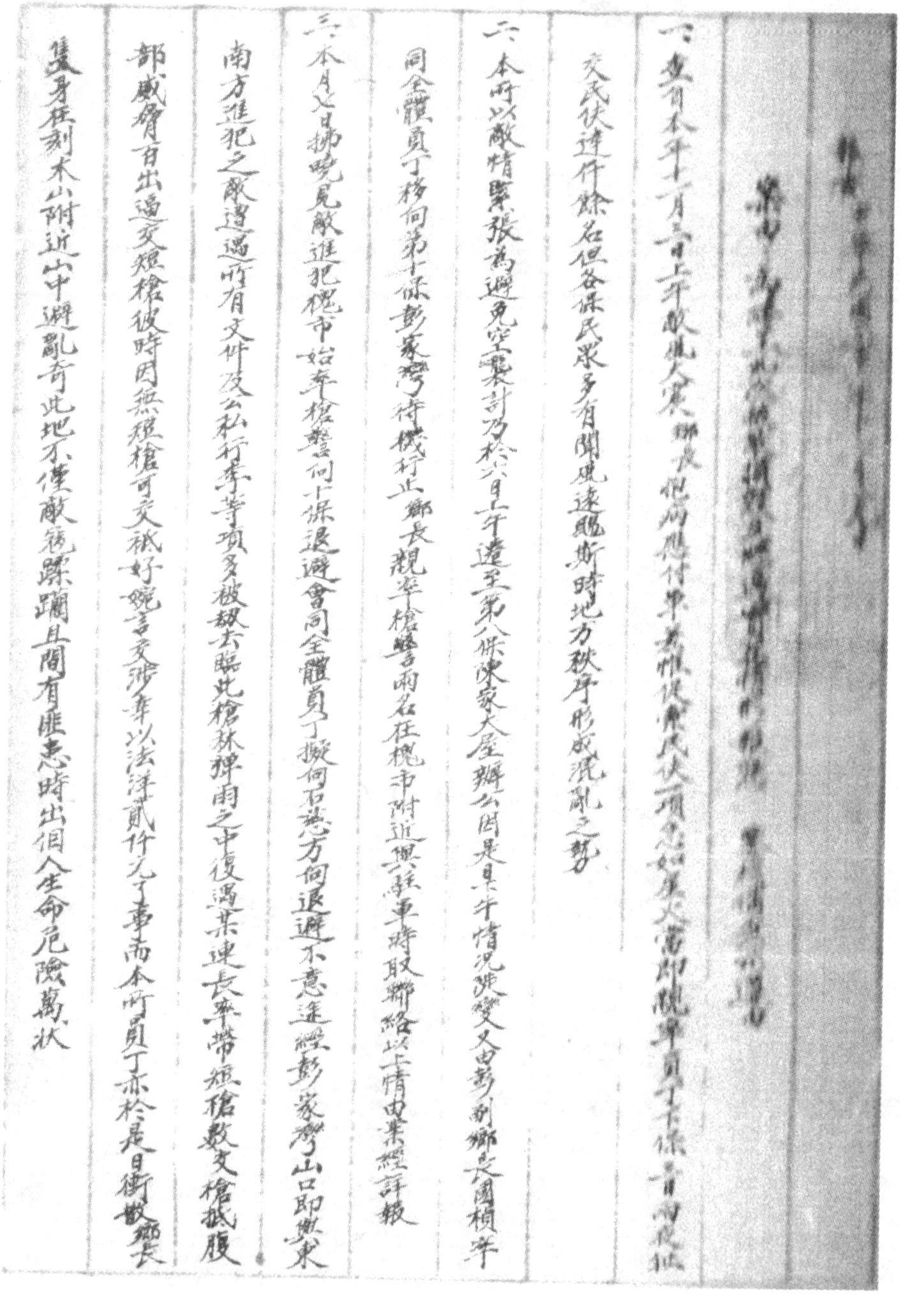

一、查有本年七月六日上午敌机入寇[illegible]

交民伕连件[illegible]名但各保民众多有闻风远飏斯时地方秩序形成混乱之势

二、本府以敌情紧张为避免空袭计乃于六日上午迁至第八保陈家大屋办公因是日下午情况演变又由彭副乡长国桢率

同全体员丁移向第十保彭家湾待机行止乡长况率枪警两名在槐市附近与驻军时取联络以上情由业经详报

三、本月七日拂晓见敌进犯槐市始率枪警向十保退避会同全体员丁拟向石惹方向退避不意途经彭家湾山口即与来

南方进犯之敌遭遇所有文件及公私行李等项多被劫去临此枪林弹雨之中复遇某连长率带短枪数支枪抵腹

部威胁自出逼交短枪彼时因无短枪可交只好婉言交涉率以法洋贰仟元了事而本府员丁亦于是日冲散乡长

只身在刻木山附近山中避乱奇此地不仅敌寇蹂躏且间有匪患时出伺人生命危险万状

四、本鄉所屬二三保（即梘市）舖屋先後均被敵冦燒燬殆盡，第八保亦被燒去半數，全鄉死傷人民約數拾口，擄去民衆達貳佰餘人，搶殺耕牛肥猪約仟餘頭，民間食粮多被焚燬殆盡，其物資損失約值數萬萬元以上，瘡痍滿目，殊堪痛心，所有詳細情形俟查明後即行另案分別造册彙報。

五、鄉長因此次避亂山中，飽受風寒，致病復發，又彭副鄉長亦同時患病，擬准給假半月以資調養，所有職務暫交由王副總幹事錫梅代理。

六、本所自敵冦潰退後業已遷回原地辦公，所有辦理情形俟當另案具報。

所有以上各經過實在情形，理合備文報懇

鈞座 鑒核備查，敬祈示遵。

右六項謹呈

澧縣縣長康

澧縣永樂鄉鄉長況 英

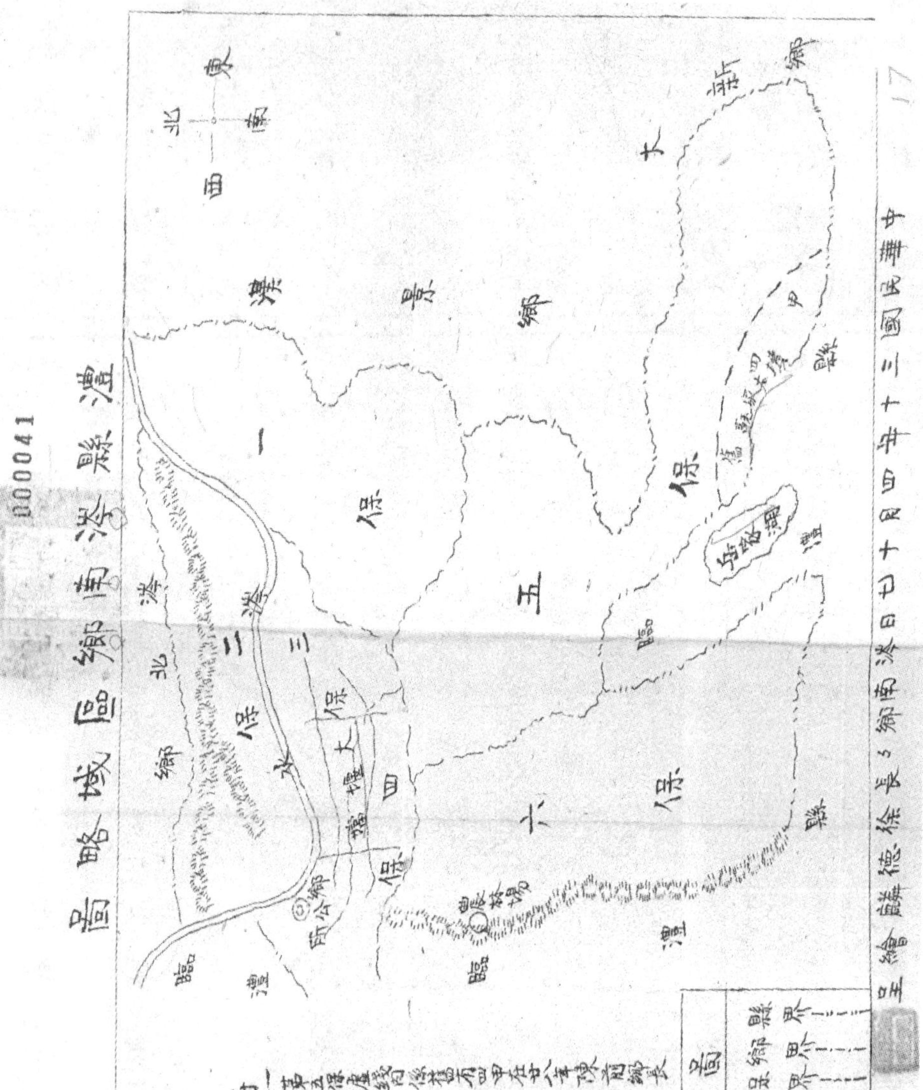
澧縣澴南鄉區域略圖
000041
圖例
縣界
鄉界
保界
河流
湖沼
鄉公所

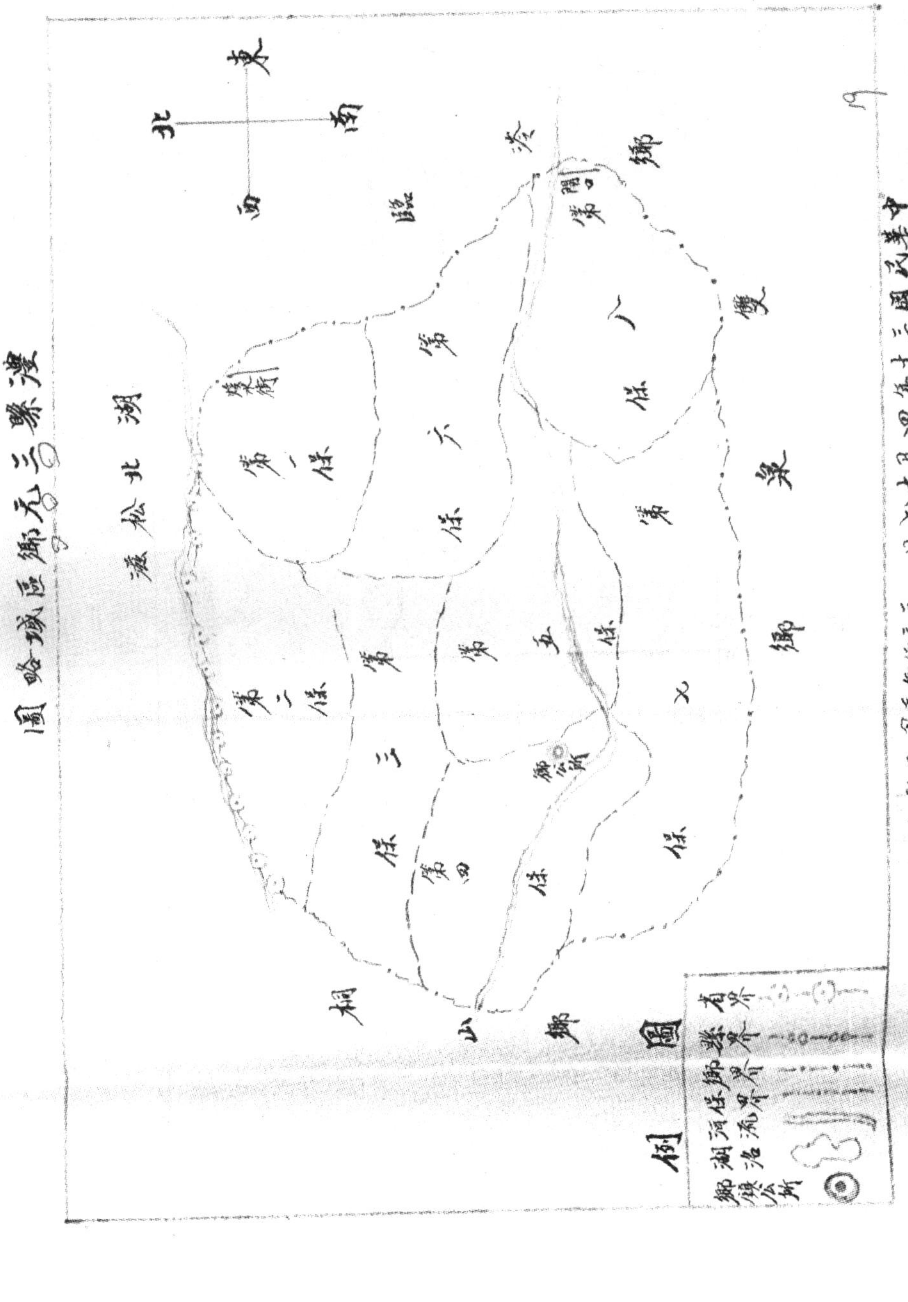
澧縣三區乙鄉區域略圖
東
西
南
北
圖例
鄉界
縣界
保界
河流
湖泊
鄉公所
中華民國三十四年十月五日

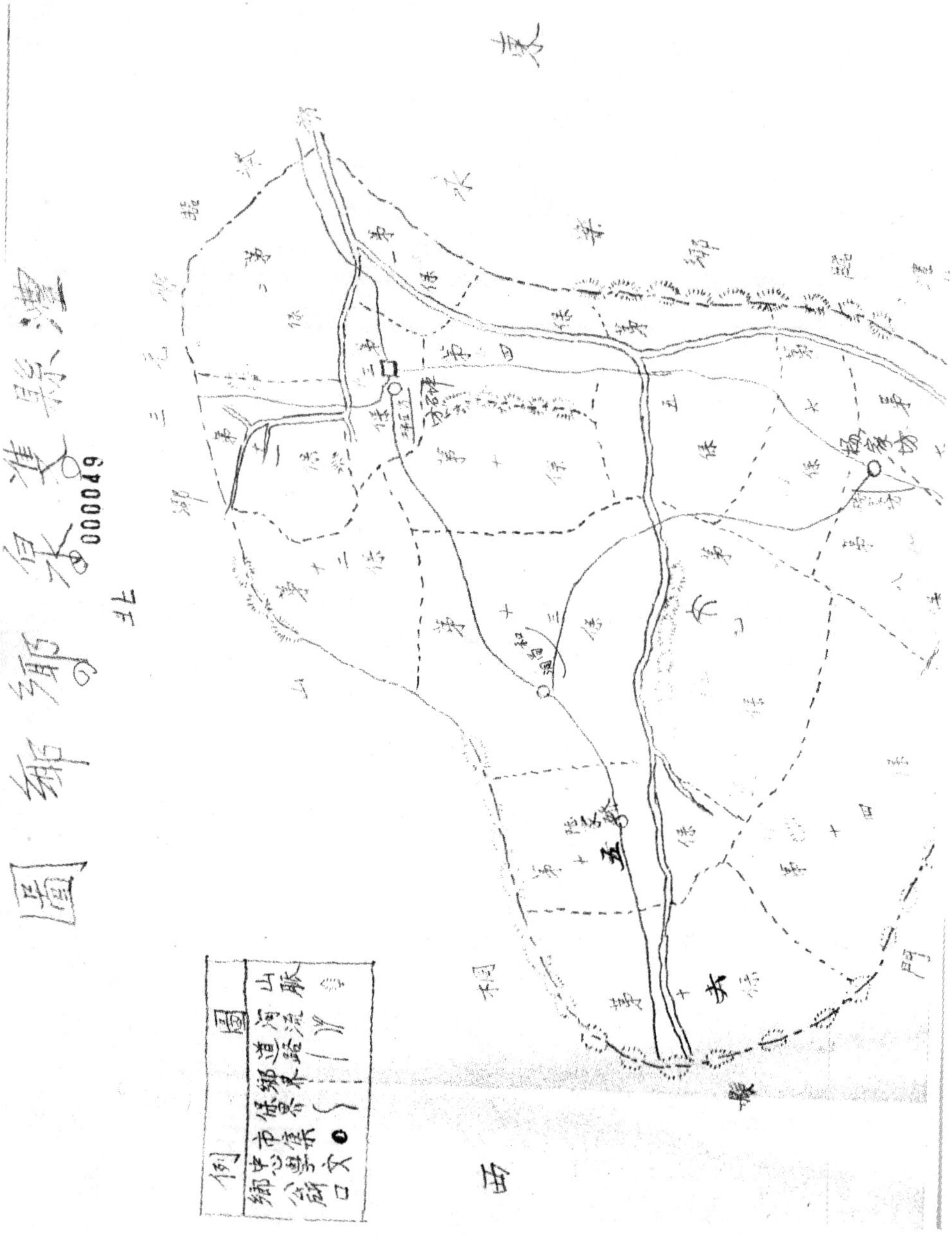
000049
北
東
西
圖例
山脈
河流
道路
鄉界
保界
市集
中心學校
鄉公所

澧縣桐山鄉區域圖

000051

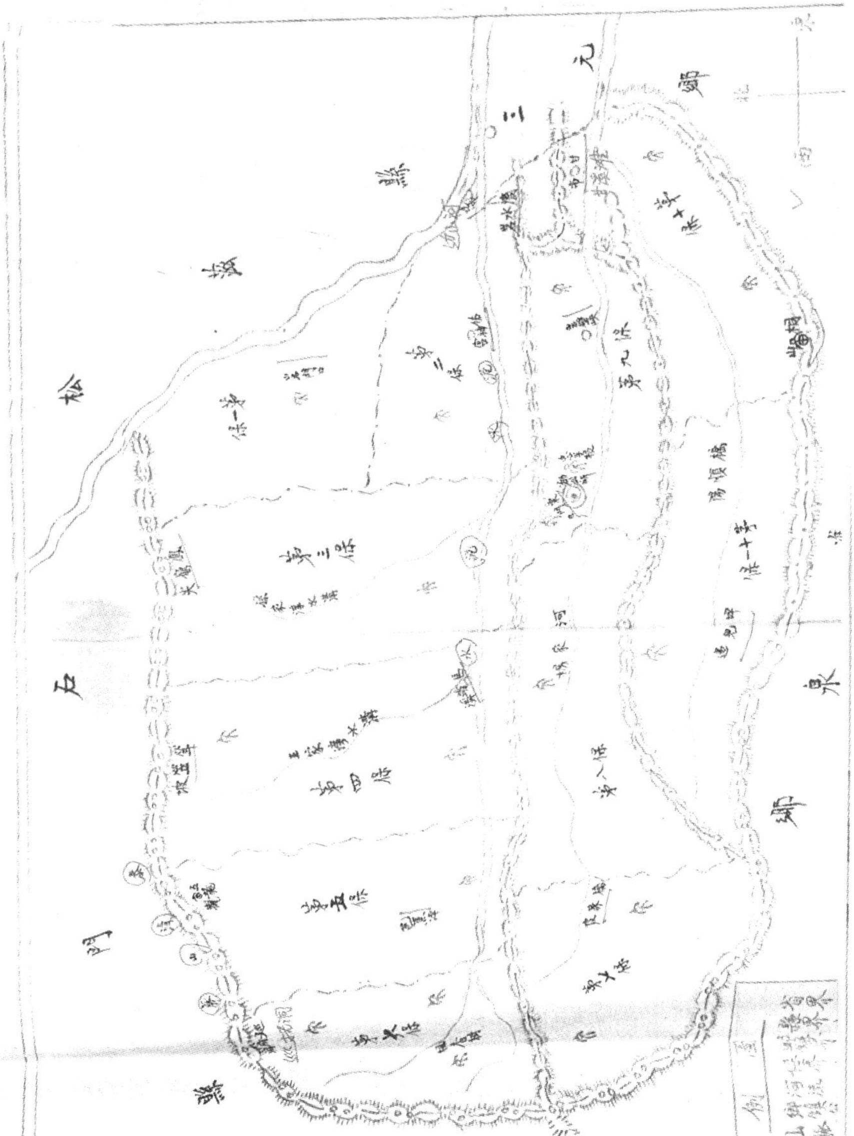

寇灾损失 数不胜数

1943年日寇挑起的鄂西会战和常德会战期间，战争贩子的铁蹄踏到哪里，哪里的乡村就变成一片焦土，哪里就血流成河。日寇凶焰万丈，给澧县人民造成了巨大的精神创伤和史无前例的经济损失。尽管日寇投降了，老百姓仍然长时间谈倭色变，以至把“跑日军”、“跑日军第二年”当成记事的标志，成了取代阴历、阳历年代的年号。惊魂未定，痛定思痛，这场噩梦长期让人不得安宁。1944年1月，澧县龙山乡乡长、人民代表姜辅墀撰文说：“查澧境各乡镇如澧南、津市、龙山、蛩台等二十余处，惨遭倭患，成为国际战场。陆空轰炸，血肉横飞。火甚于秦，源凶于兽。捣毁家具，抛撒粮食。妇女裸体，猪鸡活剥。用器皆牛溲马勃，膻气熏天。驻处如絮絮花花，金光盖地。杀人如麻，抛尸蔽江而下。于是不肖分子或收遗失枪支，或勾结落魂军人，号令党羽，荼毒生灵。挖人脚筋，熏人眼鼻，松窃耳环，脱下戒指。剥衣则一丝不挂，逼款为五斗米折腰。火烧生殖器，胯下受辱；水灌便道口，后门进狼。私行拷打，惨绝人寰。嗟嗟血染梅花，哪堪回首。鹃啼夜月，甫地警魂。其牵猪拉鸡，竟酿为风气。迄今犹有似军人模样，不肯放下屠刀者。值此南山竹秀，澧水波涌，若辈一部罪恶史，教从何处写起？迨至大军云集，给养困难，举凡柴米菜蔬、猪肉水油、日常用具工作材料，皆取给予乡保，此又吾民之甚于寇灾、匪灾与军灾者也。夫抗战六载，政府对于民众，有征有购，有捐献，有赋税；其军事行政，有兵站部、粮食局、军师部队，又有军需机构，目前灾难已过，军差未已。山穷水尽，供应乏术。搜索枯肠，谨余残喘，徘徊故里，只剩劫灰。以故望烟火而凄声，号冷风而绝命者，此屋皆然，以落节确系实情。”

1. 蛩台乡遭受敌机轰炸的损失。民间儿歌“天不怕，地不怕，只怕飞机屙巴巴”，是从日寇犯境后才有的。蛩台乡1943年3月12日、5月6日、5月7日、5月13日接二连三的被日军飞机轰炸，损失特大（见影印件。摘自档案馆1943年第1278号卷）。

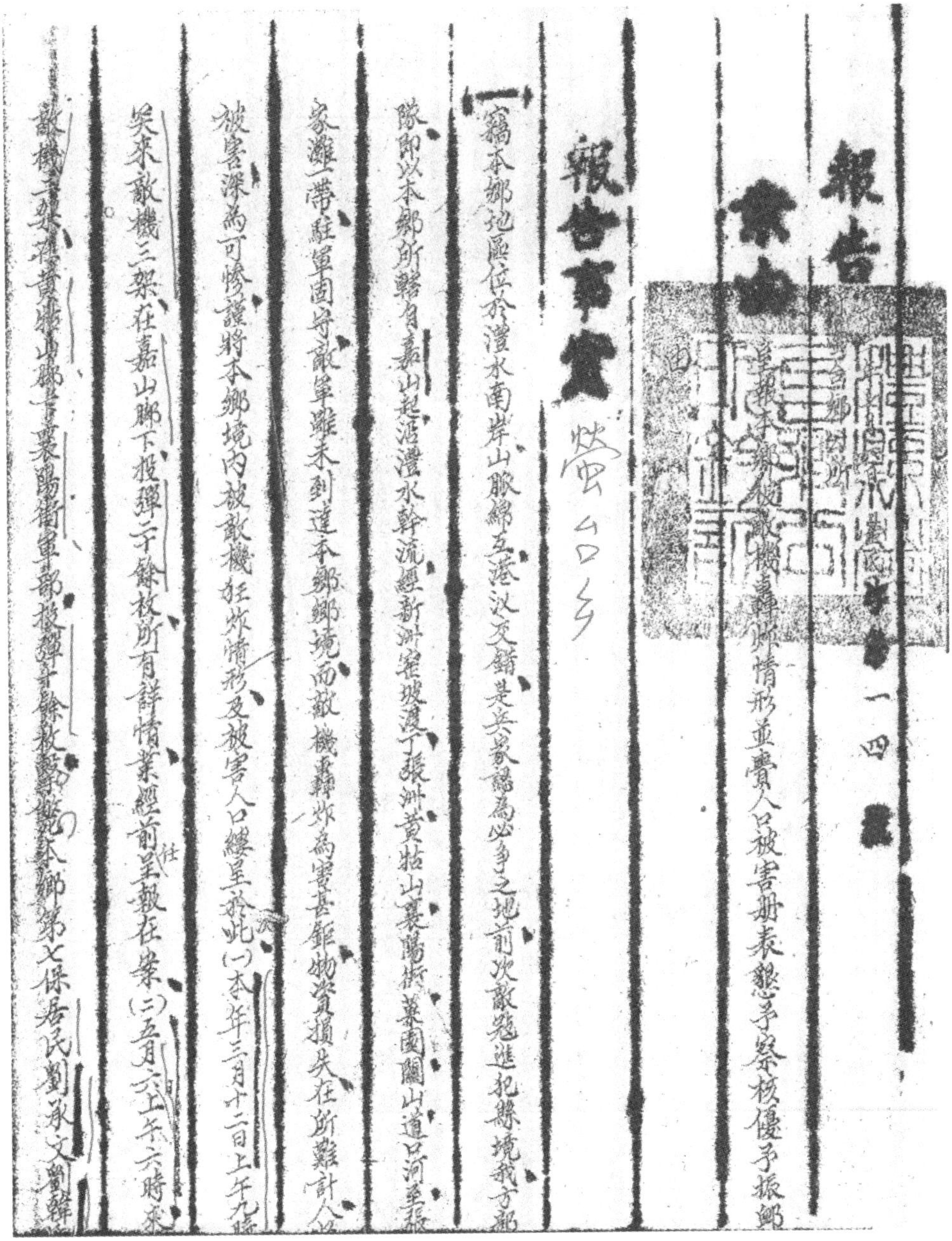

報告　一四

案由　呈報本鄉被敵機轟炸情形並賫人口被害册表懇予察核優予振鄉

報告事實　營台乡

一、竊本鄉地區位於澧水南岸山脈綿亙港汊交錯是兵家認為必爭之地前次敵寇進犯縣境我方部隊即以本鄉所轄自嘉山起沿澧水幹流經新洲窑坡渡丁張洲黃牯山襄陽街華園關山道口河至振家灘一帶駐軍固守敵軍雖未到達本鄉鄉境而敵機轟炸為害甚鉅物資損失在所難計人口被害深為可慘謹將本鄉境內被敵機狂炸情形及被害人口縷呈於此(一)本年三月十二日上午九時突來敵機三架在嘉山腳下投彈二十餘枚所有詳情業經前呈報在案(二)五月六日上午六時來敵機二架在黃牯山腳下襄陽街軍部投彈十餘枚毀死本鄉第七保居民劉承文劉韓

劉腊秀覃曲氏覃劉氏安丁氏安泥兒蔣唐氏等八名(三)五月七日上午十時敵機六架在本
鄉丁張洲投彈三十餘枚轟炸本鄉第六保居民丁成波黃陳氏等二名(四)五月十三日上午
十二時敵機三架在本鄉新洲市投彈三枚一投於本鄉鄉公所後面轟炸本所電話兵
杜家齊一名一投於本鄉中心學校旁面轟炸田長熊春生一名一投於萬壽宮(粮倉)附近炸
傷談開基談運南黃玉階沈宏基等四名現談開基因傷重殞命其餘談運南黃玉階沈宏
基等三名尚在醫治中同日敵機數架又在津市對河陽由境襄陽街菜園等處投彈多
枚肆意狂炸炸毀美孚油池燒毀功德林一帶房屋種種慘狀不一而足(五)查杜家齊係本鄉
鄉公所電話兵原由
鈞府電訊總機派駐新洲專司電訊斯時因軍事緊張命令嚴切未敢擅離以致中彈殞
春生係本鄉第三保第十一甲甲長值國軍駐境關于民伕馬料柴草無不由保甲辦理

指令 澧復財民字第1039号

令豐台乡乡長陈松柏

三十六年七月十七日豐民字第一四号報告一件，為呈報本鄉被敌机空袭損害情形請予從優振䘏由

報告暨附件均悉，茲分別核示如下：(一)據報敌机空袭損害情形，殊深軫念，仰侯遵照本府卅三年豐復民字第九一号巳咸代電規定分別專案報候振䘏。(二)查電话兵林家云因公殉难，本府已專案振䘏并令飭遵。(三)該乡第三保第十甲乡丁熊春生因公殉職，忠勇可嘉，應依法專案詳具事實報候請䘏。

上三項仰即遵照！此令。件存。

縣長 [illegible]

2. 1941 年 8 月 8 日午后 20 分，日寇飞机一架由鄂公安经东岳庙、如东铺飞抵县城上空，向城内后街、北正街、棚厂街、新关帝庙街连续投爆炸弹，炸毙男女人民 10 人，炸伤 11 人，炸毁房屋 4 栋、震倒 2 栋（摘自档案馆 1941 年第 889 号卷）。

3. 1943 年 12 月 1 日，盟机（美国飞机）、敌机（日寇）3 架，在青赋乡第七保、第八保上空发生空战，机枪扫射居民，伤亡者二十余人，情形极为惨痛（见影印件。摘自档案馆 1943 年第 1278 卷）。

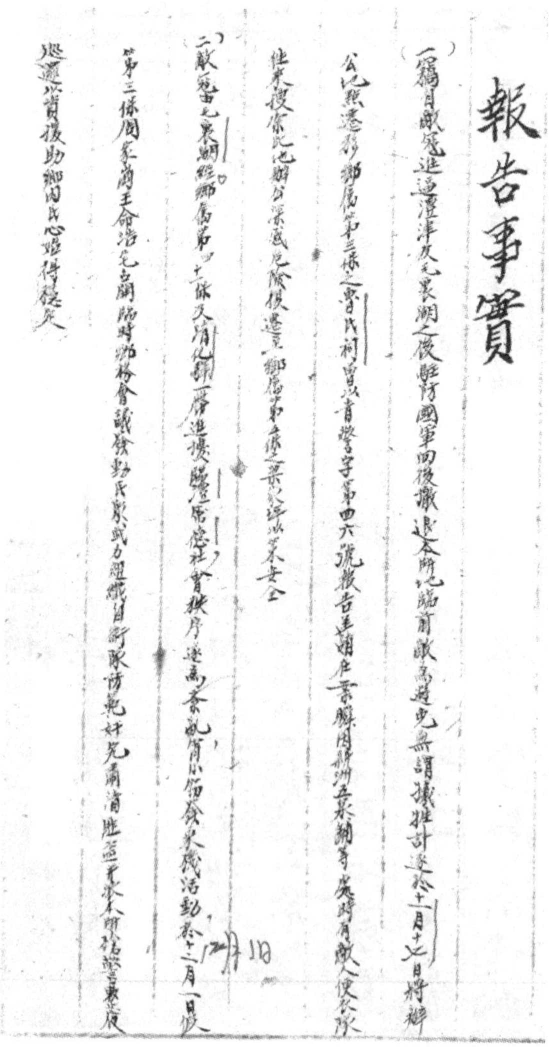
報告事實

（三）十二月一日盟機四架追擊敵機三架在鄉屬第七八保發生空戰機槍掃射居民傷亡者二十餘人情形極為慘痛

（四）敵寇於十二月四日經彭家坪張家溶竄至新洲一帶彰龍鄉屬青山春長嶺崗梁家巷彭山廟天子崗各地相連二十餘里民房盡為燬壞附近一帶搜索磬空姦淫燒殺目不忍觀于十九日夜晚始行竄逃居民傷亡及財物損失情形慘難

確情俟調查清晰後即當造冊報核

以上實情合備文呈請

鈞府鑒核謹呈

澧縣縣長康

澧縣青城鄉鄉長鄒高□上

中華民國三十二年十二月二十五日

4. 1943 年 11 月 9 日起，驻守白云乡的陆军与日寇血战及空军战斗情况（见影印件。摘自档案馆 1943 年第 1278 号卷）。

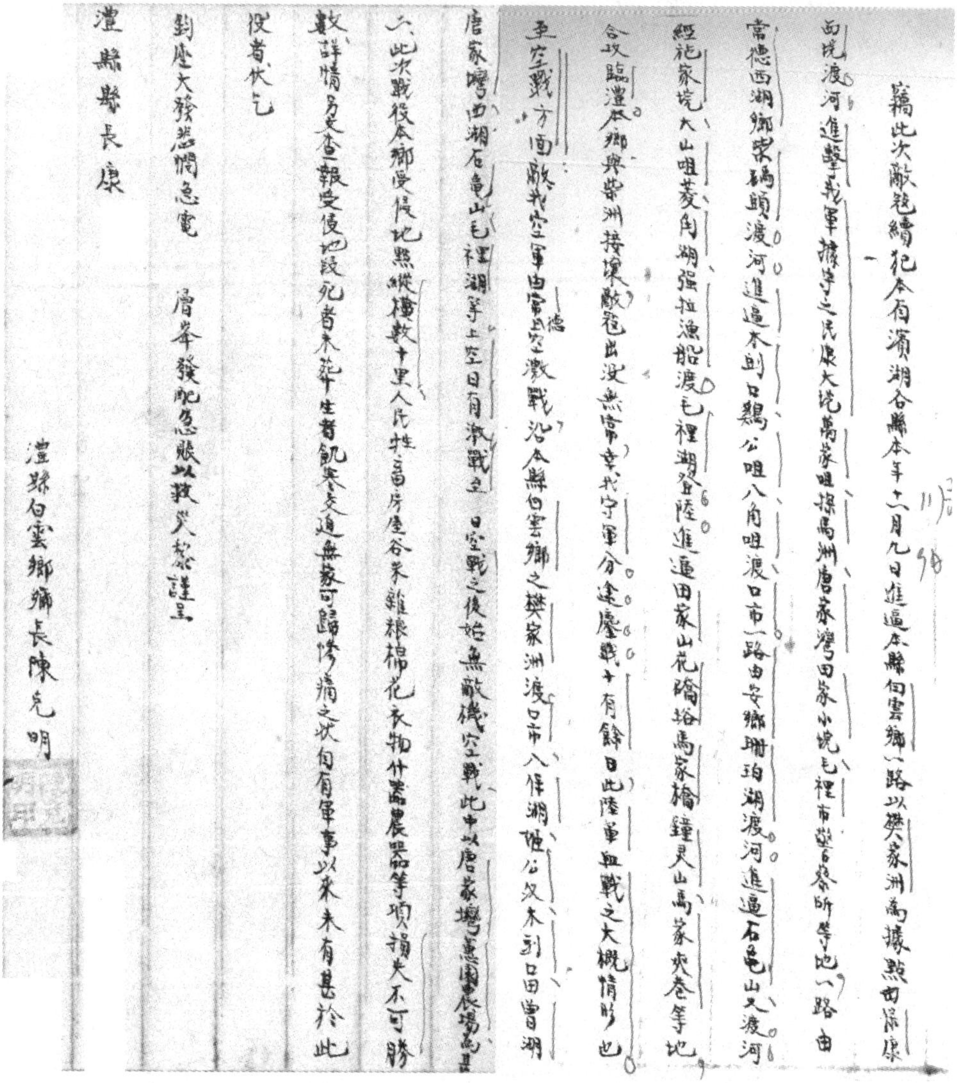

竊此次敵寇續犯本省濱湖各縣本年十一月九日進逼本縣白雲鄉一路以樊家洲爲據點由吊康西垸渡河進擊我軍據守之吊康大垸萬家咀採馬洲唐家灣田家小垸毛裡市警察所等地一路由常德西湖鄉裴碼頭渡河進逼本封口鷄公咀八角咀渡口市一路由安鄉珊珀湖渡河進逼石龜山大渡河經花家垸大山咀菱角湖強拉漁船渡毛裡湖登陸進逼田家山花碕嶺馬家橋鐘靈山高家夾巷等地合攻臨澧本鄉與常洲接壤敵寇出沒無常我守軍分途鏖戰十有餘日此陸軍血戰之大概情形也

至空戰方面敵我空軍由常德上空激戰沿本縣白雲鄉之樊家洲渡口市八堡湖陳公及木剅口田曾湖唐家灣西湖石龜山毛裡湖等上空日有激戰至 日空戰之後始無敵機空戰此中以唐家塆惠園曹長場為甚

二、此次戰役本鄉受侵地點縱橫數十里人民牲畜房屋谷米雜糧棉花衣物什器農器等項損失不可勝數，詳情另文查報受侵地段死者未葬生者飢寒交迫無家可歸慘痛之狀自有軍事以來未有甚於此役者。伏乞

鈞座大發悲憫急電 層峯發配急賑以救災黎謹呈

澧縣縣長康

澧縣白雲鄉鄉長陳先明

5. 1943 年 5 月，鄂西会战爆发后，国军为了阻碍日军的军车前进，在澧县红庙乡、孟姜乡、澹泊乡、官垸乡实施人工决堤、放水灌垸的愚蠢方法，结果日军改用汽艇、船只运输，直来直去，长驱直入，速度比汽车更快。而垸乡群众的农作物遭水淹没，雪上加霜，春夏季收成绝收，秋冬季作物无法播种，全年受灾失种失收（见影印件。摘自档案馆 1943 年第 1278 号卷）。

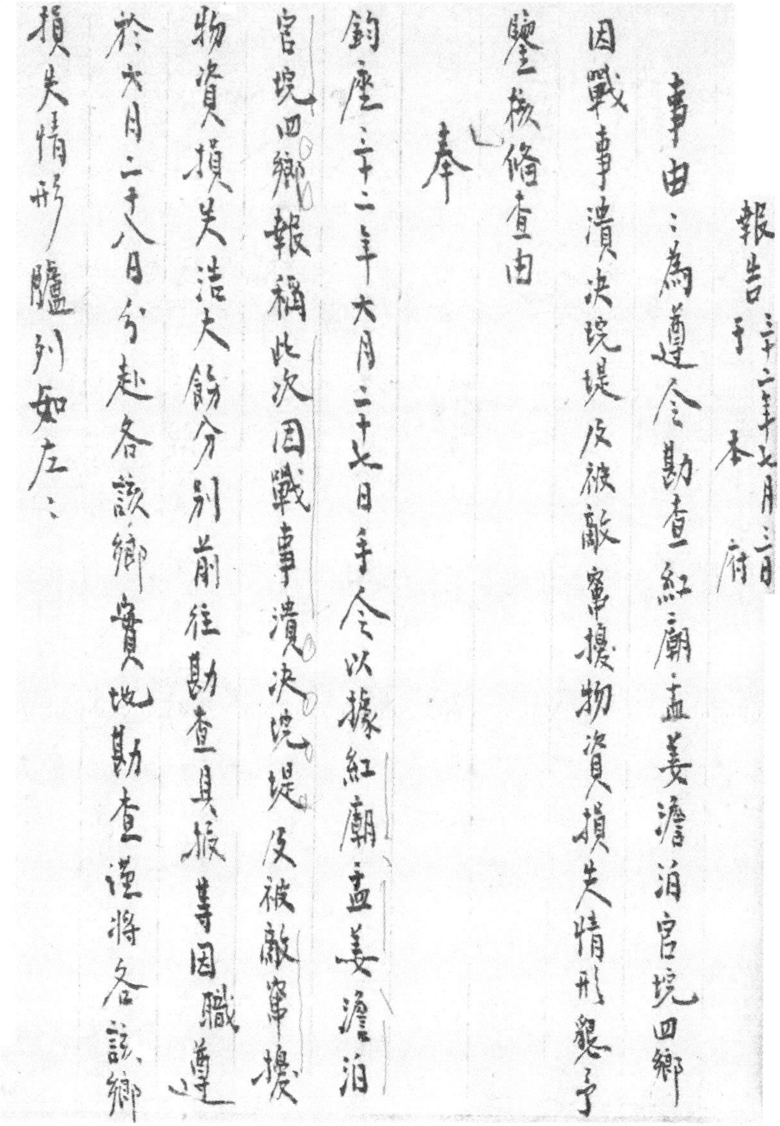

報告 三十二年七月三日 于本府
事由：為遵令勘查紅廟孟姜澹泊官垸四鄉因戰事潰決垸堤及被敵寇擾物資損失情形懇予鑒核備查由
奉
鈞座三十二年六月二十七日手令以據紅廟孟姜澹泊官垸四鄉報稱此次因戰事潰決垸堤及被敵寇擾物資損失浩大飭分別前往勘查具報等因職遵於六月二十八日分赴各該鄉實地勘查謹將各該鄉損失情形臚列如左：

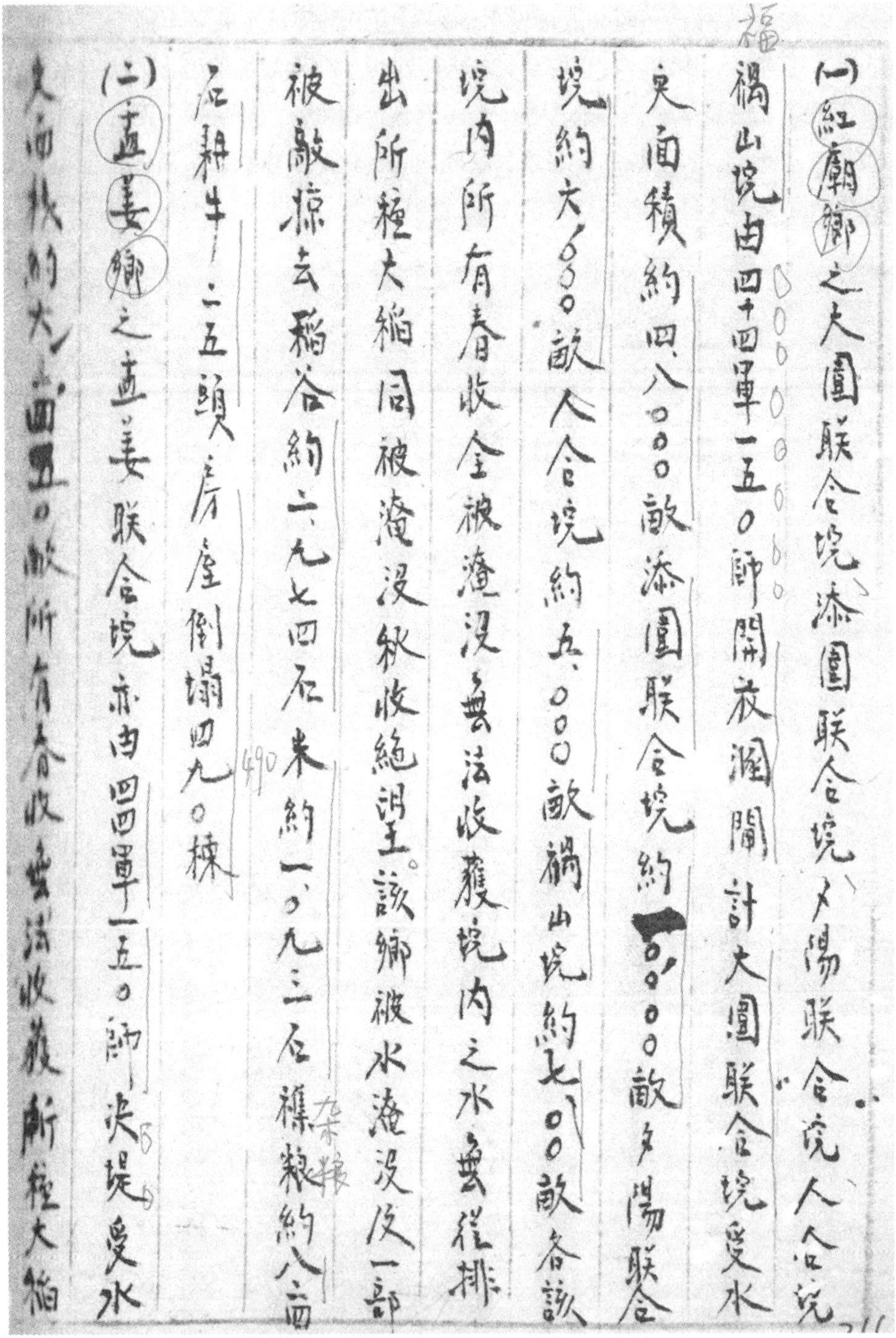

(一)紅廟鄉之大圍联合垸、添圍联合垸、夕陽联合垸、人合垸、禍山垸由四十四軍一五〇師開夜涵閘，計大圍联合垸受水災面積約四八〇〇〇畝，添圍联合垸約[illegible]0,000畝，夕陽联合垸約六〇〇〇畝，人合垸約五、〇〇〇畝，禍山垸約七〇〇〇畝，各該垸內所有春收全被淹沒，無法收獲，垸內之水無從排出，所種大稻同被淹沒，秋收絕望。該鄉被水淹沒仅一部被敵掠去稻谷約二九七四石，米約一、〇九三石，雜粮約八百石，耕牛一二五頭，房屋倒塌四九〇棟。

(二)直姜鄉之直姜联合垸亦由四四軍一五〇師決堤，受水災面積約八、四五〇〇畝，所有春收無法收獲，所種大稻

亦被淹没秋收绝望再該鄉被水淹没及一部被敵掠去稻谷約一〇六八石米三三〇石雜粮一〇八八石耕牛一九頭房屋倒塌三八三棟 383

(三)涔泊鄉之東洲垸亦由四四軍一五〇師開放涵閘受水実面積約六三五〇畝春收淹没稻秧亦被淹收成俱絶望該鄉被水淹没及一部被敵掠去稻谷約三二石米約一七石雜粮五二石耕牛二頭

(四)官垸鄉之長發聯合垸年新聯合垸東洲聯合垸澧陽垸、永康垸、東保垸各〇被敵毁將垸堤決口一處二處或六處長發聯合垸受水実面積約一二八六〇畝年新聯合垸斜

三、〇三二畝，東洲聯合垸約三、五六〇〇畝，澧陽垸約一八〇〇畝，
永康垸約四五〇〇畝，東保垸約一〇九〇〇畝，各該垸所種春
收全被淹沒，收穫毫無，即所種大稻亦被淹沒，秋收
絕望。該鄉被水淹沒後，一部被敵擄去稻谷約五、九〇四石，
米約六一〇八石七斗，雜糧六二九三石六斗，耕牛一二三頭，房屋
倒塌二六九棟。
以上四鄉各項損失經職查明確屬實在。奉令前因，
理合將勘查情形報請
鈞座鑒核備查。謹呈
縣長康

6. 1943 年 7 月 27 日，红庙乡大围联合垸堤务局主任李祖灵、副主任李代宣（即 1949 年“四突”起义的副大队长兼参谋长）向县政府报告：“所灌之水非至年底决无退出之望，即来年春苗亦难播种”（见影印件。摘自档案馆 1943 年第 1278 号卷）。

7. 1943 年 6 月 20 日，孟姜乡乡长谈运钊向县政府报告：“往年天灾，只无秋收。本年天灾，不但无秋，即已成熟之豆麦亦被淹没尽净”（见影印件。摘自档案馆 1943 年第 1278 号卷）。

報告事實

澧縣縣長康

澧縣紅廟鄉大圍聯合垸堤務局主任李祖靈

副主任李代宣

中華民國三十二年七月二十七

報告事實

（一）竊本鄉所轄地區係屬完全垸鄉即孟姜聯合垸整個範圍前於敵寇犯境之先我軍為利於防阻起見決堤蓄水絕彼進路及敵寇壓境之際全鄉民眾皆倉皇避徙他鄉放棄決口不及築復河水暢灌入境遂爾演成奇災汪洋一片豆麥盡淹加以土匪乘亂竊起濫肆搶劫凡人民遺棄之粮食器物不遭敵寇毀奪即被土匪搜洗一際一粟蕩然無存現敵人雖已敗走人民得返故鄉然家徒四壁生機全無遍地哀號之聲晝夜不絕於耳災情慘重空前未有蓋往年天災祇無秋收本年天災不但無秋即已成熟之豆麥亦被淹沒盡淨繼以寇禍匪禍紛至畨來災情之重故較曩昔為最若不急謀救濟方法則全鄉民眾不久[illegible]餓殍

鈞府澧特秘字第二四號代電附發表式正在調查容後呈報外[illegible]合先行備

鈞府察核恩准迅予轉請頒發急賑救濟災黎并豁免田賦及其[illegible]捐以示體恤而[illegible]民命

澧縣縣長康

澧縣孟姜鄉鄉長談運釗

借印

中華民國三十二年六月二十日

8. 1943 年 7 月 11 日，澧县放赈查灾委员鲁萃耕报告（见影印件。摘自档案馆 1943 年第 1278 号卷）。

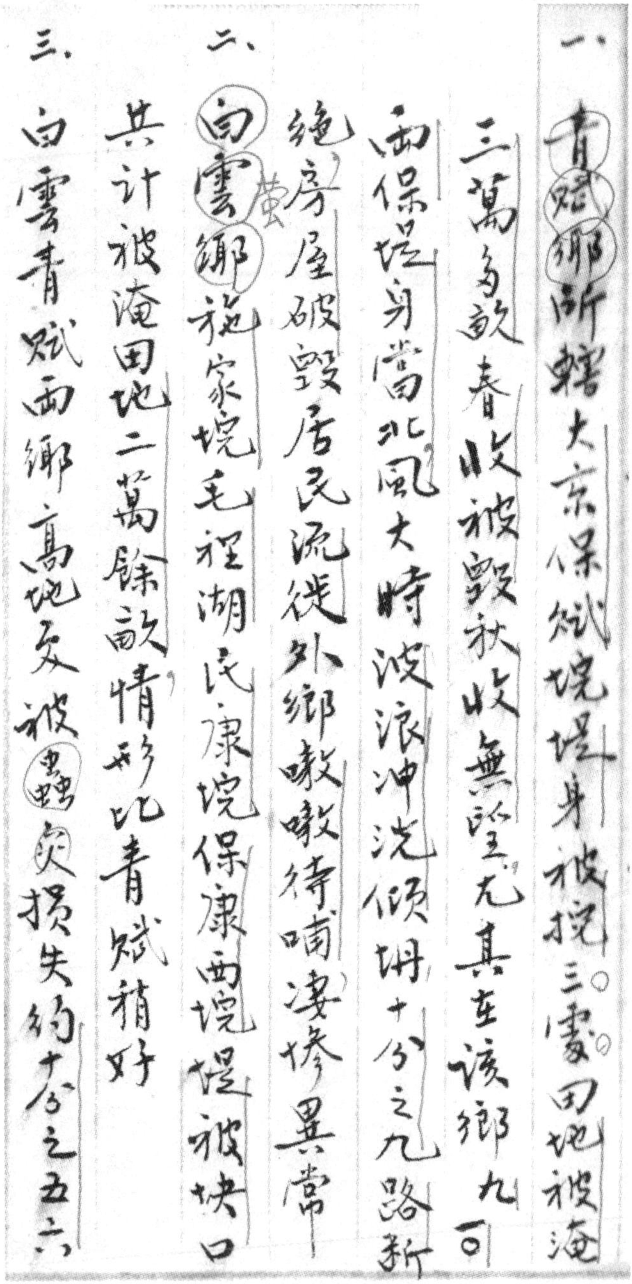

一、青賦鄉所轄大京保賦垸堤身被挖三處田地被淹三萬多畝春收被毀秋收無望尤其在該鄉九兩保堤身當北風大時波浪沖洗傾坍十分之九路斷絕房屋破毀居民流徙外鄉嗷嗷待哺淒慘異常

二、白雲鄉旋家垸毛程湖民康垸保康西垸堤被決口共計被淹田地二萬餘畝情形比青賦稍好

三、白雲青賦兩鄉高地交被蟲災損失約十分之五六

四、兩鄉民衆所懇切期望政府者為(1)請求免征田
賦(2)請求發給巨款修復垸堤(3)請發水災急賑
以上四項確屬實況深盼
鈞座持請 省府議辦安撫黎民維護社會扶疗
專此并頌
公祺

救灾委员 魯如莘耕 謹啟 六月一日

9. 县派指导员向仲英报告 1943 年日寇第一次犯境给澧县 12 乡造成的各项损失（见影印件。摘自档案馆 1943 年第 1278 号卷）。

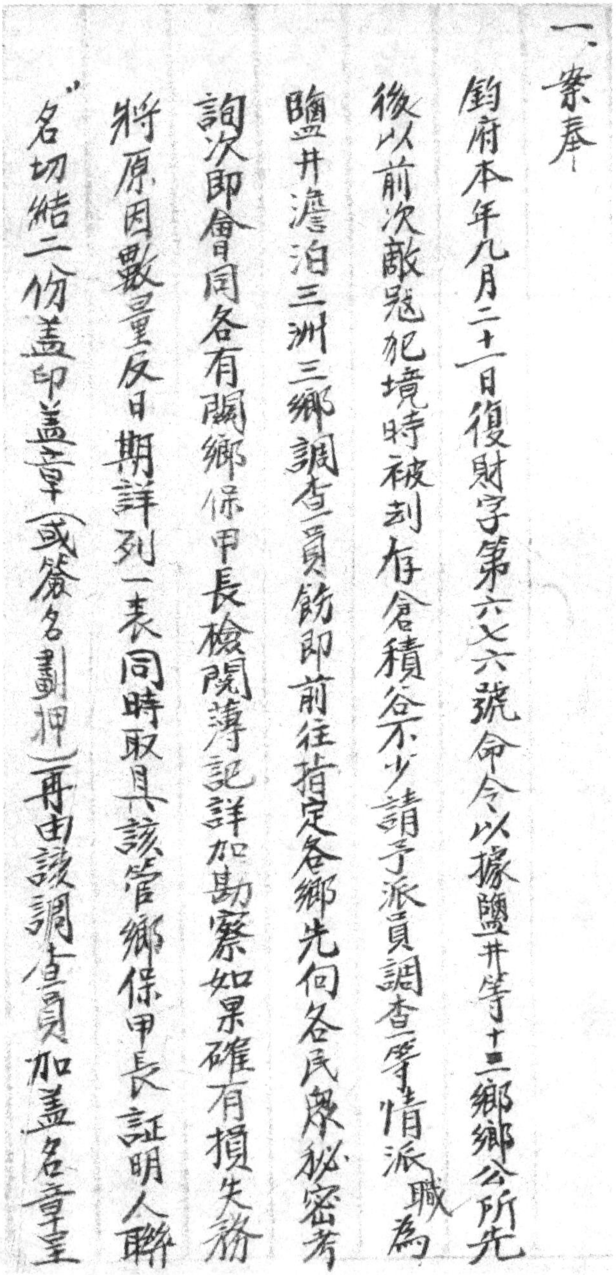

一、案奉
鈞府本年九月二十一日復財字第六七六號命令以據鹽井等十二鄉鄉公所先後以前次敵寇犯境時被劫存倉積谷不少請予派員調查等情派職爲鹽井澧泊三洲三鄉調查員飭即前往指定各鄉先向各民衆秘密考詢次即會同各有關鄉保甲長檢閱薄記詳加勘察如果確有損失務將原因數量及日期詳列一表同時取具該管鄉保甲長証明人聯名切結二份盖印盖章（或簽名劃押）再由該調查員加盖名章呈

府以派憑員復查各保如有虧挪侵蝕利用時機藉圖浮報或其他弊混情事各該鄉保甲長各証明人并調查員務應據實檢舉呈報等因附發各鄉積谷損耗數量表一份

二、奉此遵即於十月十八日前往指定各鄉逐一分別下保切實翔查謹將查明情形縷陳於左

1、三洲鄉各保存倉積谷經調閱該鄉公所積谷文卷該鄉各保存倉積谷計縣倉一百三十餘石鄉倉五百七十餘石前次敵寇犯境退却後該鄉各保保長多不明職責未將被損數量報請該管鄉公所彙轉而該鄉公所亦僅據第二保保長張承烈一保報告儲存劉耀光家積谷九十五石七斗五升被敵騎兵損耗之數報請核銷 職到

到該鄉調查所報積谷被損原因時該鄉各保長方明存倉積谷被
敵犯境損失利害情形嗣各保長紛紛請求設法以卹災黎職一
再嚴密考詢該鄉各保受敵侵擾災情奇重所有存倉公私谷物
被其損失諒屬實在惟未據該鄉公所案轉呈
鈞府飭令澈查不敢負責至該鄉所轉報第二保寄存劉耀先
家損失積谷九十五石七斗五升之數職經前往該保清石碑一帶
地方查明確屬不虛其聯名結已飭由該保長具妥交由鄉公
所轉賫
又、澧泊鄉所報第三保水台中寄存樊生清與吳傳禹家被損積谷
三十七石五斗七升經實地查明確於前次敵寇犯境損失殆盡

澧縣各鄉鎮三十二年度第一次被敵損耗積谷數量表

三十三年三月廿九日造呈

鄉別	損耗原因	損失數量	呈報年月日	調查人員姓名	備攷
臨澧乡	被敵搶匪損失	四三四〇〇	三十二年七月廿五日	指導員湯鑑訓	
桐山乡	仝右	一六二五〇〇	八月七日	仝右	
澧泉乡	仝右	一六六一八〇	七月廿一日	仝右	
三元乡	仝右	三〇四〇〇	七月廿九日	仝右	
官垸乡	仝右	二八三六〇〇	六月廿五日	仝右	
澹泊乡	仝右	三七五七〇	七月四日	指導員向仲英	
鹽井乡	仝右	八八七七〇	八月八日	仝右	
三洲乡	仝右	九五七五	八月廿四日	仝右	

洛南乡仝	右	二四〇〇〇	七[illegible]九日	夏熙穆	
洛中乡仝	右	八〇四八二	七月十日	仝	右
夢溪乡仝	右	一九八四九八	七月十六日	仝	右
洛北乡仝	右	六七一六〇	七月廿五日	仝	右

共計壹仟四百柒拾七石三斗一升

10. 1943年日寇第一次进犯澧县给涔南、涔北、三元、桐山4乡造成的损失（见影印件。摘自档案馆1943年第1279号卷）。

[illegible]
竊職於本年六月十六日奉　鈞府建役民字第一號代電以本
縣東西北三路地方被日寇燒殺奸擄慘不忍聞特派職前往桐山三
元、涔南、涔北四鄉沿途慰問並視察鄉所職員已否回所辦公有
無遇難及督催趕造損失調查表等因　遵即前往各鄉工作謹
將視察情形分別　呈報
一、涔南鄉職員到齊在原地辦公曾開鄉務會議二次員警
伕丁無遇難損失調查表趕造（有結）當市全街燒屋情形（
繪有圖）全鄉死傷二百餘人（據人民口報）
二、涔北鄉職員已回所因鄉所燒燬現遷陳營塘東約一里

遣熊家大屋内辦公曾開鄉務會議一次員丁無遇難損失表
在趕造（有結）高荷堰燒茅屋三十四戶楊文崗燒房子五十八戶鄉
村約燒瓦屋千餘戶全鄉死傷一百餘人

三、

三元鄉職員久已到齊在原地辦公周鄉長努力工作緊張
文卷頗有頭緒曾開鄉務會二次員丁無遇難損失調查表正在
速造（有結）暖水街燒屋三十一棟瑞昌號起至太昌布號止閘口燒房
子五戶鄉村燒屋五家全鄉死傷百餘人（死五十餘人）

四、

桐山鄉職員多數回所因匪風猖獗遊動辦公員丁無遇難損失表
開始繕造敵人僅經過皮家冲該冲燒房子四戶死傷五六人

澧縣[illegible]溪鄉公所報告

字第[illegible]號

中華民國三十二年六月[illegible]六日

事由 為敵寇前此進擾本鄉地方慘遭荼毒情形報請[illegible]由

一、奉 電飭攜帶本鄉此次因戰物資人口損害調查表及清冊於本月二十[illegible]到府開會等因自應遵辦惟以各保進行遲緩致本所彙辦不及尚未依限辦竣焦恨殊深

二、攷敵寇進擾本鄉境地時達二十日之久（五月十三日起至六月一日止）一部駐冉家大堰（係本鄉第八保第十四保境內）鄉係第六、七、八、十、十三、十四、十五、十六、十七等保被其燒殺搶姦地區一部駐順林驛（附近本鄉第三四保）鄉係第一、二、三、四、五、九、十一、十二等保為其搶姦燒殺地區

11. 梦溪乡乡长范方鹄向县长报告：1943 年 5 月 13 日至 6 月 1 日，梦溪乡被日寇侵占时期的损失（见影印件。摘自 1943 年档案馆第 1279 号卷）。

三、全鄉人口被敵損害統數如次
子 被敵殺斃者八十三人
丑 被敵擄去者一百三十五人
寅、被敵姦死婦女十人
卯 被姦婦女三十三人
四、全鄉物資損失統計如左
子、被燒毀房屋四十一棟 57400
丑、被殺耕牛一百一十頭
寅、被搶去稻谷損失計二千四百一十石
又食米一千零一十二石

卯、被搶雜糧一百三十一石

辰、其他物資損失估價計四百六十四萬四千元

兵難民清冊及人口物資損害調查表正當集趕辦中仰乞稍予寬限

辦竣補呈

右五項謹呈

縣長康

夢溪鄉鄉長范方鵠（范方鵠印）

代電澧復民字第255號

夢溪鄉范鄉長：卅五年六月十六日鵠民字第四號報告

悉。仰將人口物資損害情形（逕呈查覆）遵照本府前電頒

發表式，據報核為要。縣長康[illegible]澧復民[illegible]印

業分[illegible]送

[illegible]華民印

（二）奉此竊此次敵寇暴行所至廬舍為墟慘情奇重誠空前之浩劫茲謹將詳實情形縷呈於后

1.時間：敵寇於五月二十一日進犯本鄉至五月二十一日始行潰退

12. 永乐乡乡长胡宅南向县长报告：1943 年 5 月 21 日至 5 月 31 日，永乐乡被日寇侵占时期的各项损失（见影印件。摘自档案馆 1943 年第 1279 号卷）。

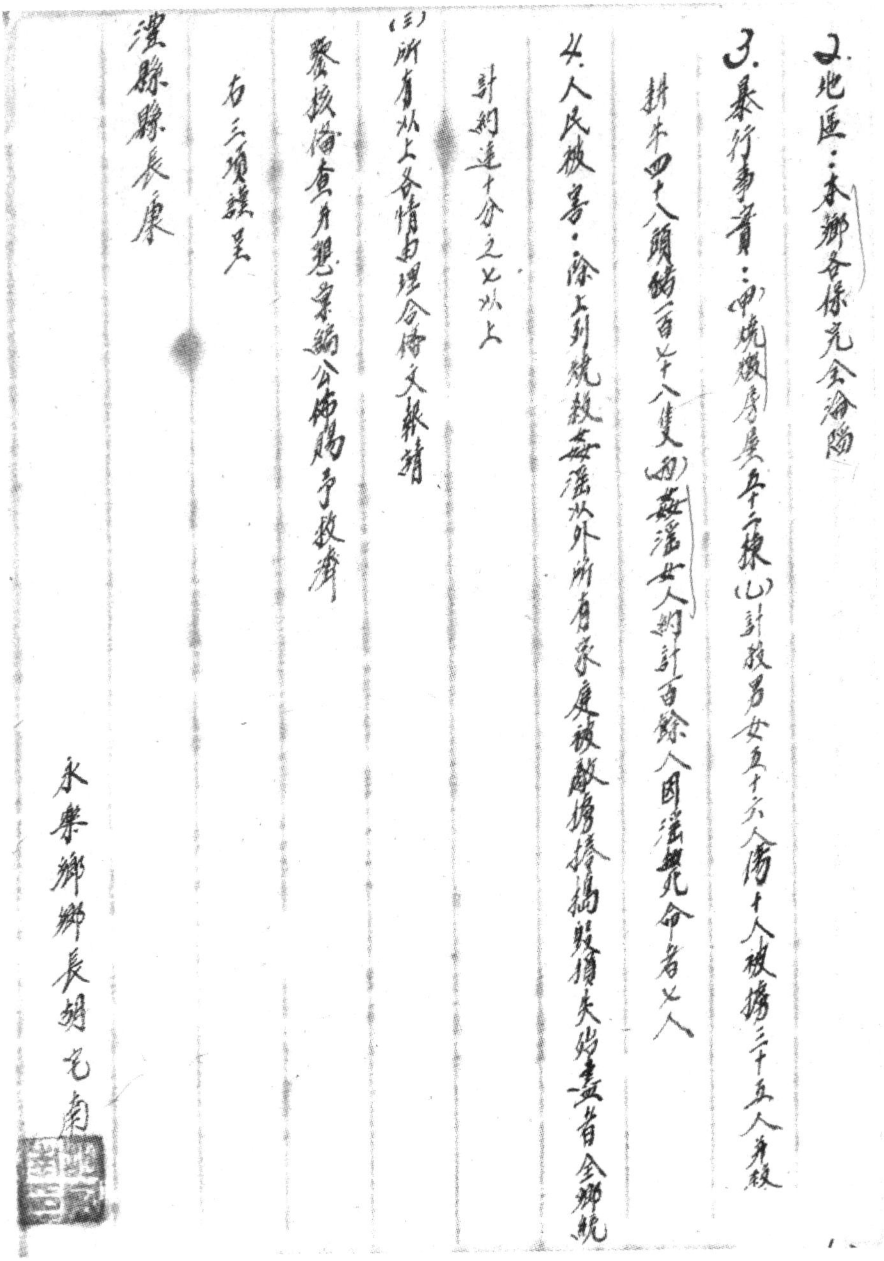
2. 地區：本鄉各保完全淪陷
3. 暴行事實：(甲)燒燬房屋五千餘棟(乙)計殺男女五十六人傷十人被擄三十五人并殺耕牛四十八頭豬一百七十八隻(丙)姦淫女人約計百餘人因淫斃命者七人
4. 人民損害：除上列燒殺姦淫以外所有家庭被敵擄搶擄財損失殆盡者全鄉統計約達十分之七以上
(三)所有以上各情由理合備文報請
鑒核備查并懇案轉公佈賜予救濟
右三項謹呈
澧縣縣長康
永樂鄉鄉長胡宅南

13. 1943 年 5 月。垱市被日寇侵占半月期间的损失（见影印件。摘自档案馆 1943 年 1284 号卷）。

事由 呈報壋市因战事發生人口被害財物損失情形報懇設法救濟由

報告事實

(一)竊敵寇此次進擾吾澧本市被佔半月全市商民倉卒避難所有物資搶運不及間有搶運出險者亦在中途遺棄其有遠未遺棄者均遭刦掠敵寇敗退後本會即派員丁分別勘查統計全市市民除被擄殺傷姦淫侮辱不計外計慘死者三十一人房屋被焚二百一十五棟谷米雜粮掠燒一千四百餘石牛馬驢豬被屠一百餘頭物資損失一千萬元有奇總計損失估值在二仟五百萬元以上市民等刻雖回市而房屋被焚無屋無俱財物被掠無衣無食遭此空前浩刼言之實堪痛心 員等能力薄弱善後無方祗得據實呈報

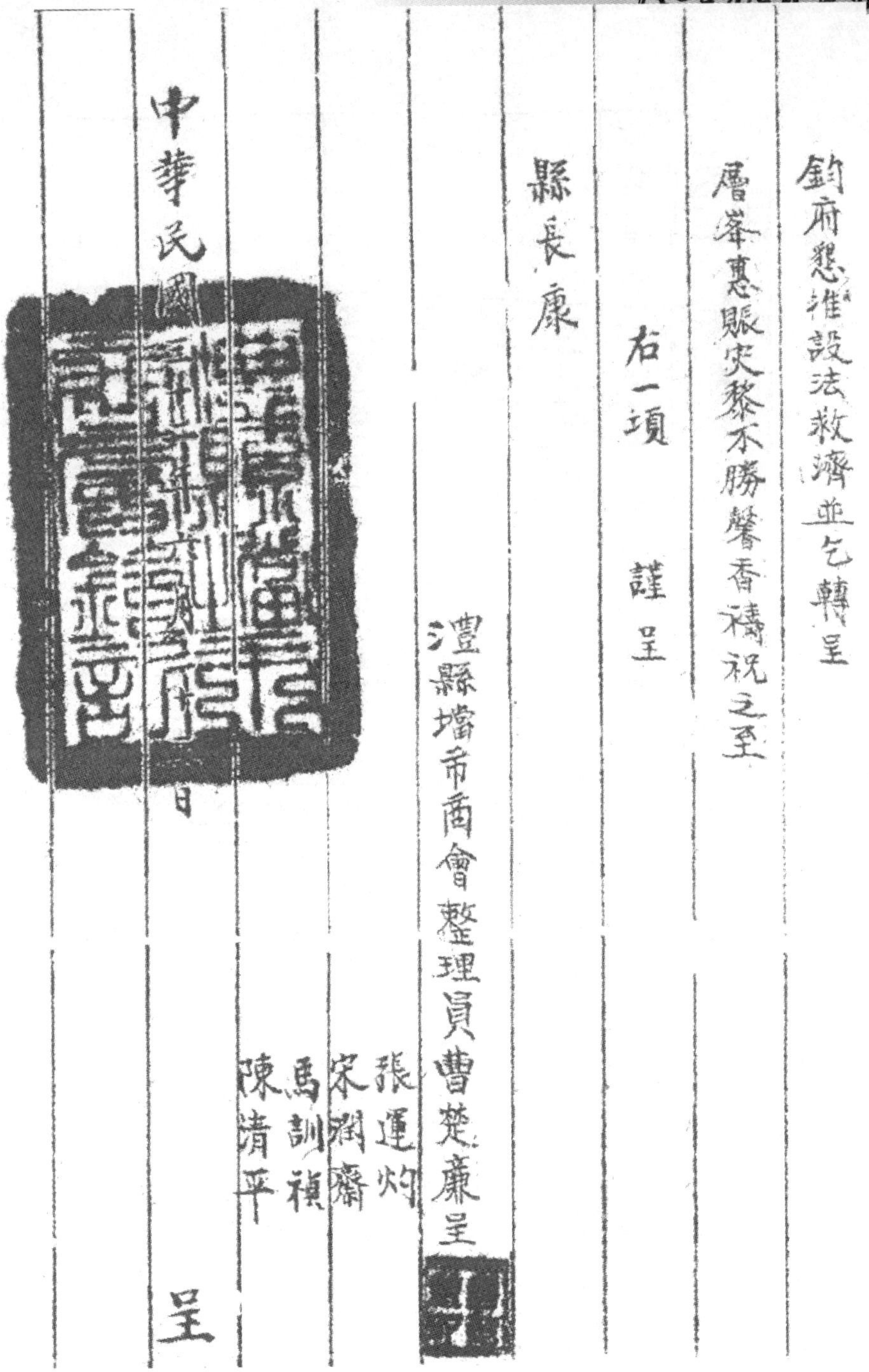

鈞府懇准設法救濟並乞轉呈
層峯惠賑災黎不勝馨香禱祝之至
右一項　謹呈
縣長康
澧縣增市商會整理員曹楚廉呈
張運灼
宋瀾齋
馬訓禎
陳清平
中華民國　　日
呈

14. 1944 年 2 月 12 日，三洲乡乡长杨少麟报告 1943 年日寇犯境所造成的损失（见影印件。摘自档案馆 1943 年第 1284 号卷）。

澧縣三洲鄉鎮寇災損失概數報告表　鄉鎮長楊少謙填報　三十三年三月十二日

人口被害數					房屋損失數				田粮損失數			財物損失數			牲畜損失數				船隻		其他損失
					被焚		被毀														
死亡人數	受傷人數	被俘人數	婦女被辱人數	無力謀生人數	棟數	間數	棟數	間數	田產荒蕪畝數	谷米石數	雜粮石數	服飾價值數	什物價值數	庫產如洗戶數	馬數	牛數	羊數	猪數	被擄數	被焚毀數	
壹佰捌拾壹名	玖名	叁名	壹拾貳名	伍佰捌拾壹名	貳佰壹拾捌棟				壹萬五仟叁佰壹拾壹畝	壹萬四仟玖拾陸拾叁石[illegible]	貳仟壹佰玖拾叁石[illegible]				貳頭	貳佰貳拾陸頭			貳拾伍支	伍拾壹支	

15. 1943 年附城乡被日寇损害统计表（见影印件。摘自档案馆 1943 年第 1284 号卷）。

澧縣附城鄉被敵損害表

保别	焚燬房屋	已死人數	被傷人數	被擄人數	牲畜 猪（支）	牛（頭）	羊（頭）	馬（匹）	谷（石）	豆（石）	麥（石）	棉（石）	船隻
一	二五	九	五	一〇	二九五	六五	二	一	四五四	一三四	九三	九〇	
二	三八	八	六	一〇	二八六	六二			三四三	一五六	一四四	一三四	
三	三七	八	七		二九二	八二		八	三四五	一二一	七六	五六	
四	八二	二六	四		三五六	八八	三	二	四九八	一三五	七八	六二	
五	二五	六	三		三三四	七四		六	一四七三	一四六	六五	四六	
六	六五	二四	九		三七三	九二	五	九	三五四三	一三五	七九	三八	
七	一二五	一一	一〇	一五	四二三	九六	二	一一	二六九	一六〇	八七	四五	無

中華民國三十二年十二月　日造呈

八	四六二	二	五	三四	三六七	九七	三	六	四七三	二〇三	九二	五一	二
九	二六	三	三	四	二七九	六八		二	四四五	一三二	五四	六三	
十	三七	三六	四	八	二三八	四二	四		四三三	一一三	六八	六四	
十一	一〇	四	三	五	二七二	七八	五		四八六	三四三	八二	八四	四
十二	一一	四	七	二	三〇四	八六	三		五六八	三六八	一一二	一七四	
十三	一九	一五	三	八	三九五	七四	四		四九五	三七五	一〇五	一三八	
十四	三〇	二	四	一〇	三〇四	六五	六		六八五	二八六	一三七	二〇五	
十五	五	三	三		三五八	七三	五		四三〇	二五一	一二五	二三六	三
十六	一〇	六	五		三三六	六八	七		九四	二七八	一二八	二八三	七
合計	五九一	一八七	九〇	一〇六	五三三	一三〇	四九	四五	18481.	三三六	一五二五	一七六九	一六

16. 澧县政府科员胡康佑 1944 年 1 月 1 日报告在荆南乡、枫林乡、三洲乡的见闻（见影印件。摘自档案馆 1943 年第 1284 号卷）。

17. 1943 年荆南乡乡长何波龙向县长报告当年日寇第二次犯境造成的损失（见影印件。摘自档案馆 1943 年第 1284 号卷）。

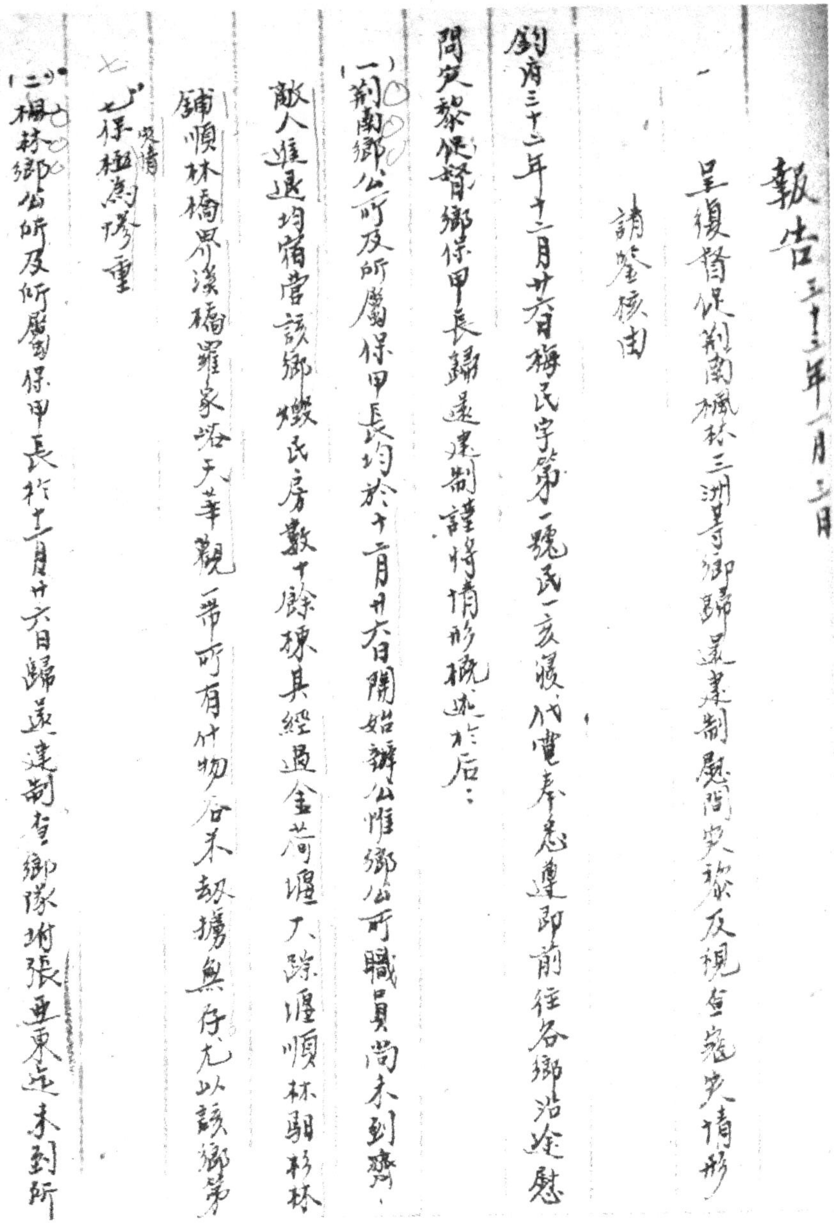
報告 三十三年一月二日
呈復督促荊南楓林三洲等鄉歸還建制慰問災黎及視查寇災情形
請鑒核由
鈞府三十二年十二月廿六日梅民字第一號民一亥漏代電奉悉遵即前往各鄉沿途慰
問災黎促督鄉保甲長歸還建制謹將情形概述於后：
一、荊南鄉公所及所屬保甲長均於十二月廿六日開始辦公惟鄉公所職員尚未到齊、
敵人雖退均宿營該鄉燬民房數十餘棟其經過金荷堰大踪堰順林驛杉林
鋪順林橋界溪橋羅家塔天華觀一帶所有什物洗劫無存尤以該鄉第
七保損失情極為慘重
(二)楓林鄉公所及所屬保甲長於十二月廿六日歸還建制查鄉隊附張亞東迄未到所

值茲善後工作緊迫之際疏於職守殊有不合。該鄉所轄張家廠窑閘鋪如東鋪津堤等處敵人燒燬民房極多其餘經過沿途均擄為墟灾黎棲身無所情殊可憫

（三）三洲鄉鄉公所保甲長已於十二月廿六日正式辦公該鄉敵燬房屋亦多死難同胞亦有其人

以上情形除由各該鄉長尅日分別詳報外理合備文呈復

鈞座鑒核為禱謹呈

澧縣縣長康

科員胡康佑

[illegible]

[illegible] 新桥林市花庄湾松屋湾 荊南乡

三、羅怡福田春喬張祖建王明孝曾禹氏劉玉達丁業盤等均被殺斃

四、日寇已退到公安周家厰沙口市一帶有向藕池退回老窩之勢公安縣城已進七十三軍

五、（荊南乡）本鄉界溪橋順林橋雙龍崗曾家峪佔新舖北民堤等處駐有國軍掃寇部隊陸軍一五〇師副師長兼四四九團團長楊自立駐黃潭河均準備前進

六、一切軍差當遵 令供應加強抗戰力量

七、鄉境與公安松滋毗連內包牛奶大湖有槍匪刼搶譚吉銀劉華軒劉珍軒劉紹秀等户均被殺傷雙龍市和欸陸萬元之巨譚吉銀和欸陸千

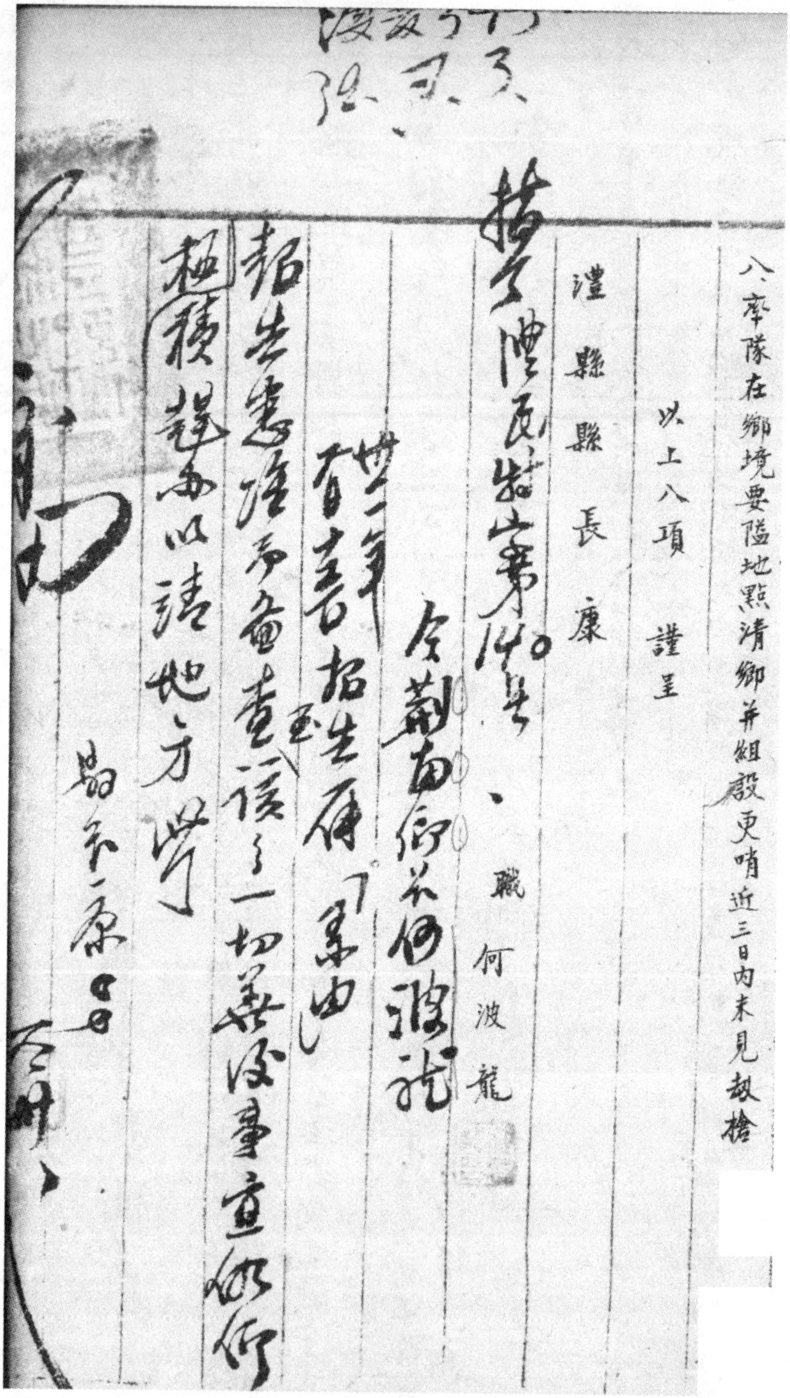
八、本隊在鄉境要隘地點清鄉并組設更哨近三日內未見劫搶

以上八項 謹呈

澧縣縣長 康

職 何波龍

18. 1944 年 1 月 5 日，县政府指导员向仲英报告在道溪、龙山、青赋、白云、萤台等 5 乡的见闻（见影印件。摘自档案馆 1943 年第 1284 号卷）。

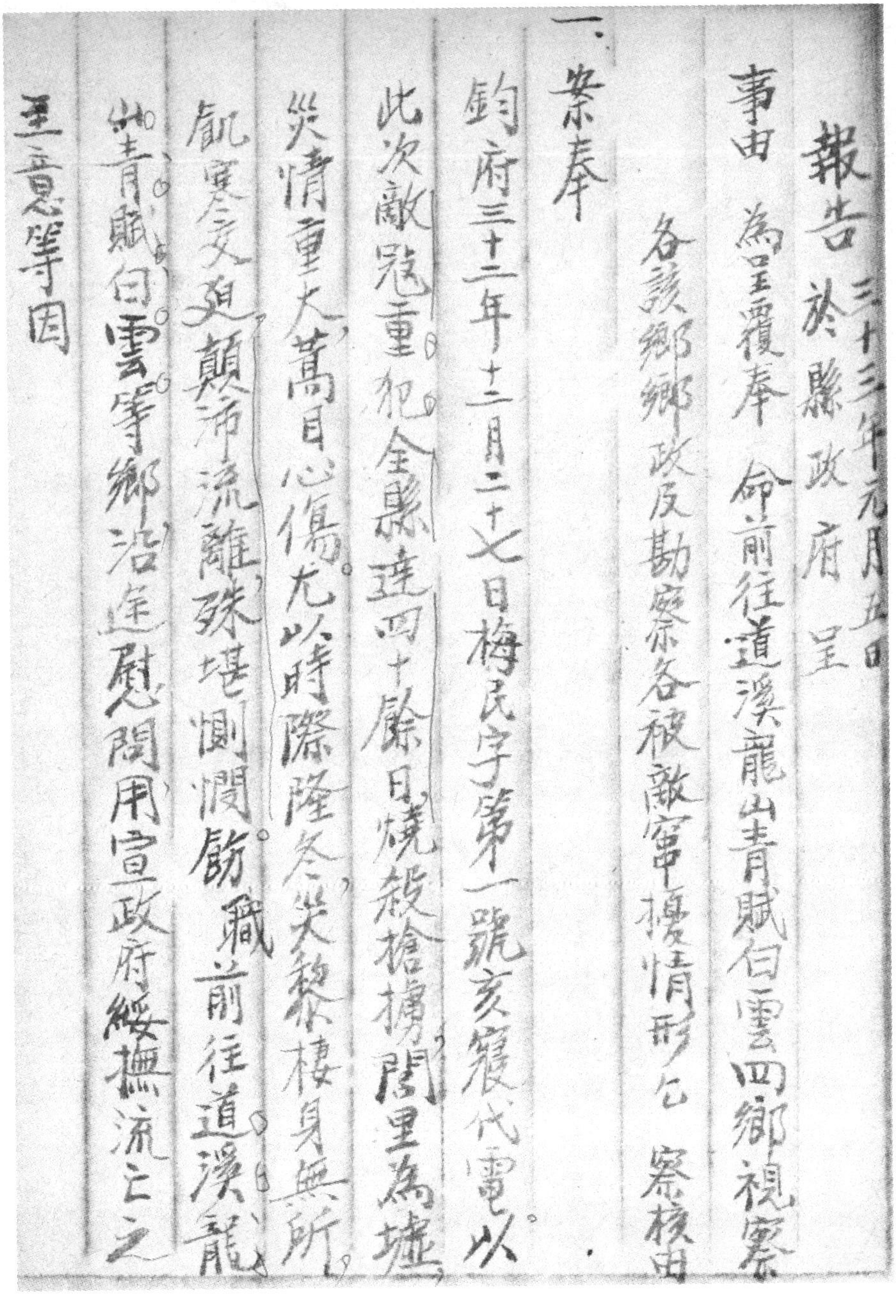

報告　三十三年元月五日　於縣政府　呈

事由　為呈覆奉　命前往道溪龍山青賦白雲四鄉視察各該鄉鄉政及勘察各被敵寇擾情形乞　察核由

一、案奉

鈞府三十二年十二月二十七日梅民字第一號亥寢代電以此次敵寇重犯全縣達四十餘日燒殺搶擄閭里為墟災情重大萬目心傷尤以時際隆冬災黎棲身無所飢寒交迫顛沛流離殊堪惻憫飭職前往道溪龍山青賦白雲等鄉沿途慰問用宣政府綏撫流亡之至意等因

二、奉此遵於是日馳赴各指定鄉份沿途慰問被難民眾並勸趕速歸家安業，謹將視察各該鄉鄉政及勘察被敵竄擾災情縷呈於左

甲、道溪鄉

1、該鄉公所員警自敵寇退卻後於前月二十八日遷回原駐地辦公

2、據該鄉鄉長張受祜報稱該所內部器具損失一部份惟重要文卷自奉命疏散時移往他處悉被遺失

3、該鄉僻處澧水以南正當衝鄉份敵犯澧進攻

臨澧常桃等縣修築公路直貫全鄉所有田
園地圃被挖毀踐踏者其面積約在八千畝之
譜
4.殘敵在該鄉竄擾達月餘之久所有各保無不
受其荼毒尤以第四保劉家河全市被焚第
二保邢家河文家台被焚民房二百餘户第十
一保張家河牛頭山自達上英溪橋一帶被焚
民房百餘户大岩廠民屋雖未焚燬而公路
由此經過沿街前簷多被毀壞第十二保熊
易李家台一帶被燬民房數十棟其餘各

係亦有同樣災情至該鄉人口死傷、谷米財物牲畜船隻損失，該鄉長已另賫災情概況表報請

鈞府備核，毋再贅述

乙、龍山鄉

1、該鄉公所員警已於前月二十二日遷回辦公

2、該鄉所文卷據報無損失

3、該所戶籍幹事一缺迄尚虛懸，戶籍員現僅一人，擬請

鈞府迅予令飭該鄉長姜稱墀從速遴補，俾

憑據究整理户政
又該鄉受敵寇擾達十日之久該鄉第一保彭家
坪第二保岩嘴河廖家坪燕雀堰第四保潘
仙廟漢靈宮等地經受敵人盤據時間較久燒
殺慘情甚大至第五保清化驛一帶敵亦進攻
至壬子山李公廟現清化驛街上商民大多流
亡未歸第六保伍家鋪一帶敵亦有進犯所有
該鄉人口之死傷財物牲畜谷米船隻損失已由
該鄉長造賫災情概況表報請備核在案
丙
青賦鄉

1、該所員警已於前月二十一日遷回原駐地照常辦公所內員警據該鄉長鄒高渡面稱敵重犯縣境所內員警未予星散

2、殘敵進駐瑩台鄉屬第九保鴉公山時有游擊進犯該鄉境內窜擾該所警士鄒高照憤暴敵殘無人道抱男兒殺敵捨生取義決心約同☆警士八人在該鄉屬第二保紅土坡地方與敵對抗捐軀報國敵亦被擊斃二名其英勇可風深堪佳許應予呈請獎邮以資激勸

3、該所文卷據報無損失

4、該鄉中心學校已於前月二十七日復課

5、殘敵進駐瑩台鄉鴉公山等地七日之久該鄉第二三兩保青山峪匡山廟一帶與駐敵地毗連燒殺慘情重大至該鄉人口之死傷財物谷米牲畜船隻等損失已另由該鄉長造賫災情概況表報請備核在案

6、該鄉現駐四四軍一五零師宜城部隊每日向該鄉各保籌借食米與豬肉之採購該鄉所員警可說全副精神應付此項軍差

丁、白雲鄉

1、該所員警據報已於前月二十一日遷回原地照常辦公
2、該所文卷據報無損失
3、該鄉中心學校已於前月二十九日復課
4、該鄉被敵竄擾保份以第十保十一保石龜西施家垸毛里湖十二保鴨公嘴保保康東西垸十三保民康垸木陸口八角嘴為最甚據報敵在該等地敵我對抗達十一日之久沿堤死傷國軍殘敵人數甚鉅現鴨公嘴一帶居民均未歸來，被敵殺戮報絕戶者亦有數戶毛里湖民眾歸來安業

者約十之五六其餘民房雖未被焚而受毀損無
户無之
分毛里湖警察所房屋被焚燬前面兩棟據任
所長面稱該所房屋與器具兩項損失最低
數在五萬元以上
6. 該鄉第十三保居民唐明佩主辦之蕙園農
林場據報被四四軍防敵退却挖毀工作
將苗圃全部決毀而該農場僱工唐光
啟被我盟機投彈擊斃命農具全部損
失

丁、該鄉人口之死傷財物、谷米牲畜船隻等
損失另由該鄉長造賫災情概況表報
請察核在案
戊、營台鄉災情 職未予奉 令視察惟途經該
鄉第九保五泉鋪碼公山張家台地方據該保
第十四甲甲長張錫光報稱該地受敵竄擾
七日附近一帶住戶被敵搜如水洗現四四軍
某部駐防清鄉秩序固屬尚好但每日向保
籌借食米數字太大劫後災民實難負此
艱鉅等語經實地查詢所報不虛嗣至新洲市

目覩該市災情從中正街郵政代辦所起至流水
溝一帶精華繁榮區市約百餘舖面被敵
退却縣境時焚燬現存破墻頹壁慘目心傷
餘如未罹被燬之戶尚有少數未歸不安業者
其他閘津市對河楊柳垸遭遇損失慘重 職以
趕赴青賦鄉公所出席會議不及詢明
三、奉令前因理合將前往道溪龍山青賦白雲等鄉
視察鄉政及覆勘各被災情形備文呈覆
鈞座察核
右三項 謹呈

19. 县政府职员叶文柏 1944 年 1 月 11 日报告涔南、大新、汉景、復仁等 4 乡见闻（见影印件。摘自档案馆 1943 年第 1284 号卷）。

報告 三十三年元月十一日 於本府辦公廳

案奉

鈞府梅民字第一號亥寢代電飭往涔南復仁大新漢景等鄉沿途慰問災黎并督促鄉鎮保甲人員趕日歸還辦公及督填冦災調查表仍將辦理情形詳細具報為要等因 奉此遵即前往大新等鄉切實工作茲將情形備呈於後：

1、涔南全鄉燒屋叁伯餘棟死傷陸拾餘人沿敵人公路以第三四六各保損失甚重各股幹員到齊辦公精神頗好

2、大新境內沿敵人路線以第九十各保損失最大全鄉共燒屋叁伯餘棟死傷二伯餘人所有各職員到齊辦公幫張文卷頗有頭緒

3、漢景災情沿敵人公路以第一二三十十二各保燒民房及死傷甚多該鄉人員均已到齊

五、復仁全鄉燒民房壹伯餘棟死八十餘人災情重大以第八保六保所內職員到齊僅去

鄉長尚未回鄉

六、災情比較以澧南甚重次之大新漢景復工作比較以大新澧南漢景復仁各鄉災

頂好 次之 奎

調查表各鄉具限有結　　謹呈

縣長康

附限結三份

職葉文柏　呈

20. 1943年常德会战时期，各乡镇被日寇掠夺、损耗公粮统计（见影印件。摘自档案馆第1284号卷）。

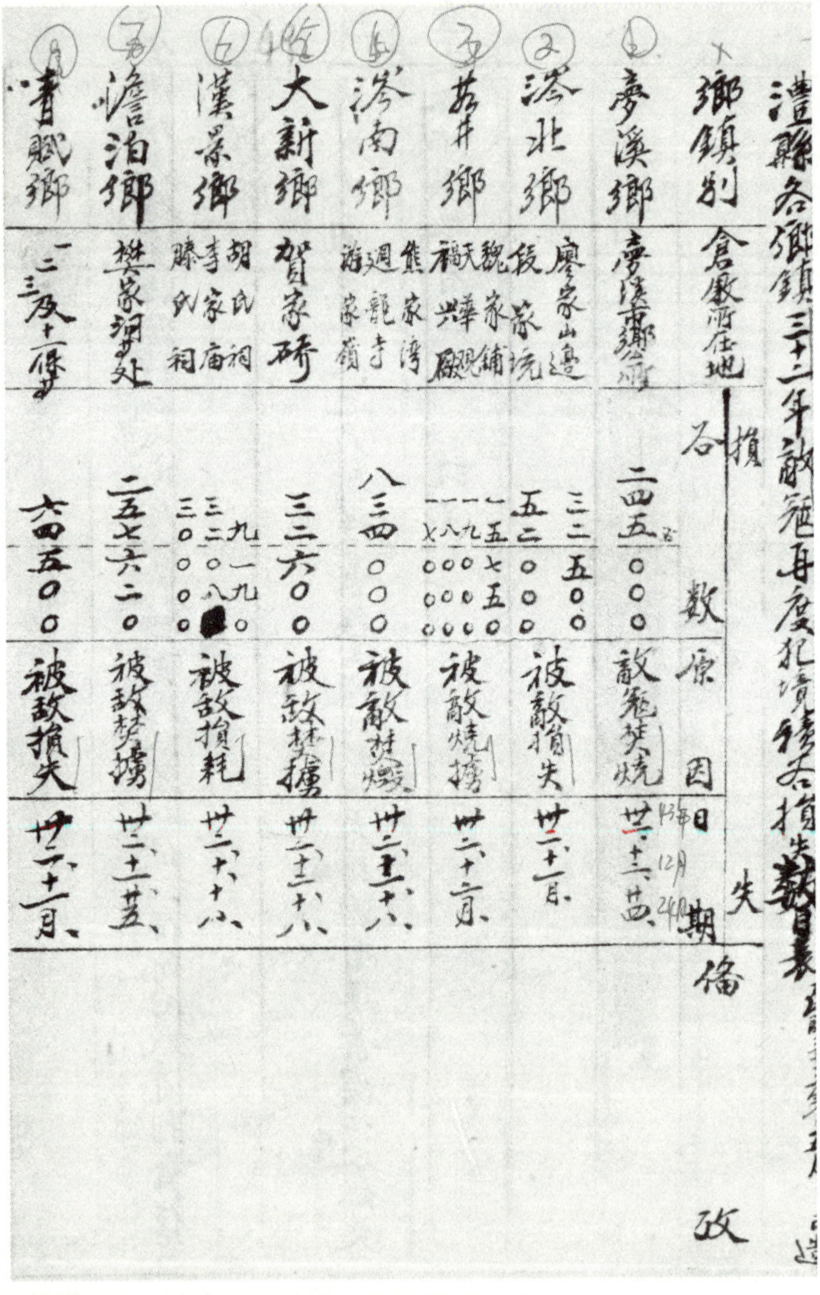

澧縣各鄉鎮三十二年敵寇再度犯境穀石損失數目表

鄉鎮別	倉廒所在地	損失石數	原因	日期	備攷
廖溪鄉	廖溪鄉公所	二四五〇〇〇	敵寇焚燒	卅二、十二、廿四	
涔北鄉	廖家山邊；段家垸	三二五〇〇；五二〇〇〇	被敵損失	卅二、十一月	
若井鄉	魏家舖；天華觀；福興廠	一五七五〇；一九〇〇〇；一八〇〇〇；一七〇〇〇	被敵燒擄	卅二、十二、十五	
涔南鄉	熊家灣；週龍寺；游家嶺	八三四〇〇〇	被敵焚燬	卅二、十二、十八	
大新鄉	賀家磚	三二六〇〇	被敵焚擄	卅二、十二、十八	
漢景鄉	胡氏祠；李家廟；滕氏祠	九一九〇；三二〇八[illegible]；三〇〇〇〇	被敵損耗	卅二、十二、十八	
澹泊鄉	樊家祠等處	二五七六二〇	被敵焚擄	卅二、十二、廿五	
青賦鄉	一二三及十一保等	六四五〇〇	被敵損失	卅二、十一月	

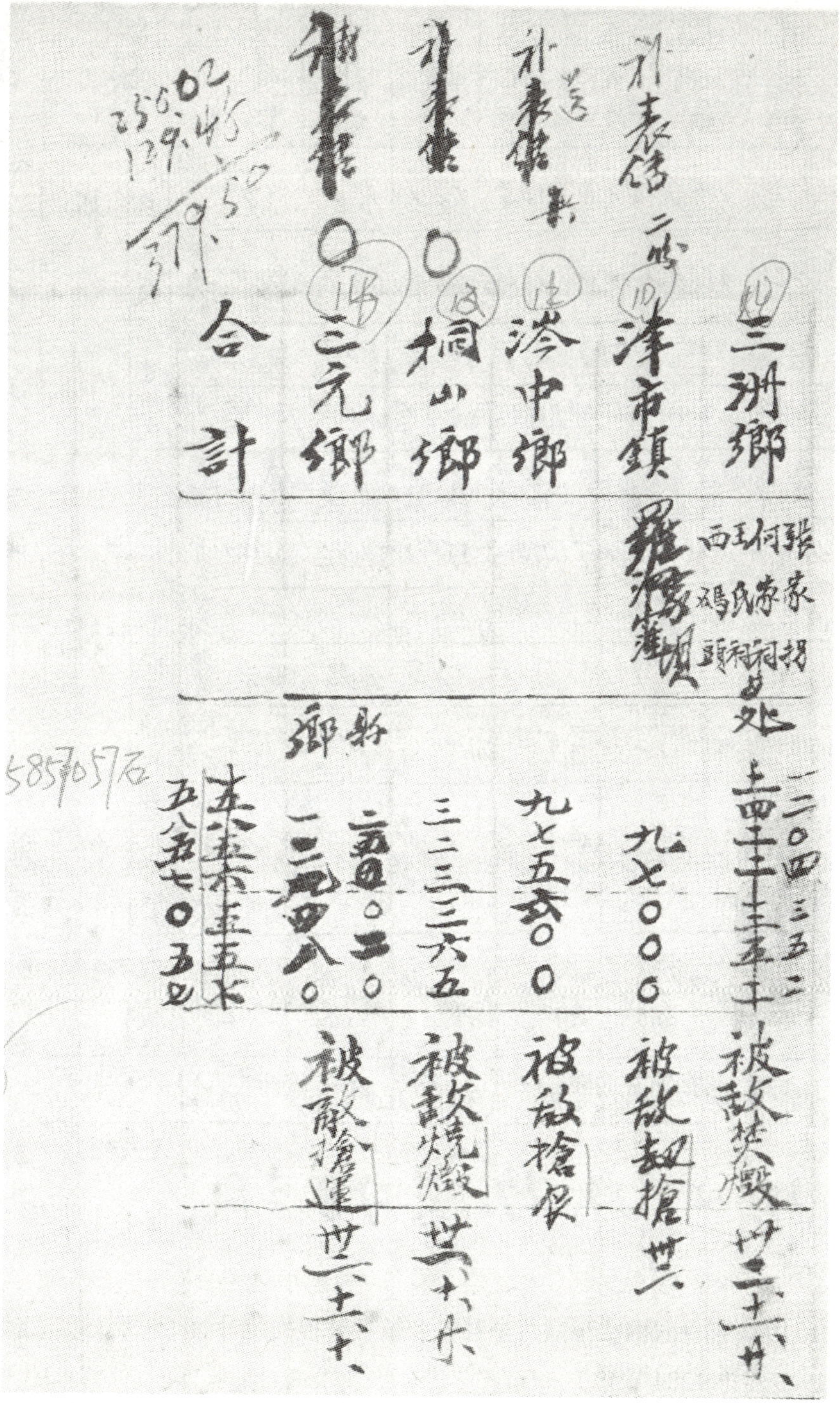

三洲鄉 張家拐 何家祠 王氏祠 西瑪頭 羅家壩 處 一二〇四三五二 被敵焚燬 卅三、十、廿

津市鎮 九七〇〇〇 被敵劫搶 卅三

涔中鄉 九七五六〇 被敵搶很

桐山鄉 三三三六五 被敵燒燬 卅三、十、廿

三元鄉 五四〇二〇 一二九四八〇 被敵搶運 卅三、十、十

合計 五八五七〇五二

585705石

湖南省澧縣寇災損失調查表

鄉鎮別	人口損失 死亡數	人口損失 傷病數	房屋損失 棟數	房屋損失 估計價值	糧食損失 種類	糧食損失 石數	糧食損失 估計價值	耕牛損失 頭數	耕牛損失 估計價值	器具衣物損失 估計賠償	其他損失 估計賠償	損失合計	備考
孟姜鄉	37	48	365	7300000元	谷米 襍粮	28000	8400000元	28	840000元	5200000元	312000元	240152000元	21
大新鄉	154	115	503	100800000元	谷米 襍粮	50480	151440000元	464	13920000元	33732310元	2660000元	301553310元	18
夢溪鄉	136	169	1058	211600000元	谷米 襍粮	51078	171234000元	582	17460000元	41129023元	7000000元	411423230元	廿 13
涔北鄉	163	284	577	113400000元	谷米 襍粮	27412	82236000元	318	9540000元	161765372元	3200000元	370141372元	15
三元鄉	286	444	1583	316600000元	谷米 襍粮	44047	132141000元	1661	49830000元	37580000元	3800000元	539950000元	11
桐山鄉	153	146	4053	1210600000元	谷米 襍粮	11286	33858000元	1623	48690000元	18690000元	1450000元	1313288000元	2
官垸鄉	65	544	584	175200000元	谷米 襍粮	47381	142143000元	986	29580000元	186260000元	1530000元	533713000元	17

縣長楊仲璞 填具

21. 1943 年日寇两次犯澧，全县各乡镇各种损失统计表（见影印件。摘自档案馆 1943 年第 1284 号卷）。

涔中鄉	永樂鄉	龍山鄉	臨涔鄉	青賦鄉	白雲鄉	紅廟鄉	道溪鄉	津市鎮	附城鄉
97	56	48	89	33	117	145	349	35	197
75	69	32	95	63	125	204	53	23	90
19	1950	563	370	98	299	175	1962	50	2681
570000元	585000000元	168900000元	111000000元	29400000元	129400000元	52800000元	588600000元	15000000元	804360000元
谷米 穗糧	谷米 穗糧	谷米 穗糧	谷米 穗糧	谷米 穗糧	谷米 穗糧	谷米 穗糧	谷米 穗糧	谷米 穗糧	谷米 穗糧
0186	2950	24950	8980	3830	8575	50000	37591	1702	65407
358000元	8850000元	74850000元	26940000元	11490000元	25725000元	150000000元	113773000元	5106000元	196221000元
06	260	483	248	60	20	5	593	25	2221
80000元	7800000元	14520000元	7440000元	1800000元	600000元	150000元	11790000元	750000元	66630000元
10931元	19400000元	156485000元	9500000元	3000000元	11304000元	20000000元	23108000元	61315000元	68100000元
65506元	161736000元	188000元	2145500元	204000元	436000元	550000元	21800000元	16100000元	4700000元
771031元	788,806,000元	2,114,943,000元	240,794,500元	45,894,000元	187,505,000元	223,800,000元	764,071,000元	43,107,500元	13,995,100元
4	7	19	20	27	23	22	8	28	26

洞武	澧蘭鎮	澧沟鄉	涔南鄉	荊南鄉	鹽井鄉	螢谿鄉	漢景鄉	楓林鄉	復仁鄉	懷東鄉
	63	10	67	10	754	30	265	365	62	20
	14	23	21	35	105	108	112	879	34	56
	491	263	2616	3684	657	197	836	413	426	47
	47300000元	78900000元	78480000元	110580000元	197100000元	59100000元	258800000元	123900000元	127800000元	41300
	稞粮 谷米	稞粮 谷米	稞粮 谷米	稞粮 谷米	稞粮 谷米	稞粮 谷米	稞粮 谷米	稞粮 谷米	稞粮 谷米	稞粮
	13300	31320	10272	17103	41853	44215	61700	135235	12010	2430
	3990000元	13960000元	30816000元	51307000元	14559000元	142605000元	185100000元	465765000元	36030000元	729000
	40	60	84	150	164	68	321	450	1232	2734
	200000元	1800000元	2520000元	4500000元	4920000元	2040000元	15630000元	22500000元	36960000元	717200
	73000000元	93550000元	47000000元	144446[illegible]元	858384000元	10700320元	109000000元	1606294元	16375000元	1183007
	60567000元	35572100元	21378000元	648000元	2359000元	47370000元	950000元	4221000元	444500元	534400
	869070000元	183782100元	1,078916,000元	1,123,101688元	1077320000元	264855320元	361480000元	627990894元	364984504元	812173000
	5	24	2	3	1	17	25	10	16	1

	合計	三洲鄉
死亡人口	35244	135
伤残人口	36444	702
房屋栋数	27246	102
折款	817380000元	30600000元
粮食损失	稞粮 谷米	稞粮 谷米
石数	953000	11900
时价	2859000000元	35700000元
耕牛头数	15594	53
折价	2467820000元	15600000元
器具衣物损失	100539244534元	78000元
其他损失	1126762708元	2445100元
合计折款	22681320216元	68,763,100元
		9

22. 1943 年 11 月，日寇第二次犯澧，由城内棚厂街 1125 号线杆起至临澧仙女庙（今杨板乡仙女村）共有电话线杆一百余根，均被敌寇砍倒（摘自档案馆 1942 年第 1109 号卷 P17——P18）。

23. 湖南省各县市遭受寇灾直接损失统计表载：

澧县人口损失：死亡人数 7099 人；

伤病及他种受害人数 2890 人；

财物损失估值总计：19432492 万元；

其中房屋损失：6246 栋，估值：1873800 万元；

粮食损失：762400 担（石），估值：304960 万元；

耕牛损失：4420 头，估值：35360 万元；

器具衣物损失估值 9661900 万元；

其他各种损失估值 77295200 万元；

（摘自档案馆 1945 年第 1649 号卷 P8）。

抗日见闻录

日寇铁蹄践踏我幼小心灵

孙盛金

1943年春，日寇铁蹄践踏我宁静的家园，那年我才六七岁。记得那是4月的一个早晨，日军飞机低空侦查盘旋时，飞机翅膀上的太阳膏药旗看得一清二楚，吓得放牛的我慌忙地躲在牛胯之下。回到家里，正在吃母亲给留用的早饭时，两名日军向导进门了，一声不吭也吃起饭来，我丢下饭碗，出门找到从隔壁返家的母亲，她带上事先准备好放在门角车梁上的衣物小包和一床棉被，一手抱着未满周岁的小弟盛元，一手拉着我，急忙拔腿出门，在塘边路上便遇到连续不断开拔的日军队伍。母子穿行而逃，日本兵咕噜一声，用手里的盆子敲击母亲的头部，可能是急于行军，没有追击我们。我们母子在惊恐中跑到河边与先躲在那里的父亲会合，一道涉水爬上北山，开始了近一个月首次躲日军的逃难生涯。一天晚间，父亲只身从庄稼田里爬到房旁坟塌，将拴住的自家水牛放开，我们连鬼子系在屋旁的战马吼声都听得清清楚楚。两个姐姐和范兄已先天随堂嫂王三秀逃往双溪娘家。当时我也同行跑到红土坡，夜晚在人家地上簸箕里睡了一晚。次日随伯娘又返回来，沿途见国军分三路冒雨溃退，遍地都是丢弃之物，我只捡了一把小算盘。躲在北山时目睹自家后屋被日军火烧，因地下掩埋的弹药引爆，炸熄了大火，保住了大半房屋。逃难返家时随处可见日本兵扔在堰塘里的死鸡、死鸭、死猪及家用品。屋后九口堰、深堰还扔有被杀害的民众尸体。邻居一条黄牛被吊在树上，臀部被割去了两大块肉还未合眼。

1943年十月初八日，日军又占领暖水街，直到冬月二十五日国军第十八军从四川打过来，日军败北而去。我当天随全族一行几十人，逃难北山，晚上躲在陈家屋场，下午国军强行抓伕，成年人躲在屋内一堆土砖里面，妇女、小孩拦在门口阻挡才逃过一劫，但我长兄盛南还是被抓走了，后来从国军驻地甘湾逃出来。当晚两军对阵，从东西两侧小山岭上开火，我与大人失散独自在空屋里哭叫着，大人则不敢吭声答应，惶恐之际见到窗外炮火枪弹的流星东去西来，看得发呆才停住哭声。次日天亮，逃难的一大群人从后门登山，向敌后移动周旋。后来听说这户人家在我们离开之后，遭到奸淫掳掠并有人被杀害，真是九死一生啊！日军在暖水街驻扎长达五十多天，在盛产优质花生的柏木洲山上建有碉堡，日军经常向周边进行扫荡。有一天日军飞机在天上侦察，地上用白布摆字联络，我们躲在雄家湾山洞口曾目睹扫荡的鬼子从近处经过，边走边剥花生米吃，一群不谙世事的小孩待其走远后，跑上去捡散落在地的花生米吃。第三次看见日军是日寇投降。本地日军被18军击败，南北遍山搜索，抓到一批俘虏，有个担架上的俘虏小头目，他把军帽甩在地上，围观的小朋友给他戴上，他又接连几次甩在地上，乐得我们哄笑不止。

女儿雯波据史介绍：1943年冬宜昌失守后，我的家乡暖水街一带是国军第六战区第10集团军与日寇对垒的战略争夺地带。这一年的11月6－21日，常德会战初期在此有著名一战，即暖水街防御战。中国军队第79军第11军同日军鏖战了一个多星期，形成拉据胶着战，双方伤亡惨重。据战史记载：第10集团军王敬久总司令在接获第一批战报后，判明日军主攻方向为暖水街、王家厂一带，乃电令所属第79军及第66军将主力开往暖水街、王家厂，设置防御主阵地。王敬久将军是两次淞沪会战的主要将领，战功显赫，他大胆采用攻势防御战术，以暖水街，王家厂阵地为核心，将日军诱集于一三角地带，暂6师在街河市与敌激战四天，阵地依然力持不垮，当暖水街主阵地孤悬敌后，侧翼暴露，赵师长奉命率暂6师含泪突围。但日军仍无法突破第10集团军的防御阵地，迫使日军指挥官横山勇改变主攻方向。暖水街防御战成为常德会战的前奏。

（作者原居涔元乡澧阳坪，系澧县移动公司退休干部）

目睹日寇烧杀掳抢丧尽天良

孙际秦

1943年我读小学3年级，日本侵华战争的炮声已传到长江南岸，自“七七卢沟桥事变”以来，全国人民一致喊着抗战到底，中国人民头可断血可流，亡国奴不可做。口号虽是这么喊，由于当时国家贫穷落后，军事力量武器装备却不如一个小小的日本，所以打起来就只有节节败退，以至退到长江南岸，打到我们的家乡湖南，人民遭受两次大屠杀。日本军侵我故土具体时间是：第一次是1943年（民国32年）古历四月，当时我们家住有国民党79军军队（当时称中央军）的后勤部，他们每天都有几次和前线部队联系。1943年古四月初九电话兵对我祖父说日本军已渡过长江了，你们要做好逃难的准备。当时我们当地老百姓都没有逃离远方的思想准备，只在就近的山区躲藏，况且我们家是开染坊的，光是土布就有一千多匹需要转移。故此，我父亲当晚就赶赴甘溪东门口马家湾我祖母的娘家，请来舅祖父、表叔等十余人，于十日清早将土布运往马家湾舅祖父家，那里四周是大山不顺大路，便于收藏。十日下午电话兵又对我祖父说，日本军已到街河市，你们准备走，你们家有老人小孩行走缓慢要提前逃。不多一会电话兵又说日本军已到西斋，西斋离我们家只有30华里，上级命令我们马上撤退。正在这时市民们看到从前线败退下来的伤员败兵，市民们不知所措，无目的地乱跑，有人边跑边喊，日本军来了快跑呀！这时军民混成一团，一齐乱跑，当时的情景有叫爹叫妈的，有喊子女的，这种悲惨景象至今还在我脑海里回荡着。我们一家当时跑至就近的赵家山牛和岭露宿一夜。次日破晓才翻山经干湾，朱伏峪到达东门口马家湾舅祖父家，随我们同跑去的还有其他邻居共计好几十人，逃难者一般都是几家要好的人结伴同行，投靠山区亲戚朋友家的，4月11日，日本军才正式打进暖水街。日本军实行“三光”政策，见人就杀，见年轻妇女就强奸，烧、杀、掳、抢无恶不作，暖水街中间一段几十家铺店被烧一光，在暖水街附近的羊古岭，铁罐厂几处杀死老百姓几十人。几处小战场如常门垭，九口堰，对马岗中央军死伤上千人。中央军的命令是不准撤退，人在阵地在，人死阵地失。经我亲眼目睹，说国民党不抗日还不是那么真实，在前线当炮盔的还是国民党中央军。

1943年古历四月十一日到达舅祖父家后一直住在那闲着，等待着。在那里我们没见到日本军，那里不通交通要道很安全，直到4月23日打听到了，中央军第66军打回来了，将日本军赶出长江以北，老百姓们陆续返家，我们也不例外。回家时就见到家园被毁，被烧毁的房屋只剩下断壁残垣，一片废墟真令人心寒啊。事已至此不能只悲伤，要坚强鼓起勇气振作精神，恢复生产重建家园，这些应做的事情只能由老百姓自己想办法解决，指望政府是没用的，当时的政府连军费都无法开支，哪能顾及老百姓呢。

我们家还好，值钱的东西都已运走，只是摧毁了一些家具。我们读书的学生上半年是没指望了，课桌板凳全被烧毁，只剩下几间破空房，恢复还得一段时间，只有等待下半年开学再去复学了。下半年学校照常开学，我们很高兴重新进入学校学习，比第一次上学更加高兴。但好景不长，到了古历十月再次听到日本军屠杀中国军民的炮声，蹂躏中国人民的铁蹄声。十月初八日日本军又进入暖水街，老百姓同样是到处乱跑，东躲西藏，老百姓抱着观望心理，认为日本军在江南绝不会长期占领，所以没有人背井离乡逃往他乡的，我家仍然跑到舅祖父家暂住。

此次日本军居然与上次不同，来势更加凶猛，有吞并全中国之势，把整个湖南省全部占领，打到广西边界，中央反击就自然要时间长些了。暖水街是古十月初八被占领的，一直到冬月二十五日由中央军18军从四川打回来将日本军打败北去。整整一个多月时间，这次每个乡村每个角落都有日本军的足迹，有铁蹄蹂躏的脚印，到处都有日本军杀人放火所剩下的断垣残壁和死难的骨骸，此情此景令人目不忍睹。十月初八我们到达舅祖父家里，最后还是闲而无事，不久以后日本军的作战部队一直向前进，作为一支留守部队好象他们的任务就是专门烧杀掳抢。冬月十三日清晨，听说日本军快到我们住地马家湾来，我们又结伴逃到游家山，大约中午时候日本军就在我舅祖父家放了火，舅祖父表叔他们好几家相连是一大栋房屋，自然一家放火殃及四邻，日本军放火走后，舅祖父表叔他们就躲在就近的山林中，立即回家舍身救火，将大火扑灭，不幸中的万幸只烧毁两间房屋。次日（冬月十五日）我们回到了舅祖父家，我们藏在舅祖父家一间密室中的一千多匹布完好无损，躲过了这一劫。这也就是我家解放后土改时划成分的一大隐患。

冬月十五日饭后，已是10点钟了，对门隔一座小山的一个农民田期和来说，他当时也好似信口开河无根据的乱说而已，你们还不去山林中躲着去，还在这晒太阳，日本军马上就要来了。的确全屋场的老小都在这晒太阳，无巧不成书，真的不多会日本军扫荡又来了。日本军还在对门山口就向人们乱开枪，人群四处乱跑奔向山林躲避。就在这一瞬间，可怜我的嫂子周冬姐中弹倒在血泊中身亡。当时日本军还抓走了四名男子去充当苦力，他们是长我 10 岁的侄子昌珍，两个表叔皮修秩，周占光，其中还有一个就是那个田期和。奇怪了，他当时不是没有根据地乱说怎么自己也遭这一劫呢？他们被抓走后都在一个星期先后跑回来了。日本军走后我们从树林中回来才知我嫂子被打死了，当时的情景我家里人悲痛欲绝，谁知东躲西藏，结果呢，还是我哥哥失去了妻子，父母失去了儿媳，而我失去了一个忠厚老实贤惠的嫂子。在这些日子里，不管白天黑夜一听到狗叫声人们就心惊胆跳，怕的是日本军又重来扫荡。

我嫂子被打死的当天晚上就借了大舅母的棺材，请表叔他们埋葬了。日本军败退后，我们回家了，次年正月才请道士给嫂子超度。

就在打死我嫂子的当天，日本军扫荡马家湾时，他们无人性地强奸妇女，一个是我表姐皮某某，是个双目不见的盲人，但长相好，当时 15 岁，被几个日本军轮奸，不知怎的还幸存下来了。

另一个是杨料之妻，她年轻力壮，有胆识，日本军强奸未遂，竟被开枪打死以殉节。

冬月二十三日传来了枪声、炮声，那是中国老百姓又一次听到的喜悦之声，希望之声，是中央军 18 军从四川打来赶走日本军、收复失地的枪声，从那以后日本军就再也没有侵犯江南的足迹。

我们是冬月二十五日重返家园的，在回家的路上到处都是日本军烧毁民房的罪证，到处可见可闻的尸骨的臭腥气味，死者中有老百姓，有军人，此情此景均是惨无人道的日本军所为，当地老百姓回家后才一一埋葬遍地尸骨，扫清战场。

我们回到家中，家里除了几间空房外别无他物，连做饭的炊具也全无，仅靠一个摧毁漏网的沙锅做饭度日，后来才慢慢地购置炊具家具，重建家园恢复生产重做生意。重做生意经济能力还是足够的，幸运的是运至马家湾的一千多匹布没被烧毁，故此能继续开染坊。

1937 年“七七卢沟桥事变”以后，日本军侵略中国，强占领土，杀我同胞，烧毁房屋，强奸妇女，做尽丧尽天良的坏事。中国人民浴血奋战，拼死保卫祖国领土，恢复河山，终于迎来了 1945 年恢复河山抗战到底的最后胜利。8 年抗战就此以胜利告终，第二次世界大战也就此结束。至今中国老百姓因深受日本军蹂躏之苦，兵荒马乱逃离之苦太深，一提到中日友好老百姓还是不满的。

（作者 系原暖水街居民，移民菱湖农场退休职工）

忆猪娘背国军抗击日寇的残酷战斗

戴宏国

1943 年常德会战前夕，我第六战区司令孙连仲于 10 月决定：以第 10 集团军和 29 集团军，在江河湖汉打击敌人，主力用于津市、澧县和暖水街之山地，侧面伏击敌人。11 月 2 日，日军分四路发起进攻：一路由 39、13 师团攻击松滋地区，二路由第 3 师团攻向公安地区，三路由 116 师团从藕池口发动进攻，四路以 68 师团从华容向安乡进攻。激战二日，日军先后攻占南县、公安、松滋。

11 月 2 日傍晚，日军 11 军从长江南岸发起进攻，主攻方向是王家厂，助攻方向是公安，战斗至 3 日晨，守军第一线阵地先后多处被突破。

11 月 4 日中午，日军占领公安，至 6 日晨，日军占据茶园寺、王家厂、东岳庙、三叉垴（官垸乡境）等地。日军 13 师团紧随后撤国军，于 6 日晚突入暖水街东端，守军第十集体团军退守聂家河、暖水街、闸口、王家厂、九王庙一线之主阵地。

11 月 7 日，日军向国军第十集团军展开全线进攻，并在滨湖多点突破，到 11 月 22 日，日军先后攻占暖水街、津市、澧县。澧县全境战火纷飞，民众生命涂炭。

当日军攻克暖水街后，国军在撤退途中，为阻挡日寇过涔水河，曾用大量炸药企图将松竹桥炸垮，但桥却岿然未动。当国军撤退到闸口官冲村胡家湾一条涔水支流时，却将一小石拷桥炸垮了。这时，日寇在向东南追击国军的途中，过闸口乡松竹桥至风报村的风报岭、梁家峪、三斗岩一带，遭到了国军第十集团军某部的阻击，但国军终不能敌，接着便撤退到今水余村的猪娘背设防据守。日寇即在三斗岩山上构筑工事，修起了三座石碉堡，与猪娘背的国军形成对垒之势。

就在这期间的一天下午约5时许，我们一家6口，在逃难中，父亲失散，母亲带着四个子女东躲西藏，便逃到了三斗岩山间的姑母家，却又是锁门闭户，只得在她家隔壁孙际玉（曾任县直机关党委副书记）家里（家里无人）寄宿，谁知却逃进了虎狼窝里，陷入了两军对垒的战场之中，距日寇碉堡只一箭之地。刚到天黑，几个鬼子便闯进了孙家，嘴里叽哩哇啦乱嚷着，刺刀在母亲和哥哥的面前晃来晃去，母子两只得趴在地上连连叩头。正在这时，孙家猪栏里的饿猪嚎叫起来，鬼子闻声，即到后屋宰猪去了，一家人才乘机逃到屋后的一个石窟里藏身。

不一会，中、日两军开战了，只听得枪炮轰鸣，战火纷飞，吓得一家人魂飞魄散，直到翌晨黎明方停。忽然间，一队撤下火线的鬼子，正好从我们藏身之处经过，我那小弟弟因饥饿哭了起来，母亲立即把他捂在怀里，险些毙命。一家人真是虎口余生。

当晚的战斗可能未分胜负，第二天，狡猾的鬼子兵分两路，一路从正面攻击，一面迂回到猪娘背国军的背后，形成两面夹击之势，国军一时乱了阵脚，战斗力锐减，最后，鬼子将国军逼到了猪娘背北山脚下的香草湾，双方展开肉搏战，据当地老人说：国军约一个营或一个团的兵力，尸横遍野，几乎全军覆灭。

解放初期，我姑母的大儿子，即原太青公社党委书记符之秋表弟的哥哥，小名岩吧，曾在当年日寇的战壕里，捡到遗留下来的一枚炮弹，不料用签子戳到了炮弹的引信，一声巨响，左手被炸断了，因医治无效而死去。这即是日寇侵华遗留下来的又一桩罪恶的血债。

有诗为证：

国破焉能百姓安，东逃西散不团圆。
避灾母子误投网，遇敌刀枪险刺咽。
虚以恭维强镇定，实为解脱巧周旋。
忽然后屋尖声叫，虎口余生五岁男。

2015年5月28日

七古 抗日战争实录付梓纪吟

孙盛金

沉冤血史解尘封，
九澧四乡听哀鸿。
正告东邻痛反省，
铁拳长敲警世钟。

鹤冲天·纪念抗战胜利七十周年

戴宏国

甲午风云，日寇侵疆土。割地又赔银，黎民苦。事变芦沟处，“三光策”尤残酷，狼心如毒蛊。丧尽天良，四亿斩除夷虏。

强词夺理，安倍执迷不悟。钓岛纷争休，还真主。再若蛮缠胡搅，雄师至，强收服。望台澎速悟，一统中华，国人雀跃欢舞。

2015 年 4 月 16 日

七律 纪念抗战胜利七十周年

戴宏国

（一）

东瀛鬼子起狼烟，杀气腾腾卷巨澜。
花木萎蔫无艳色，生灵涂炭遍哀颜。
山河破碎心尤碎，星月昏残志不残。
抗日救亡燃燧火，同仇敌忾扫倭蛮。

（二）

贼眉鼠眼性狡奸，是非颠倒欲翻天。
躬亲作样拜神社，朋党摇旗舞戟鋑。
篡改教科欺学子，屈从強霸献奴颜。
野心勃勃南柯梦，四面楚歌馴昧顽。

2015 年 5 月 26 日

纪念抗日战争胜利七十周年

李德若

一、念奴娇

百年奇耻，数悲伤甲午，马关条约。七七卢沟烽火起，八载风腥雨血。华夏龙人，坚强如铁，狼狗终镣铞。后遗尚在，宿仇还未终结。倭夷梦想重来，增兵造舰，钓岛纷争烈。媚美制华联蚁蝎，军演频频千叠。大国泱泱，和平发展，冷暖同凉热。谁横天下，神州扼腕捶灭。

二、七律

金戈铁马显奇雄，浴血儿男屡建功。
反制“三光”屠敌虏，鏖征八载展华风。
战图血泪堪回首，烈士英名隐卷宗。
世代牢牢铭国耻，图强自扫害人虫。

三、查档有感

馆藏史料不平常，史卷六千文墨香。
硕鼠蠹虫无匿处，精工建档有规章。
当追典范明清浊，更效风流融暖凉。
放胆铭旌开眼界，细微深处岂能忘。

查抗日档案资料有感

李泽树

（一）

倭侵两次陷危城，义勇齐心杀贼兵。
南北东西全线动，无枪无炮敌尸横。

（二）

不畏敌寇舞枪刀，徒手书生胆气豪。
誓把头颅拼一掷，早将生死付鸿毛。

（三）

铁马金戈战斗酣，英雄虎胆女兵连。
霜锋闪处寒倭寇，定叫胡儿不敢南。

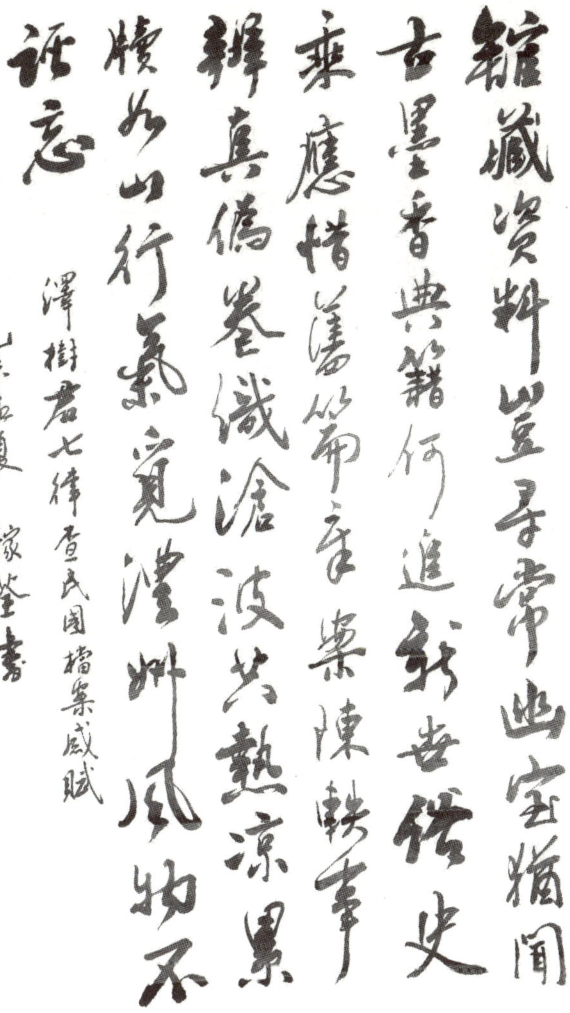

读巾帼英雄周秋琼澹水阻击战诗有感

石家全

悠悠澹水阻倭凶，巾帼秋琼首立功。
仗剑驰疆拼热血，战诗字字映豪雄。

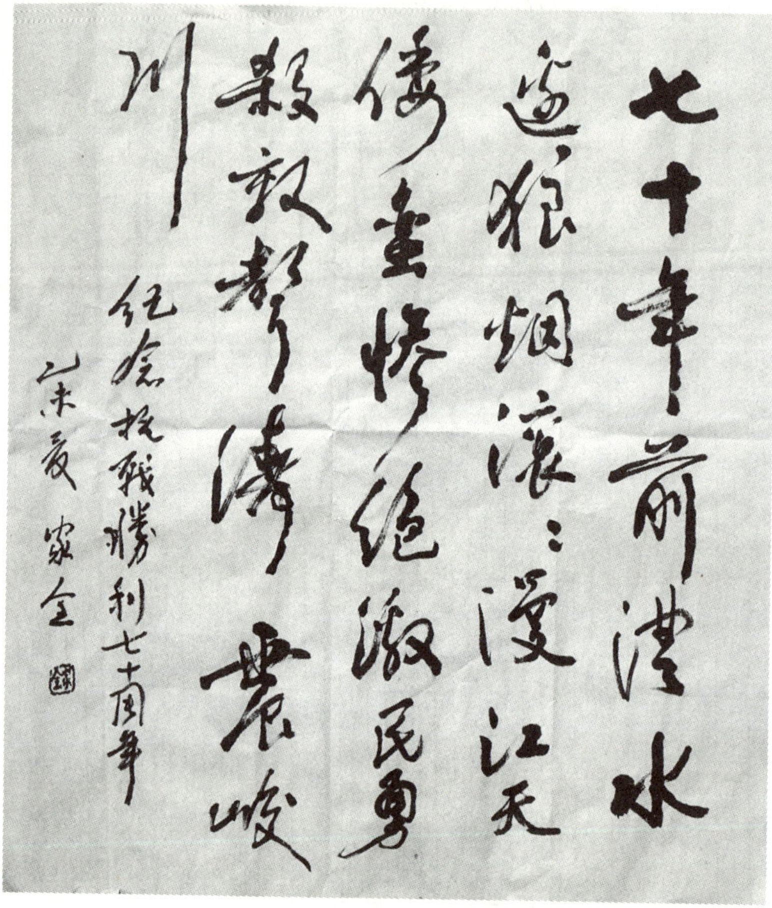
七十年前澧水
遭狼烟滚滚漫江天
倭寇惨绝激民勇
杀敌声涛震峻
川
纪念抗战胜利七十周年
乙未夏 家全

抗战胜利七十周年感怀（五首）

刘大发

一

终朝饱食昏昏睡，饿虎饥狼紧紧随。
利爪突挥喉颈断，鼾猪到死不知危。

二

畏刀避剑望风逃，半壁江山输敌曹。
镇日专谋墙内阋，精神养足摘蟠桃。

三

临敌举矛谁靖难？红旗飘舞出潼关。
拼将热血浇疆土，尸骨何曾裹革还？

四

南山老母焕青春，百载怀胎产胜婴。
衔玉孩童千两价，岂容赵妾马婆[1]倾。

五

大地汹汹涌暗流，滔天黑浪写《春秋》[2]。
狼牙壮士多“枝节”[3]，图绘凌烟颂甫酋[4]。

---

①赵妾马婆：见《红楼梦》二十五回《魇魔法叔嫂逢五鬼，通灵玉蒙蔽遇双真》。

②《春秋》：一指宣扬历史虚无主义的大本营《炎黄春秋》杂志。二喻以“春秋笔法”篡改历史。

③“枝节”：《炎黄春秋》发表《“狼牙山五壮士”的细节分歧》等文，极尽造谣抹黑抗日英雄之能事。

④甫酋：指在孟良崮战役中被解放军击毙的国民党七十四师师长张灵甫。一些人大肆为国民党抗战评功摆好，张灵甫被吹捧为抗日名将，并在其家乡建立规模宏大的纪念陵园。

后 记

澧县湖湘文化交流协会姓氏文化课题组组成 5 年来，一直受到社会各界有识之士的关注和支持，围绕弘扬本土文化，成功地出版了《华阳王及其后裔在澧州》《根深叶茂》等专著，参与了《澧县方言》的出版活动。今年着手编撰《澧州六百年大事补遗》的时候，又得到县委党史资料征集办公室、县政协文教卫体学习文史委的支持和县政府档案局的鼎力襄助。

“六百年大事补遗”的资料主要来源于各姓氏的族谱，当然也不排除其他未曾面世的珍贵史料。本着这种意图，县档案局局长黄生年先生建议我们从尘封的民国期间历史档案中找线索、挖宝藏。我们课题组如鱼得水，安排 4 名古稀老人与档案局合作，共同清理那批历史档案。

任何事物的出现，都有其诞生的必需的“天时、地利、人和”的条件。城头山古文化遗址只能在 20 世纪 80 年代被发现，前五、六千年都一无所知。澧县民国期间的历史档案清理只能在当今被提上议事日程。在过去“左”的思潮影响下，我们看待历史事件、历史人物、历史资料不无片面性。“好事都归花大姐”，“自己的娃娃屎不臭”。成王败寇，一好百好，一坏俱坏，“头上长疮，脚下流脓”。凡民国期间的县、乡政府，一律称之为“伪”，凡是那时的军政官员，照片上可以写“反动派”三字。在那种氛围里，谁敢拈手那些文件资料？弄不好就是想“翻案”、想“变天”。这样只能对历史档案置之不理，手不拈“屎”手不臭。党的十八大以来，我党的是非观念更加清晰了，更能正视客观历史了。上行下效，澧县档案局更有作为了。

我们在清理这批档案资料时发现，澧县军民在抗日战争时期是有作为的。日寇在入侵澧县之前，政府和民众积极备战抗日。鄂西会战、常德会战暴发后，日寇两次进犯澧县，军民坚决抵抗。澹水中渡口阻击战、暖水街阻击战，许多国军战士为国捐躯。倭寇走到哪里，哪里的人民就反抗。挖公路、断电话线、杀鬼子，奋力对抗。许多青壮年捕杀日军战马、散兵游勇，就连澧县初级中学学生、汉景乡中心学校学生、官垸乡学生也嫉恶如仇，杀敌殉国。日寇蹂躏妇女，妇女忠烈守节，不甘侮辱，宁死不屈。那期间，全县有32780人参加战时任务队，登记在册的抗战军属有928户，抗日阵亡烈士有278名之多。他们用血肉之躯践诺了战前的“一寸山河一寸血，十万青年十万军”的誓言。

日本鬼子是一群禽兽不如的杀人魔王。全县有7099人死在他们的屠刀之下，血流成河，哀鸿遍野。敌寇所到之处，十室九空，抢光烧光，一片焦土。这笔血泪账、民族恨记录在案，万古不灭。我们看了这批真实记载，立即调整工作计划，首先编写“澧县抗日实录”，纪念世界反法西斯战争、中国抗日战争胜利70周年。

这个专辑以时间先后为序，以全国抗日主战场事件为纲，将澧县军民抗日实录分为“抗日备战”、“鄂西会战时期”、“常德会战时期”、“日寇罪恶”、“抗战损失”五大部分排列，几乎全部是档案原件和史籍资料组成，给读者以真实史实。

我们相信，在相关单位和读者的共同努力下，这本书将成为宣传澧县军民抗日史的有益读物。

龚道育

二〇一五年六月三日

附录一

抗战烈士名录

丁云卿	卜文斌	王　振	王　凯	王世银	皮修铣	汪　崇
刘春林	刘玉苑	刘轶群	刘芳平	邢祖玉	朱玉麟	任应山
向才春	向云武	向德斌	毕云武	汪明书	杨启明	李海清
李正清	李永锡	李　俊	李云飞	李宗发	李春舫	李桂林
肖建国	肖　洪	何　平	何仁杰	何家斌	余本新	张云亭
陈本远	陈少青	郑大福	易载武	周继锡	周用绪	洪　盛
赵绪壁	胡大望	贺修敬	唐统宜	唐云钦	唐春明	聂福生
袁超林	贾越青	徐良材	徐云陛	黄道枝	黄友生	黄同生
黄致祥	曹子棣	曹剑中	龚玉卿	谢福胜	覃生成	覃维科
傅　云	傅志成	廖明澳	谭平宣	蔡　伟	熊玉生	熊博楷
滕国斌	丁正汉	王传宗	王文标	王恩秀	王恩泉	王协卿
王金山	王僧云	雲　彪	毛依之	毛儒涛	尹家望	尹　飞
邓超贵	田玉云	皮世章	皮世顺	皮润生	汤西来	汤家海
刘正明	刘成贤	刘廷怀	刘楚南	刘遂良	刘　干	刘汉卿
刘玉峰	刘业铭	刘金山	刘振恺	关春华	向多协	向道中
孙耀云	孙盛燧	汪　洪	汪子和	汪祚柏	严以重	严子臣
严振文	杜铭良	杨昌明	杨礼海	杨云初	李正清	李远汉
李志山	李荣卿	余少武	张　振	张廷藻	张锦云	陈本大
陈可伟	陈本分	陈本恒	陈海南	周乃全	周玉清	周玉楷
周彭胜	洪云清	赵紫成	赵玉清	胡英伟	胡良才	胡绪林
侯至英	贺　彪	高永孝	郝青云	莫　诚	倪汉卿	徐子和
黄宣明	黄长连	黄克俊	曹容初	龚光财	游光前	谢德真
彭国强	彭春著	彭国均	彭　云	彭盛赵	韩祖林	鲁炳银
鲁异三	詹世君	谭徽能	蔡道明	蔡传仲	裴　锋	蔺有臣
熊云初	熊守清	翟玉科	戴洪仁	王东山	王云龙	王凤玖

王孔喜	王诗福	王雄武	王祖发	邓有宗	田有进	汤　馨
刘　超	刘子忠	刘泽斌	刘从新	刘汉卿	刘盛标	齐永甫
任义生	向子华	孙逢达	汪永初	汪福海	宋平原	杜　省
杨清福	杨光千	杨新启	杨茂林	杨坤载	杨恒卿	李国良
李桂林	肖忠贵	吴　桢	张清河	陈仁斌	易善生	周泽斌
胡定国	郭春林	郭茂永	曹金山	龚伦喜	彭云德	韩律平
蔡祖清	熊云武	万义青	毛堂义	刘雅卿	刘承召	关家执
向林轩	杨振银	肖忠锡	贾德军	黄大富	谭贻春	马立俊
石云清	皮业传	刘传佑	朱远松	汪占魁	杨德清	陈耀楚
陈方明	易柏法	周大云	赵云卿	赵业林	胡丛德	胡大云
贺传贵	郭英杰	梁茂林	章文化	黄志轩	黄桂荣	曹德成
肖汉生	戴世凯	杜佳其	李启柏	邹高照	张士俊	郑博海
范世亮	范运岗	范运柏	胡银福	龚伦吕	王剑岳	孙炳南
杨传佳	吴自中	杨德整				

（以上269位烈士已列入《澧县烈士名录》，应补入烈士名录的还有：骆仲藩、李子新、李运春、游业清、陈梦雄、王宗义、杨岳端、陈云芝、纪纯武）

澧县档案局

2015年5月

附录2

抗日时期澧县各乡镇行政区划简介

澧兰镇　原澧州城。在澧县中部，澧水北岸。民国27年（1938年）6月撤区并乡，将原城东、城西2镇合并置。据楚·屈原“沅有芷兮澧有兰”句，命名澧兰镇。为澧县县政府驻地。统10保，103甲。1940年7月，城南乡第一、第二保和城北乡第八保第八甲划入。辖境约相当今城关镇大部地。镇公所驻吉祥寺（今属城关镇人民西路）。民国36年（1947年）1月，改名翊武镇。

澹泊乡 在澧县中部，澹水两岸。民国27年（1938年）6月撤区并乡，将原澹南、澹北2乡合置。因地濒澹水两岸得名。属澧县。统5保、69甲。1940年7月，第五保第四甲（三洲驿）划归津市镇；涔中乡第十一、十二保和第一、第二、第三3保所属南民垸范围插在乡内的地域划入。辖境约相当今澧东乡、津市市阳由乡和湖南省涔澹农场各部分地。乡公所驻地马家河（今属澧东乡长庆村），在县城东10公里。民国36年（1947年）3月，调整乡镇保甲废。

红庙乡 在澧县东部，澧水故道（今哑河）北岸。民国27年（1938年）6月撤区并乡，将原红庙、六总、东港3乡合并置。因乡公所驻地红庙得名。属澧县。统13保，150甲。辖境约相当今小渡口镇地。乡公所驻地红庙（今属小渡口镇红湖村），在县城东18公里。民国36年（1947年）3月，调整乡镇保甲废。

孟姜乡 在澧县东部，澧县故道（今哑河）南岸。民国27年（1938年）6月撤区并乡，将原孟姜、大东2乡合并再置。因境内孟姜垸得名。属澧县。统9保，108甲。辖境约相当今九垸乡和澧县芦苇总场王家嘴分场地。乡公所驻地毕家岭（今属九垸乡毕陈村），在县城东19公里。民国36年（1947年）3月，调整乡镇保甲废。

官垸乡 在澧县东部，松滋河中支（自治局河）两岸。民国27年（1938年）6月撤区并乡，将原长兴、年新、富丰、汇口4乡和东保直属保合并置。因乡公所驻地官垸码头得名。属澧县。统16保，192甲。民国37年（1948年）1月，调整为9保，146甲。辖境约相当今官垸乡和安乡县安丰、安福2乡各部分地。乡公所驻地官垸码头（今官垸乡官垸码头居委会），在县城东27公里。1950年5月，废除保甲废。

三洲乡 在澧县东部，松滋河东支（自治局河）两岸。民国27年（1938年）6月撤区并乡，将原东洲、中洲、西洲3乡合并置。因境内有东洲、中洲、西洲3垸，故乡以三洲名。属澧县。统13保，154甲。民国37年（1948年）1月，调整为8保，123甲。辖境约相当今余家台乡、安乡县焦圻镇和湖北省公安县甘厂乡部分地。乡公所驻三汊堖（今属余家台乡保福村），又名三岔堖，在县城东29公里。1950年5月，废除保甲废。

道溪乡 在澧县南部，澧水南岸。民国27年（1938年）6月撤区并乡，将原停市、刘市、十里、大岩4乡合并置。因道水流经境内得名。属澧县。统12保，120甲。民国36年（1947年）3月，龙山乡大部并入。次年1月，调整为10保，157甲。辖境约相当今澧南乡和道河乡、澧西乡、津市市灵泉乡、临澧县停弦渡镇与烽火乡各部分地。乡公所始驻地余家坪（今属澧南乡丰坪村），1948年徙驻新渡河（今属澧南乡新渡河村），分别在县城南3公里、7公里。1950年5月，废除保甲废。

龙山乡 在澧县东南部，道水东南岸。民国27年（1938年）6月撤区并乡，将原龙山、鹿山、清化3乡合并再置。因境内龙山得名。属澧县。统16保，82甲。辖境约相当今道河乡、津市市灵泉乡和临澧县烽火乡各部分地。乡公所驻周氏祠（今属津市市灵泉乡汉泗村），在县城南16公里。民国36年（1947年）3月，调整乡镇保甲废。

萤台乡 在澧县东南部，澧水东岸。民国27年（1938年）6月撤区并乡，将原新洲镇与五泉、关山2乡合并置。因境内有晋·车赢囊萤台遗址，故名。属澧县。统9保，93甲。民国37年（1948年）1月，调整为10保，168甲。辖境约相当今津市市窑坡渡乡金鱼岭办事处和新洲镇、灵泉乡、阳由乡各大部地。乡公所驻地新洲（今属津市市新洲镇市区），在县城东南16公里。1950年5月，废除保甲废。

白云乡 在澧县东南部，毛里湖南侧。民国27年（1938年）6月撤区并乡，将原会云、渡口、石龟3乡合并置。因境内白云山得名。属澧县。统6保，73甲。民国37年（1948年）1月，调整为7保，151甲。辖境约相当今津市市渡口镇、棠华乡和保河堤镇、白衣乡各部分地。乡公所驻地渡口（今属津市市渡口镇），在县城东南40公里。1950年5月，废除保甲废。

大新乡 在澧县中部，澹水两岸。民国27年（1938年）6月撤区并乡，将原福善、五通、石圹3乡合并置。因境内大新桥得名。属澧县。统10保，140甲。民国29年（1940年）7月，城北乡第九、十二保划入。民国37年（1948年）1月，调整为9保，151甲。辖境约相当今张公庙镇、大坪乡和澧西乡大部及临澧县九里乡部分地。乡公所驻地八角庙（今属大坪乡大新村），在县城西8公里。1950年5月，废除保甲废。

汉景乡 在澧县中部，澹水北岸。民国27年（1938年）6月撤区并乡，将原大河、牌楼、唐桥3乡合并置。因境内汉景寺得名。属澧县。统17保，223甲。

民国36年（1947年）3月，涔南乡小部划入。次年1月，调整为10保，185甲。辖境约相当今车溪乡和大堰垱镇、澧阳乡、大坪乡各部分地。乡公所驻地孙家庙（今属车溪乡孙家村），在县城西北10公里。1950年5月，废除保甲废。

涔南乡　在澧县中部，涔水南岸。民国27年（1938年）6月撤区并乡，将原涔南乡与涔阳镇合并再置。因地处涔水以南得名。属澧县。统12保，127甲。辖境约相当今大堰垱镇大部地。乡公所驻地大堰垱（今属大堰垱镇），在县城西北16公里。民国36年（1947年）3月，调整乡镇保甲废。

涔北乡　在澧县北部，涔水北岸。民国27年（1938年）6月撤区并乡，将原涔北乡与澄清乡合并再置。因地处涔水以北得名。属澧县。统10保，102甲。辖境约相当今中武乡和宜万乡大部地。乡公所驻地陈管垱（今属中武乡陈管村），在县城北20公里。民国36年（1947年）3月，调整乡镇保甲废。

永乐乡　在澧县西北部，涔水两岸。民国27年（1938年）6月撤区并乡，将原涔槐镇、永镇乡、长乐乡合并置。从原永镇、长乐2乡各取一字命名，故名永乐。属澧县。统10保，117甲。辖境约相当今王家厂镇、方石坪镇和王家厂水库库区各部分地。乡公所驻地王家厂（今属王家厂水库内），又名槐市，在县城西北29公里。民国36年（1947年）3月，调整乡镇保甲废。

复仁乡　在澧县西北部，涔水北岸。民国27年（1938年）6月撤区并乡，将原复盛、里仁、玉溪3乡合并置。从原复盛、里仁2乡各取一字命名，故名复仁。统11保，128甲。辖境约相当今金罗镇和王家厂镇部分地。乡公所驻地衙前寺（今属金罗镇高农村），又名牙前寺，在县城西北28公里。民国36年（1947年）3月，调整乡镇保甲废。

临涔乡　在澧县西北部，涔水上游北支两岸。民国27年（1938年）6月撤区并乡，将原山门、天供、古城3乡合并置。因乡境濒临涔水两岸得名。属澧县。统14保，144甲。辖境约相当今闸口乡、山门水库区和火连坡镇、方石坪镇、王家厂水库库区各部分地。乡公所驻地石马堰（今属闸口乡石庄村东侧王家厂水库内），在县城西北31公里。民国36年（1947年）3月，调整乡镇保甲废。

三元乡　在澧县西北部，涔水上游北支两岸。民国27年（1938年）6月撤区并乡，将原古堰、边市、嵩祝3乡合并置。因境内三元寺得名。属澧县。统7保，104甲。辖境约相当今火连坡镇和甘溪滩、闸口乡各部分地。乡公所驻地古堰头（今属甘溪滩镇古堰村），在县城西北42公里。民国36年（1947年）3月，调整乡镇保甲废。

桐山乡 在澧县西北边陲，涔水上游北支两岸。民国27年（1938年）6月撤区并乡，将原桐山、太清、佑圣3乡合并置。因境内桐山得名。属澧县。统9保，87甲。民国36年（1947年）3月，与双泉合并建为双桐乡。翌年2月复析置。辖6保，辖境约相当今太青、东门、马溪3乡和甘溪滩地部分地。乡公所驻地东门口（今属东门乡东门村），在县城西北47公里。1950年5月，废除保甲废。

双泉乡 在澧县西北部，涔水上游南支两岸。民国27年（1938年）6月撤区并乡，将原方石、洞市、燕麓3乡合并置。因境内双泉寺得名。属澧县。统10保，85甲。民国36年（1947年）3月，与桐山乡合并建双桐乡。翌年2月复析置统7保。辖境约相当今洞市乡、杨家坊乡和码头铺镇、方石坪镇各部分地。乡公所先后驻杨家坊（今属杨家坊乡建新村）、洞市（又名和尚洞，今属洞市乡洞市村），民国37年（1948年）徙驻凤形地（今属码头铺镇凤形村），分别在县城西40公里和县城西北41、35公里。1950年5月，废除保甲废。

涔中乡 在澧县中部，涔水两岸。民国27年（1938年）6月撤区并乡，将原涔丰、东田、万福3乡合并置。因地处涔水中游得名。属澧县。统12保，184甲。民国29年（1940年）7月，将第十一、十二2保与第一、第二、第三3保插在澹泊乡南民垸地域划归澹泊乡。民国37年（1948年）1月，调整为7保，96甲。辖境约相当今涔南乡和澧东乡、澧阳乡、雷公塔镇各部分地。乡公所驻青泥潭（又名清泥潭，今属涔南乡涔丰村），后徙驻刘家铺（今属涔南乡东田村），分别在县城北13、10公里。1950年5月，废除保甲废。

梦溪乡 在澧县北部，涔水北岸。民国27年（1938年）6月撤区并乡，将原亲睦、六合、灵泉3乡和梦溪镇合并置。因乡公所驻地梦溪寺得名。属澧县。统17保，208甲。民国37年（1948年）1月，调整为11保，194甲。辖境约相当今梦溪镇、雷公塔镇、复兴厂镇各部分地。乡公所驻地梦溪寺（今属梦溪镇），又名梦溪市、孟溪市，在县城北15公里。1950年5月，废除保甲废。

盐井乡 在澧县北部，界溪河东南侧。民国27年（1938年）6月撤区并乡，将原盐井、北防、西防3乡合并再置。因乡驻地盐井张家厂得名。属澧县。统14保，192甲。民国37年（1948年）1月，调整为11保，107甲。辖境约相当今盐井镇和复兴厂镇、宜万乡各部分地。乡公所驻地张家厂（今属盐井水库内），又名盐井张家厂、盐井，在县城北25公里。1950年5月，废除保甲废。

枫林乡　在澧县东北部，牛奶湖南侧。民国27年（1938年）6月撤区并乡，将原花畹、永镇、牛张3乡和故治乡第六、第七、第八3保合并置。因境内枫林寺得名。属澧县。统13保，183甲。民国37年（1948年）1月，调整为10保，173甲。辖境约相当今如东乡、永丰乡和安乡县焦圻镇部分地。乡公所驻地如东铺（今属如东乡如东铺居委会），在县城东北25公里。1950年5月，废除保甲废。

荆南乡　在澧县北部，牛奶湖西侧。民国27年（1938年）6月撤区并乡，将原临涔、界湖、杉林3乡和故治乡第一、第二、第三、第四、第五5保合并置。因境内荆南学校得名。属澧县。统11保，184甲。民国37年（1948年）1月，调整为10保，156甲。辖境约相当今双龙乡、澧县北民湖蓄洪区和梦溪镇、湖南省涔澹农场各部分地。乡公所驻地顺林驿（今属梦溪镇顺林驿村），在县城东北20公里。1950年5月，废除保甲废。

津市镇　在澧县中部，澧水北岸。民国27年（1938年）6月撤区并乡，将原绿保、三义、保合、安石、师益、镇福6镇合并置。因地处津市得名。属澧县。统14保，195甲。民国29年（1940年）7月，澹泊乡第五保第四甲（三洲驿）划入。民国36年（1947年）1月，澹泊乡小部划入。次年1月，调整为12保，250甲。辖境约相当今津市市区大部。镇公所驻地商会街（今属津市市人民路），在县城东13公里。1949年8月，改置津市市。

附城乡　在澧县中部，澹水两岸。民国29年（1940年）7月澧县实施新县制，调整乡镇行政区域，撤销城南、城北2乡置。因地处县城周围，故乡以附城名。属澧县。统16保，195甲。辖境约相当今澧阳乡、澧西乡、澧澹乡和城关镇各部分地。乡公所驻地莲花庵（今属澧阳乡澧阳村），在县城东北2公里。民国36年（1947年）3月，调整乡镇保甲废。

青赋乡　在澧县东南部，澧水东南岸。民国29年（1940年）7月澧县实施新县制，调整乡镇区域，撤销青白、大赋2乡置。从原2乡各取一字命乡名，故名青赋。属澧县。统10保，116甲。民国37年（1948年）1月，调整为9保，157甲。辖境约相当今澧县嘉山原种场、津市市李家铺乡和澧县芦苇总场、津市市白衣乡与保河堤镇各部分地。乡公所始驻周家岗（今属津市市李家铺乡青乐村），旋徙驻草鞋铺（今属津市新洲镇草鞋铺村），分别在县城东南23、18公里。1950年5月，废除保甲废。